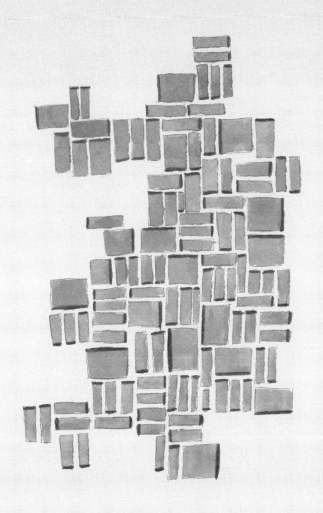

ましこ・ひでのり

言語現象の知識社会学

社会現象としての言語研究のために

三元社

言語現象の知識社会学
社会現象としての言語研究のために

[目次]

はじめに 9

第1部 「言語論」の知識社会学

第1章 知識社会学の一部／社会言語学の一部としての「言語論」論 … 17

1. はじめに 18
2. 広義の社会言語学の一分野としての「言語論」論(メタ・メタ言語) 19
3. 言語論としての教養書／テキスト 23
   3.1. 教養書／テキストと、その政治性 23
   3.2. 規範主義の政治性：本質主義／パターナリズム／人格主義 26
4. 紹介者（サイエンスライター）としての取捨選択における政治性 29
5. 知識社会学の一種としての「社会学の社会学」と並行する社会言語学 34
6. 「社会調査の倫理と少数言語研究運動の精神」と知識社会学 35

第2章 「漢字テスト」がうきぼりにするイデオロギー
[映像評] … 41

1. 社会学的現実暴露としての「漢字テストのふしぎ」 42
2. 合理的根拠をもたない恣意的・暴力的システムとしての漢字表記と、その政治性 44
3. 身体論としての「かきとりテスト」問題と、その政治的含意 48
4. おわりに 57

第3章　標準現代日本語における配慮表現ノート … 63

1. はじめに　64
2. 配慮表現／負の配慮表現に関する理論的蓄積小史　67
3. 配慮表現／負の配慮表現研究の政治性　73
4. 負の配慮表現現象としてのヘイトスピーチ　87
   - 4.1. 差別表現の本質　88
   - 4.2. 「土人／シナ人」発言の事実認定　89
   - 4.3. 「負の配慮表現」としての「土人」「シナ人」　93
5. おわりに　98

第2部　「言語現象」の知識社会学

第4章　日本語漢字とリテラシー … 109

1. はじめに　110
2. 「理念型」としてのリテラシー　112
3. 障害物としての漢字　117
4. イデオロギー／文化ナショナリズムとしての高識字率幻想　124
5. 身体化された文化資本としてのリテラシーと今後　127
6. おわりに　130

第5章　性的少数派と言語研究をめぐって……………………135

1. はじめに：ジェンダー／歴史性／政治性　136
2. 性的少数派をめぐる言語現象が照射するジェンダー意識／セクシュアリティ　137
3. 特集論文の含意　144

第6章　現代日本における、いわゆる「デジタルネイティブ」言語／身体論としての「デジタルネイティブ」論再考………………149

1. はじめに　150
2. 技術革新と大衆化を軸にした世代論　151
3. 「デジタルネイティブ」の実感：身体感覚の世代変動　158
   - 3.1. 「76世代」から「86世代」への変質　158
   - 3.2. 「ネオ・デジタルネイティブ」の身体感覚／時間感覚　159
   - 3.3. アナログ的空間をしらない世代の身体感覚と心理的距離　165
4. 「ガラパゴス化」空間としての日本列島と、日本的「デジタルネイティブ」の今後　172
   - 4.1. 「ガラパゴス化」の一要因としての漢字利用　172
   - 4.2. 「ケータイ小説」というサブカルチャー　174
   - 4.3. 「就活」とモバイル化　177
5. おわりに　181

第7章　日本列島上の固有名詞の変動要因再考
漢字／標準語／流動化 ……………………………………………… 187

1. はじめに：「つづり字発音」など日本語漢字の知識社会学的再検討の含意／射程　188

2. 漢字という装置の潜在的機能：アイヌ／琉球／在日ほか少数派の言語文化への刻印　189

3. アイヌ／琉球／小笠原への日本語圧力　192

4. 方言地名（現地音）への圧力　200

5. 「在日コリアン」による「日本語人」化傾向と異質化戦略の可能性　202

6. 恣意的でハイコンテクストな固有名詞の肥大のゆくえ　206

7. 「うちわうけ」文化からの「卒業」　212

おわりに　すこしみじかめの終章　215

参考文献　222

索引　236

はじめに

　最初に、「知識社会学」という領域名について、ひとことのべることにする。「△△−社会学」と限定形容詞つきで表記される、連字符（ハイフン）社会学と総称される諸領域[1]のなかで、特に、えたいのしれない分野にみえそうだからである。
　だいぶまえ、すでにあかしておいたように、筆者には、Th.ヴェブレン／K.マンハイム／R.K.マートン／C.W.ミルズ／A.W.グールドナー／Th.クーン／P.L.バーガー／P.ブルデューといった知識社会学の系譜につらなるとの自覚がある（ましこ 1997=2003: 32, 217, 270）。いわずもがなだが、知識社会学と直結させてあげることがなかったK.マルクス、M.ヴェーバー、E.デュルケームなどの影響はもちろんだ。社会学の系譜にふくめるには少々ムリがある人物ではあるが、批評家H.M.マクルーハン、R.ウィリアムズ、評論家なだいなだ、政治学者のダグラス・ラミス（1936−）の影響もいろこい[2]。

---

[1] 「連字符社会学」には、たとえば「家族社会学」といった対象領域が限定形容詞になるばあいと、「計量社会学」のように方法論が限定形容詞になるばあいがある。

[2] K.マルクス（1818−83）、F.ニーチェ（1844−1900）、Th.ヴェブレン（1857−1929）、E.デュルケーム（1858−1917）、M.ヴェーバー（1864−1920）、K.マンハイム（1893−1947）など、古典中の古典はともかく、おおむね1910年代〜20年代うまれの社会学者の影響下にあるとわかる。ポストモダニズムが定着する80年代に学生時代をおくった筆者が、おそらく70年代から訳出がさかんになった欧米のスターたちの主要著作に集中的にであったということだろう。「古典時代」については、マンハイム以外は、知識社会学の系譜からはずれそうにみえるかもしれないが、マルクスはイデオロギー論の始祖といえるし、デュルケーム／ヴェーバー双方は、宗教社会学の始祖であり、

知識社会学を簡潔に説明することはむずかしいが、知識の社会的構築のメカニズムの社会学的記述である。ここでいう知識とは、科学や技術はもちろん、宗教的信念や政治意識、歴史認識をふくめた広義の学習内容・過程（公的領域）、育児をふくめた広義の教育技法や信念、言語知識や言語意識、……（日常領域）。ヒトがいだき共有し継承するあらゆる知識がふくまれる[3]。ただし、あくまで社会学の対象であるので、おのずと限定はある。まず、近代以前の知識は、カバー範囲から除外する（なぜなら、社会学は、基本的に自由主義原理≒タテマエにもとづいた近現代の社会現象を対象化する科学だから）。さらに、個人が単独で「内心の自由」として一度もあかされずに、死去とともに消滅していく知識も除外する。複数の個人に共有され、継承されていく可能性をかかえるのでない以上、社会現象たりえないからである。

　本書が焦点をあてるのは、社会現象としての言語現象である。「社会現象としての言語現象」と、わざわざことわるのは、「心理現象としての言語現象」とか「論理過程としての言語」といった対象とのちがいを意識してのことである。ここでは、ヒトがいだき共有・継承する知識＝文化（生物学者R.ドーキンスが提起した"meme"の産物）としての言語のおりなす諸現実（社会現象としての言語現象）の対象化作業を「脳外言語学」、それに対して「心理現象としての言語現象」や「論理過程としての

---

[3]　知識社会学の源流といえる。ヴェブレンが『有閑階級の理論』でしめした「誇示的消費」ほか、ブルジョア文化の静態分析は、知識社会学の古典だろう。
特定の技法や信念が「ただしい知識（常識／真理／……etc.)」としてうけとめられる過程／メカニズム（合理化／正統化）を、知識社会学の対象だと理解する読者がおおいだろうとおもう。しかし、たとえば「異端」集団、ないし逸脱した個人の信念（少数意見）を対象にふくめる程度にとどめてしまうのは、知識社会学の可能性をいたずらに限定してしまうとおもう。「異端」「逸脱」がどのように実在するかだけでなく、「異端」「逸脱」を算出する「正統」の構築メカニズム、「異端」「逸脱」への攻撃を「正当」な秩序回復作業とみなすような「合理化」過程も知識社会学は対象化するものと理解しなければならない。また、安易な知の相対化にもくみする気はない。たとえば、わかい世代の社会学者のひとりがつぎのように無邪気にかたれてしまう現実は、歴史的記憶の風化を象徴しているといえよう。かれには、戦争の被害者や加害者がかかえてきた悲痛な記憶／トラウマなどを冒涜しているという意識が欠落しているのだから。

　　戦争の歴史は、常に技術の発展と共にあった。これからも「戦争の」形はどんどん変わり続けていくだろう。そんな時代に平和を構築するために、「古い戦争」の記憶はどれだけ役立つのだろう。　　　　　　　（ふるいち 2015: 376）

言語」の対象化作業を「脳内言語学」とよぼう[4]。

　言語現象の総体をとらえようとするとき、それが「脳内言語学」的な生理的・心理的現象であると同時に、「脳外言語学」的な社会現象でもあることは自明だろう[5]。そして、「社会現象」の一種としての「言語現象」（言語の社会的側面での諸事実）を言語研究者のたちばから把握しようとするのが「社会言語学」という分野であり、社会科学のたちばから把握しようとするのが「（広義の）言語社会学」という分野という風にのべて、さほど問題はないとおもうのである[6]。

4　たとえば「統語理論こそ言語の本質の中核であり、ほかの現象はすべて付随的な事象にすぎない」というのが、生成文法学派周辺の言語認識だろう。しかし、そういった、おもいきった「わりきり」を是とする研究者ばかりでないことは、過去の言語研究を瞥見するだけで、あきらかだろう。
　　以前、鬼才、安田敏朗に、おとなげなくも〈『脳内言語学』と『脳外言語学』について、どうかんがえているのか？〉などとからんだことがあるが、生成文法学派周辺の言語認識が「脳内言語学」のみを真正の言語研究だといわんばかりの姿勢であるかぎり、非常にかたよった言語観というほかない（ましこ2012c）。「脳外言語学」は、実態としてアカデミズムをなすばかりでなく「実体」としてあるのだから。ウルトラ・ソシューリアンともいうべき生成文法学派は、「視点が対象をもたらす」とのべた「始祖」ソシュールをうらぎってはなるまい。統語理論以外の広大な言語の本質的現実がひろがっている以上、それは多様な「視点」が産出されるのだから。

5　たとえば、ソシュールらが《いいあやまり》等偶発的逸脱とみなした現象が単なる一時的ユレにすぎないのかといえば、それはあやしい。社会学がつねに意識してきたように、類似した現象が複数回反復される以上、それらは構造的現象である可能性がたかいからだ（かりに短期的な「流行」で泡沫的であろうと）。「いいまちがい」とか「ユレ」は「脳内」で発生している心理現象の産物かもしれないが、それは、たとえば多数派の規範からハズれた「逸脱」であるかぎり、多数派の大脳「外」の現象である。まして、少数派が、たがいに「ミーム＝meme」を介して伝染ゲームをくりかえしているなら、脳内現象で分析がことたりるはずがないことを意味する。これら、ソシュールの後継者たちがとりこぼした現実にとりくんだ代表的な人物として、エウジェニオ・コセリウ（1921-2002）をあげておくべきだろう（コセリウ2014）。

6　ジョシュア・フィッシュマン（Joshua Fishmann, 1926-2015）が主導的たちばにあった時代（1970年代前後）に "Sociology of Language"（ことばの社会学）と称された分野は、"Science of Language and Society"（言語と社会の科学）などとして、ゆるく把握すべきだろう（はら1990: 194）。同時に、M. ヴェーバー的に理念型という把握をもちだすなら、当該社会のもとでの言語現象（具体的現実）の解析・一般化が目的である「社会言語学」と、言語現象を社会現象の一種として解析することを通じて、当該社会の秩序・変動メカニズムの一端を解明しようとするのが「言語社会学」と、双方の本質をとらえるのが穏当といえよう。

筆者は、『ことばの政治社会学』(2002=2014年) という表題の論集をだしたことがあるが、記憶にまちがいがなければ、「言語社会学」専攻と積極的に自称したことはない。「社会言語学」が専攻分野のひとつとして紹介されたケースは数回あるとおもうし、『社会言語学』という雑誌の刊行に2001年以来かかわっているので、周囲から「社会言語学」専攻とみられるのは、しかたがない (ある社会学者は、拙著のひとつに「社会言語学者による社会学の入門書」といった書評をした)。しかし20年ちかくまえに発表した (そして本書の一部の前身となっている) 学会誌論文1本を例外として、言語現象そのものの記述をしたという自覚がない[7]。

　筆者が、『社会言語学』や『ことばと社会』など「主戦場」で展開してきた議論は、基本的に言語研究ではなく、メタ言語研究 (メタ・メタ言語) にすぎない。今回、本書の表題を「言語現象の知識社会学」と銘うちながら、言語研究 (メタ言語) 自体を広義の言語現象として対象化する社会学的営為をあつめてみた。そもそも、これまでだしてきた社会学の概説書や入門書以外の著作物の大半が、そういった性格のものばかりだった。『ことばの政治社会学』や編著者となった論集『ことば／権力／差別』(2006=2012年) はもちろん、『イデオロギーとしての「日本」』(1997=2003年) と続編たる『日本人という自画像』(2002年)、さらに『知の政治経済学』(2010年) の言語編なども、筆者が「主戦場」として一貫しておってきたのだから[8]。実際のところ、言語現象の記述はほとんどしてこなかった一方、〈「言語現象の記述」の記述／分析〉は、それこそやむことなくくりかえしてきた。第1章は、そうしたねじれた筆者のアイデンティティの再確認であるとともに、知的立脚点の哲学的 (方法論的) 再検討である。そして、この巻頭論文は、『知の政治経済学』の副題で「あたらしい知識社会学のための序説」と銘うった経緯 (=「宿題」) をうけた回答=本書をつらぬく問題意識の整理も意味する。冒頭ちかくでのべた、知識社会学の対象たる「ヒトがいだき共有し継承するあらゆる知識」のひとつにほかならない言語。その政治性にとりくもうとするための方法論的提起である。

　さらに、つづく各章もおおくは〈「言語現象の記述」の記述〉=メタ・メタ言語である。言語研究者による言語記述のポリティクスの解析であり、方法論的再検討は

7　ちなみに、著者を言語研究者よばわりする人士は、「言語研究に関しては、どしろうと」であると公言しているのも同然だと、あえて苦言を呈しておこう。
8　ほかに、ましこ (2014b, 2014f) など。

もちろん、ときに倫理的な検討さえにまでふみこんでもいる。ひとつ例外は、教育関係者の言語認識を批判的に検討するもので、言語研究批判ではない。しかし〈「言語現象の記述」の記述〉という点では共通している。その意味で、第1章でのべるとおり、「言語現象の記述」=「広義の言語現象」とみなすことで、〈「言語現象の記述」の記述〉に終始した7年ほどの遍歴をとうものである。

　これらの議論が、読者各層にとって実際おもしろいのかは、正直わかりかねる。しかし、これらが21世紀日本の言語論のすくなくとも一部の素描=記録となっていることは、あきらかだろう。その意味で、かりにスケッチが粗雑であっても、2010年前後の日本の言語状況を将来再現する素材にはなるはずだ。同時に「会話分析」「エスノメソドロジー」など言語現象をとりあつかう知識社会学周辺の既存の研究とは異質な領域が、どのようにひろがっていたのか、狭義の社会学界の住民には、縁どおかったテーマ／解析を紹介する意味はあるだろう。一方、社会言語学周辺の読者であれば、みおとしていた21世紀日本の言語論をいくつかカバーするだけでなく、ひごろあまり参照しないだろう社会学的手法、特に知識社会学の可能性について、なにかヒントを提供できるのではないかとおもう。

　　　チェルノブイリ事故石棺工事（1986年）から30年。「チェルノブイリ、安全対
　　　策ほぼ完成　シェルターで覆う」（『朝日』）の報を深夜よこめでみながら。

（名古屋にて、2016/11/29）

第1部

「言語論」の知識社会学

第1章

知識社会学の一部／社会言語学の一部としての「言語論」論

【本章のあらすじ】

　通常、狭義の社会言語学は、言語現象の多様性・多元性を構造化してしめす記述・分析行為をさす。しかし、狭義の社会言語学的記述の周辺には、さまざまな議論が付随してきた。その意味で、広義の社会言語学という領域を設定することが可能だし、狭義の社会言語学的記述をとりまく諸現象を整理することで、社会言語学的現象の相互の関係性があきらかになると期待できる。

　広義の社会言語学の主軸として言語論・論（メタ・メタ言語）があげられる。音声／モジ／手話などを記述する行為は、記述言語学以外に多様であるが、そういった広義のメタ言語を記述・解析する作業も広義の社会言語学と位置づけることが可能である。ソシュールやチョムスキーに象徴される狭義の言語記述が政治性を徹底的に排除した純化した言語イメージに拘泥するのに対して、広義の言語記述に視野をひろげると、一挙に言語の政治性が浮上することになる。こういったメタ・メタ言語の対象には、テキストや教養書、批評をふくめた広義の文学もふくまれる。それらが自明のようにくりかえしてきた取捨選択過程など、おびただしい政治性の記述が射程にはいってくるであろう。そして、以上のような視野の拡大は、広義の社会言語学を形成するだけでなく、知識社会学の一分野も構成することになる。

1. はじめに

　本章の目的は、広義の社会言語学の領域として、いわゆる言語論（広義のメタ言語）を社会学的に記述・解析する方向性を再確認（方法論的議論）することである。先年、『社会言語学』誌上で《「戦後日本の社会言語学」小史》という副題をもつサーベイ論文を発表した（ましこ 2014f）。一方、過去には「近年の俗流言語論点描」という批判的レビューを連載している。これら一群は『知の政治経済学』に収録した（ましこ 2010）。

　これら、かきつらねてきたことをふりかえり到達したのは、つぎの点だ。

> (1) 社会言語学は言語現象の広義の政治性（科学性／イデオロギー性etc.）も対象化する以上、メタ言語（言語研究／言語論）自体の対象化がふくまれる。
> (2) そこには、社会言語学的記述や言語学テキストの政治性の検討はもちろん、国語教科書・新書など一般むけ刊行物の同様な解析もふくまれる。
> (3) 広義の社会言語学が広義の言語論を対象化する構図は、知識社会学が「社会学の社会学」という自己言及的な視座にたどりついたのと同形である。

　本章では、以上の様な整理をふまえ、既存の言語研究・言語論の政治性をいくつか検討したうえで、今後の展望を提示したい。

2. 広義の社会言語学の一分野としての「言語論」論（メタ・メタ言語）

　メタ言語とは、いわゆる「記述言語」（言語現象の記述／解析）をさし、「対象言語」（かかれる言語現象）とは論理階梯にちがいがある[1]。そして、記述言語学や文化人類学のばあい、通常「対象言語」のおおくは音声言語である。さらに文献学の領域となれば、モジ言語が「対象-言語」の主軸となり、モードがことなるものとして、手話言語学なども、この「対象記述」関係として同列にかたることができるだろう。

　しかし、社会言語学的研究の周辺でくりかえされてきた言語論は、狭義の言語現象のメタ言語だけだっただろうか？　そうではなかろう。社会言語学的研究の周辺でくりかえされてきた言語論＝広義の社会言語学的研究は、言語研究をふくめた広義のメタ言語、たとえば言語学の外部にいる作家・評論家などの日本語論なども対象としてきた。言語学の外部にいる作家・評論家などの日本語論は、英語やドイツ語や朝鮮語などもあったわけだが、当然、質／量とも圧倒的な蓄積をもってきたのは、日本語による日本語論だろう。つまり、広義の社会言語学的研究には、事実上、日本語という対象言語を記述する、日本語による再帰的なメタ言語（注記したとおり、日本語辞典や英語辞典などでおなじみだ）自体を、さらに再帰的に記述する行為をふくむといえる。

　一例をあげるなら、田中克彦の言語論の相当部分は、日本の言語研究者や評論家等による日本語研究ではない日本語論の批判的検討であった。さらに、それらに影響をうけてそだった筆者自身が「俗流言語論点描」と題してシリーズ化した論考群もその典型といえる。また、たとえば安田敏朗の歴史的研究も、相当部分はこの類型にくわえることができるだろう[2]。

1　いわずもがなではあるが、「国語辞典」が日本語現象を日本語で記述するとき、「辞典」はメタ言語であり、かかれる日本語現象は「対象言語」である。「英語辞典」（日本では、俗にいう「英英辞典」）でも、同様の「記述言語（メタ言語）／対象言語」関係がみてとれる。読者にとって、それぞれ「日本語同士」「英語同士」にみえようと、両者には、「記述→対象」という再帰的（自己言及的）な論理階梯がある。

2　もちろん、この三者は、そろって日本人研究者による日本語研究も批判的に検討し

むろん、このように重層的に再帰的である必要はない。それはともかく、一種の、メタ・メタ言語というべき、広義の言語研究があるといえるだろうし、対象化されるメタ言語が、厳密な意味での記述言語学的作品であるケースばかりでなく、たとえば劇作家たちによる「日本語漢字不可欠論」(脚本が漢字ぬきではかけないといいはる主張が、口頭文芸の典型である演劇人として致命的な矛盾であることは、再三くりかえしてきた) など、イデオロギーとか狂信的信念といったものまでもふくみこむだろう。

　いわゆる「文学とどこがちがうのか？」という、ソシュール流のアカデミック・アイデンティティの問題が実は発生するのではあるが (ソシュール『一般言語学講義』etc.)、事実の問題として、広義の言語研究者が、記述言語学的作品のみならず言語イデオロギーとか言語神話といったたぐいのメタ言語も対象化してきたという歴史的蓄積は、直視すべきだろう。つまりは、広義の言語論もメタ言語という階梯でいう広義の言語現象の一群なのであり、それらを対象化する行為とその蓄積は広義の言語研究ということができるということだ。

　ソシュールやチョムスキーなら「狭義の言語記述以外は言語学ではない (すくなくとも、重要な本質的課題では絶対ない)」というだろう。しかし、広義の言語現象は、さまざまな言語意識の介在なしには発生しない。規範主義、権力や差別、羞恥心や優越感、攻撃や防衛機制など、さまざまな「動機」、さまざまな「関係性」、さまざまな「局面・文脈」が言語的現実を決し、また変容させていくからだ[3]。社会言語学が、ソシュールやチョムスキーたちによる、狭義の言語現象観を拒絶し、「言語外」とされた現実を直視し、それら広義の言語現象をふくめて記述対象としたのは、まさに必然性があったのだ。そして、田中克彦はもちろん、それに先行する亀井孝などの営為は、言語研究者の無自覚なイデオロギーはもちろん、その背景にあるナショナリズムや国家主義、ひいては、ブルジョア的差別意識や、ジェンダーにからまる権力性・差別性などに射程がおよんでいったのは、いうまでもない。これらすべてを「言語外」現象と排除した時点で、「その話者は、その文脈で、なぜ、その選択肢をえらんだか？」といった言語的現実の因子を解析できなくなるのである。亀

3　「規範主義」ひとつとっても、ミルロイ＆ミルロイ (1988) や、のろ／やました (2001=2009) など、重要な論点群が蓄積されてきた。

井・田中らの提起は、これら「社会的要因」が介在しない言語現象の探究に対して、無意味とはいわないまでも致命的な矮小化とみなす批判的視座であろう。

　だからこそ、「社会言語学」という表現を、あたかも「非社会・言語学」が成立するかのようなたちばとして批判し、「社会」という限定形容詞を無用とするたちばさえあらわれた。たしかに、脳内だけで完結し、社会的諸因が無関係な「非社会的」言語現象こそ言語の本質と信じないかぎり、「社会言語学」という呼称は形容矛盾というべきだろう。ソシュールやチョムスキーを信奉する論者たちは、言語の周辺につねに付随してきた「方言意識」や「標準語規範」だとか、「正書法制定」問題などを、「言語」外の現象だとみなすのだろう（すくなくとも、些末で非本質的なエピソード群にすぎないとか、広義の文学研究とか「政治」の問題だとして、視野からはずしてきたはずだ）[4]。

　ともあれ、広義の言語研究は、言語現象の広義の政治性（科学性／イデオロギー性etc.）も対象化してきた。言語的現実の政治性を記述する行為が政治性をおびないはずがない。たとえば、「国語」を構築し普及・定着させようといった言語研究者の姿勢、政策立案やその基礎作業たる調査や調査を計画する会議なども、政治性を当然おびる。たとえば、「アイヌ語」の口承文学（叙事詩）を記録する作業なども、その行為自体が政治性からのがれられないし、それが「外国文学」という分類として岩波文庫にはいったという経緯が「政治」(politique, politikeco) と無関係とかんがえるのは、無自覚な植民地主義の露呈とかんがえるべきだろう[5]。かくして、文芸批

---

[4] 以上のような皮肉・逆説は、「社会言語学」という呼称（学問名／領域名）が、社会一般ではまったく無名な現実、たとえば大学のシラバスで「社会言語学」といった科目でもみないかぎり、このよに「キーワード」として実在するとさえ気づかれないようなマイナーさ＝実態とは、別個のはなしである。

　ちなみに筆者は、以前インドシナ難民2世を支援する学校関係者の勉強会にまねかれた際、一部の例外をのぞいて「社会言語学」という呼称をしらない来場者だけである事実をつきつけられたことがある。「母語」とか基本的な「術語」はふまえているとみられる集団だったので、がくぜんとさせられた。

　もちろん、かれらが「言語学」と領域名をきいたときに、なにを具体的にイメージできるか（たとえば、しろうとにありがちな、語源解釈の特定＝言語学etc.）という、次元のことなる問題が並行して伏在するのは確実だが、これもまた別の問題である。

[5] 知里幸恵（ちり・ゆきえ）の『アイヌ神謡集』(1923年) は、戦後岩波文庫に採録された際、外国文学（日本語訳）に分類された（ちり 1978）。アイヌ語叙事詩に近代日

評が文学作品のメタ言語にして同時に文学作品であるように、政治性をおびた言語現象をかきとる行為、論ずる行為は、おのずと政治性をおびる。金田一京助や時枝誠記などの言語研究＝政治性を論ずる行為（安田敏朗、村井紀etc.）は、おのずと政治性がまとわりつき、その延長線上である講演とか時論などをあとづけることも同様だ（ましこ 2002a, 2002b=2014e）。これらは、これまで文学の領域とみなされてきただろうが、広義の言語研究の一種とみるべきなのだ。「社会言語学」などという必要もなく、つねに政治性につきまとい、つきまとわれるような。

　そして、こういった、いかにも政治性のたかい行為だけでなく、たとえば、「うつくしいことばづかいと女性の品格」といった規範意識を当然視する教養書とかハウツー本なども、広義の言語研究の対象にふくめられるのは当然だろう。なかの・まきの「だれのための「ビジネス日本語」か」（なかの 2013）のような論考が『社会言語学』誌に掲載される必然性は、こういった構造の産物なのだ。しかも、こういった言語現象の政治性をとう論文は、少数ではあれ、かなり以前から発表されてきたことも事実である。たとえば、日本でも、寿岳章子『日本語と女』（じゅがく 1979）や鈴木睦「いわゆる女性語における女性像」（すずき・むつみ 1989）など、先駆的な作品があり、これらをうけた中村桃子／宇佐美まゆみらの一連の作品も、政治性をあつかってきた[6]。

---

[6] 　語の訳を付したわけだから、非日本語文献の紹介・翻訳と位置づけること自体は不自然ではない。しかし旧蝦夷地が植民地とはいえ北海道として戦後も日本領として自明視されてきた以上、欧米・アジア等の作品と同列に分類されるのは、やはり異様だろう。知里幸恵（1903-22）を、叙事詩の継承者にとどまらず、事実上ネイティブ・アンソロポロジスト（現地人人類学者）として育成したのが金田一京助（1882-1971）なわけだが、『アイヌ神謡集』の成立自体が搾取的だったという批判はつよい（重篤な心臓病をおして翻訳・編集・推敲作業をとめなかったのは、金田一だったから）。金田一の師である上田万年帝大教授（1867-1937）の比較言語学的な研究構想にアイヌ語が包摂されたからこその悲劇だった（まるやま 2002、ましこ 2002b=2014e）。
なかむら（2007）、うさみ（2006）など。そのきっかけをつくったのが、ロビン・レイコフの一連の英語分析がであることは、いうまでもない（いといがわ 1998、うさみ 2001）。

3. 言語論としての教養書／テキスト

3.1. 教養書／テキストと、その政治性

　言語関連の教養書やテキスト類は広義の言語論なのだから、筆者たちの自覚があるなしにかかわらず、必然的に政治性をおびることになる。「ビジネス日本語」の唱道者が無自覚に規範主義をもちこむといった、カルチュラルスタディーズないし社会学／人類学的批評はわかりやすいが、たとえば「ビジネス英会話」といったテキストやテレビ番組などの制作自体が、おそらく無自覚な政治的行為なのである。「孔子学院」など、ソフトパワーをみこんだ国策的なキャンペーンのような露骨に政治的なものにかぎらず、ハリウッド映画やアメリカ／フランスなどからの男性誌／女性誌の流入など、資本主義市場が政策とは無関係に大言語ブランドをもちこむだろう。そこで、「アメリカ人ビジネスパースンに通じる英語表現」を紹介するとか、「パリの女性達のおしゃれを象徴するフランス語表現」の紹介とか、紹介者の悪意など皆無の運動が、「輸入国」の住民の言語意識を確実に変化させるだろう。そして、それは欧米の有力言語だけでなく、「イタリアン・ブーム」とか、「韓流ブーム」「ワールドカップサッカー日韓共催」といったきっかけですすんだ「韓国語」ブームや「韓流ドラマ」の大量流入とか、スペイン語／イタリア語などの流入でもいえるだろう。1980年代に「ニューアカデミズム」と称するブームによって、フランス語圏の術語が「現代思想」なる思潮の「輸入」とともに流入したように（ちなみに、音楽・美術関係者とか言語学関係者は、80年代の狂騒をわらえた義理ではない）。

　要するに、言語文化の紹介者は、国策など政策的意図や、多国籍企業などのマーケティング行為からどの程度距離があろうと、そして、紹介者自身にどの程度自覚があろうと、それらにかかわりなく政治性をおびてしまう。特定の言語文化への「いざない」をおこなうという選択行為からして、一種の政治的行為だからである。「英語帝国主義」と非難されるような大言語から、「アイヌ語教室」といった言語継承運動近辺にいたるような少数言語にいたるまで。

　こういった延長線上には、「ことばに関する教養書をよもう」といった、学生への啓発行為文書などもふくめることになるだろう。たとえば、つぎの文章は、認知

言語学を専攻する研究者による、学生への読書案内である。

【語学】
　語学といっても、外国語の文法ではない。日本語についての本である。ただ、日本語の中でも、古典と敬語だけは、ほとんど外国語のように思われているところがあるので、あえて「語学」という小見出しをつけたが、むしろ、外国語を学ぶことに比べれば、敬語なんか難しくはない。あらためて敬語を勉強することに躊躇いを感じるという人も、次の2冊は有り難いはずだ。

菊地康人『敬語再入門』丸善ライブラリー
菊地康人『敬語』講談社学術文庫

　敬語は、要するに、〈語形〉と〈役割（機能）〉と〈使い方（適用）〉を理解すればいい。この点について『敬語再入門』ほど簡明かつ明晰に解説した敬語読本はない。Q&A形式で読みやすく、サイズも値段も申し分ない。同じ著者の『敬語』は、専門書として出版されたものの文庫版であるが、『敬語再入門』を読んで覚えたことを探して読むだけでもいい。卒論で敬語を扱うなら『敬語』の中からテーマを探すことも可能だろう。現職の方は、自分で『敬語』を読み、生徒さんに『敬語再入門』を勧めるというのが現実的と思われる。
　さらに、次の2冊はどうだろう。

河路　勝『敬語レッスン──あなたを磨く話しことば』NHK出版
奥秋義信『誤用乱用テレビの敬語』講談社＋α新書

　『敬語再入門』を読んで、もう1冊と思った方は、河路勝氏の『敬語レッスン』か、奥秋義信氏の『誤用乱用テレビの敬語』なら、どちらを取っても損はない。『敬語レッスン』は、敬語の実用書としては非常に良く出来ている。内容も決して断片的ではなく、記述も正確だ。ただ、敬語の概論として初めて読むには、もう少し簡潔な整理が欲しいと感じるところがあるので、やはり『敬語再入門』を読んだ後がいいだろう。『敬語レッスン』の最も良いところを挙げれば、第6章

「敬語の応用問題」で、具体的な場面でどう敬語を選択するかについて多くの事例を挙げながら丁寧に解説されている。『誤用乱用テレビの敬語』は、必ずしも体系的ではないが、とにかく読みやすい。その中で「監督と何かお話ししましたか」や「ご披露していただきましょう」が、なぜ誤用なのかを平易に説明してくれる。

　これに関連して、敬語や日本語を文化論として考察したのが次の2点である。

　　荒木博之『敬語のジャパノロジー――敬語を考える、日本人を考える』創拓社
　　ひろさちや『日本語になった仏教のことば』講談社

　『敬語のジャパノロジー』は、1983年に刊行された「敬語日本人論」（PHP研究所）の改題で、敬語を出発点に日本人論を展開している。『日本語になった仏教のことば』は、仏教から日本語に入った語に解説をつけたもので、ことばに興味があるという人なら気楽に楽しめる本である。「因縁」は、「因」が直接原因で、「縁」が間接原因らしい。このほか「無事」「金輪際」「カルピス」などが解説されている。
（菅井三実「第1章：社会の基礎からことばの基礎まで」『教養のための文献案内2002』）[7]

この文章は、つぎのような文脈でつくられたものである。

　　この冊子は、言語系教育講座（国語分野）が平成13年度兵庫教育大学学長裁量経費により行った「教養教育の中の言語実践学習に関する基礎的研究」の研究成果の一部です。
　　この冊子の目的は、学生の皆さんが本を読んで知識をもち、知識を増やすことで教養を高め、将来の教員また社会人として〈教養の力〉を発揮する契機にして欲しいという一点にあります。取り上げる本の選定や案内の文章も、本冊子の目的に沿うことに徹しましたので、どうしても読んで欲しいものは大衆向けの雑誌類であっても取り上げていますし、逆に、世間で「定番」といわれるものも、ただ権威が高いというだけでは推薦に入れていません。〔……〕

---

[7] http://www.soc.hyogo-u.ac.jp/ksugai/annai/annai-2002/2002-1.htm

(「この冊子を発行するにあたって」)[8]

　大学教員のひとりとして、いわゆる「教養教育」としての啓発活動の一環で同様の文書を作成しても全然不思議でなく、意図や文体などは「したしみ」さえ感じる。しかし読者各位は、たとえば「各論」としての「敬語」論の紹介行為をどう感じただろう。

　「語学といっても、外国語の文法ではない。日本語についての本である。ただ、日本語の中でも、古典と敬語だけは、ほとんど外国語のように思われているところがある」という、つかみの部分で、ひっかかるかどうかが、読者の試金石になるかもしれない。「語学」「外国語」「日本語」「古典」「敬語」といったキーワードが、いかに非・専門家あいてのものであろうと、その含意と関係性は、すでに充分に政治的だからだ。やはり、広義の社会言語学的視座から政治性を解析する必要があるだろう[9]。

3.2. 規範主義の政治性：本質主義／パターナリズム／人格主義

　たとえば、絶賛されている菊地康人『敬語再入門』(きくち 1996) は、「誤り」という表現が多用されているばかりでなく、「不可」「×」といった判定が随所にあるなど、記述言語学の産物でないことはあきらかだ。菊地が規範主義者であることはいうまでもない[10]。規範主義を一般読者に注入することに、かけらもためらいがないの

8　http://www.soc.hyogo-u.ac.jp/ksugai/annai/index-2002.htm
9　ここでは、斉藤美奈子の「フェミコード」(FC) にならって、「ソシコード」(SC) なるキーワードで社会言語学的視座を提案するのもおもしろいかもしれない（さいとー 2004）。しかし、本題からそれるので、この〈教養〉へのいざないの政治性を「敬語」論のすすめにさがしてみよう。
10　菊地が日本語における敬語の特殊性を強調し、その体系性を壮大で整然たる組織をなしているといった美化をおこない、たとえば金田一京助がくりかえし敬語と女性語を美化した姿勢に通ずる、日本語特殊論の洗練化の作業に従事していることは、山下仁が詳細に分析をおこなっている（やました 2001=2009）。しかも山下は、菊地が規範主義でひらきなおる論理として、たとえば「敬語は日本社会において、円滑なコミュニケーションを行う上で非常に有用であり、それゆえ敬語を使用するのは当然である」といった機能主義的合理化を指摘していた（同上: 64）。ましこ (2005) は、山下の議論の細部に疑問を提起しつつ、橋下治の議論などもあわせて、よりひろい

だから、菊地の日常的な研究のいかんにかかわらず、あきらかに政治的行為をなしたわけだ。それに対して紹介者は、「敬語は、要するに、〈語形〉と〈役割（機能）〉と〈使い方（適用）〉を理解すればいい。この点について『敬語再入門』ほど簡明かつ明晰に解説した敬語読本はない」と断言する。ここに批評的な姿勢が欠落していることはもちろん、規範文法という伝統に対する科学的態度（規範主義からの「卒業」）という倫理観がないことは、あきらかだろう。

　臨床的な学問として、たとえば教科教育学とか、労務管理論とか、法解釈学などをみれば、基礎医学の応用としての臨床医学と同様、妥当な選択肢を少数に限定しよう（「「物理的ムリ」「構造上の矛盾」などの排除）とする応用科学的営為は当然ありえるだろう。日本語学関連でいえば、「日本の初等中等教育をうけた人間が困惑しない選択肢」といった、日本語教員や留学生などが現実的に対応せざるをえない次元もふくめてである。しかし、現代日本において、いわゆる「待遇行動」において、ゆらぎや文化差、意識の濃淡などが多様であることは、調査するまでもなくあきらかだろう。しかし、菊地らには、規範が厳然と〈一枚いわ〉として実在するといった信念がある。かれらからすれば、「誤用」は当然実在することになるし、「可能なかぎりさけるべき」という倫理観が前面にでる。そこにはためらいが感じられない。だから、「許せる誤り・不快な誤り」（きくち 1996: 180-2）といった項目がたてられるし、「敬語と人柄――適切な敬語をめざして」（同上: 183-4）では、「敬語は人柄」といってはばからない。これら人格主義というべき規範意識は、つぎのような説教となる。

　　さて、読者の中で、敬語にまだあまり慣れていないという向きは、〈かりに誤っても"空虚な軽薄型"ではなく"真心ある失敗型"であれば人柄や気持ちは通じる〉という期待をもって、多少は誤ることもおそれずに、できるだけ敬語を使おうとする気持ちをもってよいのではないかと思います。

　　　　　　　　　　　　　　　　　　　　　　　　　　　　　　（同上: 184）

このような、あきらかに上位からみおろした視線をあびせかけられて、ただ恐縮するような心理とは、もはやマゾヒズムというほかないのではないか。だれか正誤

問題関心から一般化をこころみ、それはのちに、ましこ（2010）に再掲された。

判定を完全におこなえる「絶対的審判者」が実在し、その「正誤判定」の基準もブレることがない、すくなくとも短期的には不動の「真理」があるといった信念なしに、こうした提案はできないはずだ。

そして、こういった提案に対して、まったく疑念をはさまず、むしろ絶賛するくだんの紹介者は、「将来の教員また社会人として〈教養の力〉を発揮する契機にして欲しいという」、教育者としての「善意」＝パターナリズムにそっている。「おやごころ」にちかい主観だろう。つまりは、新入社員を研修ほかで育成している人事担当者のような「ビジネスマナー」と本質的にことならない感覚で、規範主義への追従があるとおもわれる。就職差別やパワハラもふくめた広義の攻撃性をさけるための自衛策として、年長者からの人生指南は、悪意などかけらもないだろうパターナリズムではあるが、科学的態度や思想・哲学・倫理をつたえるという理念からは、おおきくそれたものとなるだろう。

ここには、多様な言語現象という現実に対する理論的な単純化（多様な現実の操作主義的整理）ではなく、ある種の政治性にもとづいた矮小化や本質主義的分類がみてとれる。「教育」や「品性」など人格評価と不可分な領域で、パターナリズムにそって事実上の注入がおこなわれる。歴史的にふりかえるならば、「立派な日本人」になるために「標準語」を習得し「日本」に「復帰」するといった理念を、戦後の琉球列島の教員（おおくは社会民主主義者たち）は信じ、その方向で児童をみちびき、実際に広範な領域、深刻な次元で、標準語化に「成功」した。上田万年らが構想した「国語」教育という制度は、アイヌ民族や琉球列島などで実践され実に劇的に同化作用をしめした。文部省や内務省などの法令などなしに、じもとの当事者の自発性をひきだすかたちで。つまり、「正誤」が明確に判定でき、それは人格と不可分だから、「誤用」をさけるべきだといった規範主義的行為は、こと「敬語」論者だけではなく、遍在的な言語教育現象なのである[11]。

これらパターナリズムは、もちろん大学生や学童にむけての政治性（「国内政治」）

11　ついでいえば、保健体育／性教育／食育といったパターナリズムの対象は心身だし、帝国日本や中国など社会主義諸国による官制の「社会科学」系教育は、あきらかな「政治」教育＝一種の洗脳だった。
　　もちろん、日本史という通史が実体としてあるとか、北方領土問題があるとおしえる日本地理とか、独裁体制以外の「民主主義体制」にも、科学をよそおった実際上の洗脳装置はことかかないが。

にとどまらない。たとえば、先述した、なかの・まき「だれのための「ビジネス日本語」か―言語教育教材としての「ビジネス日本語マナー教材」にみられる同化主義―」などにもしめされているように、留学生への「おやごころ」が商品として流通しているからだ (なかの 2013)。

　これら政治性あふれるメタ言語を記述・解析・批判する作業が、広義の言語研究にあたることは、いうまでもなかろう。たとえば『ことばと社会』に13号 (2011年) から常設となった「近刊短評」[12]などは、対象が一般書をふくめた言語論であり、広義の言語研究の産物といってよいことになる。

4. 紹介者（サイエンスライター）としての取捨選択における政治性

　正誤判定の実体化など規範主義にたたなくても、広義の言語記述にはつねに政治性がつきまとう。学校教科書や一般書などでの通史に、すべての研究成果をもりこめない以上、いわゆる歴史本には編集者による取捨選択がかならずくわわるなど、そもそも政治性がからむのは言語現象にかぎらない[13]。たとえば「言語生活の24時間調査」のような、なまデータの記録自体、記述行為には取捨選択があり、その編集過程は、かならず広義の「政治」がからむ。たとえば、いわゆる「危機言語」調

12 　『ことばと社会』編集委員全員が、過去2〜3年以内に発刊された言語研究・言語論3点を、合計500字以内で紹介・寸評するという企画。

13 　家永裁判や大江岩波裁判など、歴史教科書をめぐる検定制度の恣意性・政治性をめぐる司法上の闘争なども、編集権がどこにあるのか、公権力は管轄領域としてパターナリスティックに介入しうるのか、アカデミックな権威とはなんなのかがあらそわれた。そもそもテキスト類に物理的・財政的限界があり、かつ利用者（生徒はもちろん教員層も）能力的限界というものがつきまとったから発生した問題だった。

　必要以上にたちいらないといった、文科省が一貫して、記述の「ふかいり」問題としてくちだしできたのも、このテキストの頒布／受容の物理的限界という観点の悪用であった。だからこそ、教科書裁判のような愚劣な法廷闘争は、教授者にテキスト選定権・作成権があり、学習者に成人としての理解力があるという前提で成立する大学などの空間では、発生しえなかった。しかし、これは、歴史教育にかぎらず、地理であれ、政治経済でも成立しえるし、もちろん「社会科」周辺の領域にかぎらない問題だった。

査の収集行為が、どの言語変種をえらびだし、どういった質／量でデータ収集するか、どう報告書やデータベースを編集するか、なんのために収集・記述するか（日本語の系統論的なデータ収集、言語継承運動、etc.）など、すべて、広義の政治性をおびることになる。そもそも「言語生活の24時間調査」（国立国語研究所、1949年）のような、なまデータ記録自体、どうしてその地点の、ある個人を抽出したのかという、取捨選択の恣意性がとわれるのである。完全なランダムサンプリングであっても、「推計すべき母集団はなんなのか」とか「なぜ、特定の母集団をえらんだのか」という、といは発生するからである[14]。

　たとえば日本手話や日本語点字といった、ことなるモードの少数言語現象を対象としてえらべば、障害者の情報環境の現況や歴史的経緯もえがくことになるだろう。多数派日本人が自明のこととみなす広義の日本語（はなしことば／かきことば）から「孤立」した（ときに疎外された）日本手話や日本語点字は、それらをとりまく広義の日本語の影響や、内在的な論理のみならず、利用者集団の被差別状況・孤立状況ときりはなせないからだ[15]。

　以上のようにかんがえたとき、当然のことだが、言語現象を記述・解析したテキ

---

[14] 「危機言語」「継承言語」など少数言語現象の記述となれば、「△△方言」「○○語」といった分類・位置づけはもちろんのこと、調査・記述行為自体きわめて政治性がたかい選択行為であること、そこに動員される研究費・関係者・時間など諸資源のみならず、わかて研究者の育成コスト、被調査地の次世代にとっての意義・政治性など、おびただしいポリティクスがからまる必然性については、ましこ（2014b）。

[15] 日本手話をとりまく状況については、現代思想編集部による論集（げんだいしそーへんしゅーぶ 1996＝2000）をはじめ、おびただしい蓄積がある。「全国ろう児をもつ親の会」編の一連の刊行物（ぜんこくろーじおもつおやのかい 2003, 2004, 2005, 2006, 2008）や、木村晴美による著作（きむら 2007, 2009, 2011, 2012）のような書記日本語によるものだけではなく、坂田加代子らのような、ろう者自身による日本手話DVD作品に書記日本語が解説としてそえられた2モードによる刊行物さえある（さかた ほか 2008）。日本手話話者のがわから、日本語話者との異文化接触をとらえた、『ろう者のトリセツ聴者のトリセツ——ろう者と聴者の言葉のズレ』（かんさいしゅわかれっじ 2009）とか、『手話の社会学』（かなざわ 2013）といった蓄積が、ろう者をとりまくポリティクスを記述していることはもちろんだ。

　日本語点字については、視覚障害者の被差別状況への批判（たとえば、漢字文化からの疎外）などを批判するものはあっても、モードとしての点字のおびる政治性についてふれたものは、すくない。例外的なものとして、日本語をとりまく漢字表記にふれた、なかの（2014, 2015ab）、はやま（2014）などが、社会言語学的な視座からの記述となっている。

スト類や辞典類が政治性を回避できるはずがない。たとえば安田敏朗『辞書の政治学』がときあかしたのは、辞典『言海』の成立過程やおなじく『広辞苑』の編集方針などにはらまれた政治性であった（やすだ 2006，ましこ 2010）。前節で、言語論の政治性とそれを紹介する行為の政治性を解析したが、広義の教育用刊行物は基本的に「無自覚な政治性」をおびるだろう[16]。

たとえば、図書館に所蔵されている参考書・入門書や辞典・事典類等レファレンス文献は、学校教育および社会教育用の公共財なわけだが、これらは総じて、紙媒体という物理的限界などを基盤に、利用者の理解能力などもからんだ、編集＝取捨選択の産物である。そして、安田らが指摘ずみであるように、辞典やテキストは権威であり、基本的に「まちがいない」ものとして大衆にうけとられているから、規範とも無縁ではなかろう。すくなくとも、『広辞苑』を刊行してきた岩波書店は、「『広辞苑』によれば」といった権威主義にして商業主義的なコピーをながすだけでなく、「ことばを正しく継承する」といった主張をおこなっている。

いや、つぎのように、事実上科学的記述でないことをひらきなおっている。

> 「生活様式や価値観が変わることで分かりにくくなり，果ては別の解釈がまかり通るものにことわざがあります．犬も歩けば棒に当たるは，自分のよく知っている世界から外に出ないことが生きていく上での知恵であった時代から，新しいことを試みる積極性に価値を認める時代への変化が，解釈を変えた例でしょう．広辞苑は二つの解釈を併記しています．また，流れに棹さす，気が置けないでは，本来の意味の他に，誤用とことわって近年の使われ方を記しています．情けは人の為ならずも，「ならず」を「…でない」とと

---

[16] 中国映画『子供たちの王様（孩子王）』(陳凱歌)では、原作『孩子王』(阿城) にはない、主人公が少年に「今後、何も写すな。辞書も写すな。」ということばを辞書とともにのこして、さっていくという逆説的な結末がもりこまれた（ごとー 2000: 152）。
　しかし、これは中国共産党による「指導」という名目での洗脳や漢字表記などの権威主義にはとどまるまい。モジという物象化された伝統、学習行為というmeme伝播の過程そのものが権威主義を宿命的に（普遍的に）おびている。したがって、権威化された辞書が、政治性をおびないはずがないのである。たとえば権威化された商業出版企業である岩波書店は、「『広辞苑』によれば」という権威主義をみずからプロデュースする姿勢をかくさない (http://www.iwanami.co.jp/moreinfo/kojimono6/top6.html)。

らないで「…にならない」とする解釈がかなり広まっています．しかし，広まってはいても誤りであることを明記する，それが広辞苑の立場です．」「憮然」「姑息」のように，元来の意味が忘れられつつある例はたくさんあります．広辞苑は社会での言葉の微妙な変化を見逃しはしませんが，それを直ちに記述することもしません．あえて言えば，しばらく放っておくこと，定着の度合いを見定めることが方針です．言葉を風俗・流行の話題として取り上げることは広辞苑の役割ではないでしょう．いくらか保守的と見られたとしても，言葉の変化の後を1歩でなく2歩くらい遅れて，見失うことなく付いて行く，それが広辞苑です．規範性が求められる辞典にはちょうど良いペースです．」
（岩波書店「広辞苑ものがたり　なぜ「日本語の規範」なのか」[17]）

　岩波書店のこの表明には、単純に、良心的な保守主義を奉じているとする自任がみとめられる。そして、「誤用」と断言しているかぎり、先述した菊地らの議論と同様、記述言語学の科学性を拒絶し、「規範性が求められる辞典」とひらきなおっていることがわかる。
　しかし、こういった恣意性や権威性・規範性といった、あからさまな政治性でなくても、教育用の刊行物は、無自覚な政治性を発揮している。たとえば、『概説　社会言語学』（いわた　ほか 2013）については、前述した《「戦後日本の社会言語学」小史》で批判したように、編集過程で排除されたのかどうかはわからない、明白な「欠落」がある（ましこ 2014f: 16）。
　たとえば20章もの編成のなかに「言語政策」関連の項目がない。また「言語とイデオロギー」では実質的にジェンダー論以外が排除されているといった、ある意味異様な構造をとっている。しかも、ジェンダー論的な言語現象の指摘のなかには、『ことばと社会』16号（2014年）の特集が焦点をあてた性的少数者という要素は完全に排除される。さらには、民族性関連では、あたかも近年多言語化が急速に進行したような、おなじみの軽薄なグローバル化／多文化化の認識水準で支配されている。おそらく『ことばと社会』や『社会言語学』などの周辺の議論を忌避しているか、単なる不勉強なのだろう。《「戦後日本の社会言語学」小史》で列挙したように、「識

17　http://www.iwanami.co.jp/moreinfo/kojimono6/top5.html

字イデオロギー、漢字イデオロギー、標準語・方言イデオロギー、敬語イデオロギー、日本版英語帝国主義」「性的少数派をふくめたマイノリティーへの偏見やヘイトスピーチ」などの欠落、「セクシスト的表現やポライトネスなどをとりあげる」一方、「ミソジニーとかホモフォビアなどを無自覚に表出する大衆意識が問題化されない」など、編者たちの「取捨選択」における「欠落」は、意図の有無にかかわらず、問題である。そして、それらを「問題」として意識しない学界をふくめた大衆意識(オルテガなどがいう)は、まさに知識社会学的課題なのだ。

　規範主義をかくそうとしない辞典編纂者はともかく、学生や大学院生への教育的配慮をむねとする大学関係者・出版関係者にあっては、そのパターナリズムは、規範主義への馴致=イデオロギー的洗脳ではなく、「科学への招待」へとむかわねばなるまい。つまり、学生／大学院生むけのテキストを編集するかぎり、言語研究者はサイエンスライターとしてふるまう倫理性をおびているはずだ。かりに治者として秩序維持をむねとして大衆あいてに「顕教」を意図的にあてがい、「密教」を周囲にしか開示しないのなら、それは、ダグラス・ラミスのいう「影の学問」の番人というべきだろう(ラミス=加藤ほか訳 1982)[18]。マックス・ヴェーバーがのべた「価値自由」にならうなら、研究者は「科学への招待」にともなって、当該「科学」がよ

---

[18] すでに、「再生産的知識人」(シルズ)、「第二次的知識人」(アイゼンスタッド)、「文化仲介者」(ブルデュー)といった、科学の最前線にある一次的知識生産者と、その生産物を政官財情各方面に仲介する「紹介者」「解説者」層との断絶には言及した(ましこ 2003: 230)。この理念型にそうなら、教科書・解説書・各種レファレンス資料を作成する広義の学校教育関係者は、「文化仲介者」(ブルデュー)など後者の典型例であり、だからこそ中立公平を徹底的に追求する責務があるはずなのだ。しかし実際には、文部官僚をはじめとして、そういった知的緊張は微弱なもので、むしろ「鎮護国家」的な御用学問を注入しているという自覚を欠落させた保守的知識層といえよう。かれらは、政府にとっての「ふつごうな真実」を御用学問的な抑圧で封じ、否定することがパターナリスティック(「政治的」に)にただしいと、おそらく心そこ信じて、無自覚な洗脳をおこなっている。その点で、独裁国家の中枢部の「確信犯」的な「悪意」ではなく、無自覚な悪を実践しているのは、独裁体制を非難する自由主義体制のエリートたちといえよう(戦前のパワーエリートが社会主義体制の総動員体制をコピーしながら、容共的ではなく抑圧的だったのと実は酷似しているだろう)。自由主義的に知の自由競争が成立しているといった共同幻想によって自浄作用が逆説的に機能しない「ハイパー独裁」(田中宇)と同形であろう。「ハイパー独裁」をはじめとする隠蔽されたパワーエリートによる情報操作／洗脳体制については、ましこ(2010)の「はじめに」参照。

ってたつ立脚点の一種の恣意性もあわせて暴露する責務をおうはずなのだ。

5. 知識社会学の一種としての「社会学の社会学」と並行する社会言語学

　かくして社会言語学、いや「広義の言語研究」の一部は知識社会学の一種としての「社会学の社会学」と酷似した位置をしめすことになる。グールドナーらにはじまり、再帰的＝自己言及的な運動として展開された「社会学の社会学」の論理構造は、同様に「言語学の社会言語学」はもとより「言語論の社会言語学」のよってたつ存立基盤もあきらかにするだろう。

　もとより、グールドナーらのいう「社会学の社会学」は、実証科学をうそぶくことによって細分化され、結局は「政治」から逃避したアメリカ現代社会学の無自覚な病弊（政治性）を自己批判するものであった。もちろん学生運動など当時の反体制的思潮の存在は無視できないだろう。しかし、これら再帰的な自己批判運動は、「言語（現象）とはなにか」にとりくむ「メタ言語」（記述行為）とは、一体なんなのか？　という、自省と並行関係にあるといえる。「社会学の社会学」とは、「社会（現象）とはなにか」を記述する「メタ言語」とは、一体なんなのか？　という、自省といえるからである（前身としては、ロバート・S・リンド『何のための知識か』による社会科学批判などをあげることができるだろう〔リンド 1979〕）。

　その意味で、たとえば雑誌『社会言語学』の「創刊の辞」（2001 年）が「ある人が、意識する／意識しないを問わず、言語に対してとる態度がどのような意味をもつものであるのかという問題を徹底的に追究する」ことをもって「社会言語学の使命」とすると宣言したことは、まさに象徴的である。特定の言語意識や言語運用の含意を追究することとは、話者／筆記者／読者らが展開する広義の言語現象の含意のみならず、それを対象化しようとする、ありとあらゆるメタ言語の含意をカバーすることへとつらなるからだ。さらにいえば、「創刊の辞」で「「何のための社会言語学研究か」という内省を恒常的に備えるものであることを願う」と起草者がのべたのは、そうした内省をしばしばわすれがちだという経験則、ないし予感があるからだろう。その意味では『何のための知識か』の原題 "Knowledge for What?: The Place of

Social Science in American Culture" になぞらえて「何のための知識か：日本文化における社会言語学の地位」というといかけをすることは、無意味ではあるまい。

してみると、「言語と社会の科学」(Science of Lnaguage and Society）という、よりゆるい領域をかんがえたとき（はら 1990: 194）、広義の言語研究にふくまれるだろう「社会言語学」は、同時に知識社会学の一部でもあり、その際「社会学の社会学」のような、再帰的な知的態度を、学問外の「余業」であるかのような意識をすてる時期にきているとおもわれる。すでに『ことばと社会』の「近刊短評」についてふれたとおり、それは広義の言語研究の正当な一部なのだ。

さらにいえば、『何のための知識か』が、日本語訳副題が英文原題に対応しない「危機に立つ社会科学」とされたこと、おなじくグールドナーによる「社会学の社会学」の提起が『社会学の再生を求めて』と訳されたことは、象徴的におもえる。"The Coming Crisis of Western Sociology" という原題には、かれによる危機感があったわけだし。たとえば「社会言語学の社会言語学」といった再帰的な言語研究をイメージするなら、それは「社会言語学の知識社会学」と実質ほぼかさなるであろう。そして、そういった姿勢は、「何のための社会言語学研究か」を介して「何のための言語研究か」「何のための言語知識か」といったといかけを浮上させるだろうし、「危機にたつ社会言語学」とか「危機にたつ言語研究」といった問題設定をしなくていいのかというといかけも浮上するだろう。

6. 「社会調査の倫理と少数言語研究運動の精神」と知識社会学

「危機言語というが、英語教育関係者以外の語学教員全員が危機的状況ではないか？」という、自嘲気味な皮肉をくちにした研究者がいたことは象徴的である。何度もくりかえし指摘したとおり、近代言語学は、危機言語を記述・記録することをも、いろいろな正当化をくりかえしてきた。たとえば、アイヌ語や琉球諸語は早晩ほろびる、という観測のもとに記述行為がくりかえされ、助成金・人材が動員されてきた（「ほろびる」と予言しながら、四半世紀以上におよぶ調査をくりかえした有力言語学者さえいる）。大学をふくめた公教育や、アカデミズムが英語の「ひとりが

ち」にみえるという状況はおくとして、言語記述は、「そこにエベレストがあるから」（Because it's there.）とのべたといわれる登山家ジョージ・マロリーの発想と類似している。「そこに言語現象Aがあるから」という、ひらきなおった恣意性があるからだ[19]。ましこ（2014b）でのべたように（すでに注記で言及したが）、資源がかぎられている以上、あらゆる記述行為は（アトランダムではない）取捨選択であり、そこには宿命的な恣意性がともなう（「取捨選択」というポリティクス）。「あらゆる言語現象を人類文化の記録としてのこす」という夢想が原理的に不可能である以上、言語記述は（規範主義のおしつけでない科学的行為であればあるほど）恣意性をたかめ、自己目的的になるほかない。なにか別の目的のための手段としての記述ではないのだから、それは不可避である。

　もちろん、危機言語調査などに善意でとりくんでいる研究者たちの大半は、「あらゆる言語現象を人類文化の記録としてのこす」という夢想が原理的に不可能である現実は充分ふまえて選択行為をしただろう。だからこそ、トリアージ[20]的な発想で

19　もちろん、当時のエベレスト（チョモランマ）登頂は、世界最高水準の難度と位置づけられていたであろうから、登山家たちのあいだでは、人類未踏の挑戦とみられていただろう。しかし、そもそも、だれにも要請されていない登山（遭難者救助や軍事目的の測量でもない以上）など挑戦一般が、恣意的な選択にほかならないはずだ。まったく関心のない層からのひややかな視線には、「時間とヒマがあるなら、かってにしろ。遭難とかで、世間に迷惑かけるな」という暗黙の非難がともなっているだろうが、それが不当なのかといえば、一般論でいえば「正論」のはずだ。

20　「トリアージ：「負傷者選別」を意味する用語。災害発生時に、負傷の種類や程度によって優先順位を決め、多くの患者を救う医療措置を行うこと」（原子力規制委員会）。「優先順位」を判断し「トリアージ・タグ」を負傷者／患者につけることについては、以下のような論点が提示されている。そして、こういった微妙な問題については、「危機言語」に対応しようという、善意の研究者には、基本的に同質の取捨選択問題がふりかかるとかんがえてよかろう。

　　トリアージは言わば、「小の虫を殺して大の虫を助ける」発想であり、「全ての患者を救う」という医療の原則から見れば例外中の例外である。そのため、大地震や航空機・鉄道事故、テロリズムなどにより、大量負傷者が発生し、医療のキャパシティが足りない、すなわち「医療を施すことが出来ない患者が必ず発生してしまう」ことが明らかな極限状況でのみ是認されるべきものである。しかし災害の規模が対応側のキャパシティを超過しているか否かを一切考慮せず、ただ単純に「災害医療とはすなわちトリアージを行うこと」「重傷者は見捨てるのがトリアージ」「トリアージ＝見殺し」だとする認識も蔓延している。
　　一般的に重傷者よりも軽傷者の方が負傷の苦痛の訴え自体は激しいため、優

劣勢な言語集団に接近し、データ上救出する、次世代に託すといった研究目的・動機を共有しているだろう（ここでは、少数言語記述によって、研究予算獲得やアカデミズム内での名声・地位獲得をかくれた動機としている層は、考慮から除外する）。しかし、言語研究者の最前線ほど、「なぜその言語現象を記述することと判断したのか」という取捨選択問題に感覚マヒをおこしがちだとおもわれる。当事者にとっては、「目前の危機をほうっておけるのか」という緊急的な課題にしかみえないからだ。しかし、それは「そこにエベレストがあるから」と同形なのである。なぜなら、そ

> 先度判定を惑わせる場合がある。また、第三者や軽傷者本人が優先度判定に疑問を持ち、不信感を持つ場合があり、それが現場での治療の妨げや後日のトラブルの原因となる可能性がある。〔中略〕
> 　日々救命の現場で働く看護師や救命士であれば、現場に疎い医師よりも迅速・確実な判断ができる事が明らかであるが、「黒」はすなわち「死亡」「助けられない」として切り捨てる判断そのものであり、死亡の診断を下すことが法的に許されていない救急救命士がトリアージで「黒」を付ける決断が難しい、心理的な負担が医療関係者以上に大きい等の問題がある。2004年8月9日に福井県の美浜原子力発電所で発生し10数名が死傷した重大労災事故では、救出時に心肺停止状態だった4名に「黒」の評価が現場でなされ、救急搬送はされなかった。なお、のちの検死により、この4名は即死状態で蘇生不可能だったことが判っている。
> 　トリアージでは優先度を4段階に分類するが、簡便である一方、段階数が少ないため、同じ判定の傷病者でも優先度が大きく異なる場合があることも問題点として指摘されている。例えば、いわば「典型的赤（最優先治療群―引用者注）」と「かぎりなく黄（待機的治療群―引用者注）に近い赤」の負傷者がいたとした場合、前者の治療順位が高くなるべきだが、トリアージではいずれも同じ「赤」となってしまう。
> 　START法をある一定の訓練を受けたものが行うならば、その判断に誤差が出ることは少ない。しかし、本来そのトリアージ分類基準は、そのときの傷病者の数や医療能力により異なるものである。それを考慮せず一律に分類するSTART法は、重傷度分類に過ぎず、優先度分類ではない。
> 　また、黒とは正しくは、「何もしないと死亡することが予測されるが、その場の医療能力と全傷病者状態により、救命行為（搬送も含めて）を行うことが、結果として全体の不利益になると判断される傷病者」のことである。しかし、「その場での救命の可能性がない傷病者」と誤解される事が多い。たとえば、心室細動で心肺停止状態の傷病病者を想定する。初期から心肺蘇生法を行えば、救命の可能性は十分ある。しかし、その心肺蘇生には数人かつ10分以上必要である。その傷病者にそれだけの医療能力を割り当てることが可能ならば赤タグとなり、不可能ならば黒タグとなる。このように優先度分類は相対的な物である。
> 　　　　　　　　　　　　（ウィキペディア「トリアージ」の「議論・問題点」）

こに投下された諸資源を、たとえば内戦などで発生した難民の人命のためにふりあてないでよいという判断を自明のように正当化などできるはずがないからだ。言語研究者は、少数言語研究に時間・エネルギーをさくのではなく、その言語文化についての知識を難民キャンプで活用することこそ人道的だといった判断に、反論しようがないのである。

　既存の政治経済体制の維持・復元に疑問をもたない保守層（≒既得権維持層）であるとか、歴史的な価値、エコロジカルな文化観などもちあわせない新自由主義者でもないかぎり、少数言語文化をサポートしようという個人・集団をあしざまにいうことはなかろう。特に「弱者にやさしい」とひそかに自任するリベラル層が、少数言語研究者の善意を無意味なことなどと断罪することは普通かんがえにくい。まして搾取的調査などあからさまな差別行為などがないかぎり、少数言語話者からは、はっきりした異議もうしたてなど普通しないだろう[21]。

　しかし、ヤマダ・カントが指摘したように「大言語話者による小言語学習・教育・研究」には、「ありがたがられ効果」という「陥穽」がある。被調査者とラポールが確定してからは基本的に「ありがたがられ」る経験しかない小言語研究者には、すでにのべたような恣意性についての自省は、ほとんど作動しようがないだろう（ヤマダ 2001）。

　すでに、社会言語学を広義の意味へとひろげることで、狭義の言語記述をこえて、テキストや辞書はもちろん社会言語学さえもふくめた広義の言語論のメタ言語として機能することをしめした。それらのうち、「社会言語学の社会言語学（知識社会学）」や「社会言語学テキストの社会言語学（知識社会学）」などは特に再帰的なとりくみになるが、少数言語研究ほか、社会言語学研究周辺の研究・教育活動へのメタ言語も、政治経済学的・知識社会学的な解析として成立することが、しめされたといえよう。もちろん、そこには、当事者の自覚（セルフ・モニタリング）が欠落したケースへの倫理的な評価もふくまれることになる。グローバル化の進行と、それにさきんじた世界各地の国民国家化の少数文化への暴力性については異論がないし、歴史的経緯の指摘・批判については、筆者は「同志」だとおもっているが、そ

21　危機言語の研究者は文化的エコロジストなのである。生物的多様性と言語的多様性の関連性について着目した著作としては、ネトル／ロメイン『消えゆく言語たち──失われることば、失われる世界』などが代表的（ネトル／ロメイン 2001）。

れと少数言語記述の政治性への着目は矛盾しない。以前から指摘してきたように（ましこ 2002a, 2002b=2014e）、少数言語研究だからこそ、大言語研究とは異質な調査倫理が要求されるのである。搾取的調査は論外として、「ありがたがられ効果」をふくめた「陥穽」におちいっていないか、つねに知的緊張をきらせないことが、重要だ。その意味では、少数言語研究にかかわる関係者（それは、科研費の審査にかかわる研究者や自治体の教育委員会関係者などもふくむ）は、再帰的に自省をくりかえしてきた社会言語学の蓄積や、広義の知の政治性にとりくんできた知識社会学を素養としなければならないと、おもわれる。

第2章

「漢字テスト」がうきぼりにする イデオロギー

［映像評］

【本章のあらすじ】
　長野県の県立高校の放送部員たちが、小中高校で自明視されてきた「漢字テスト」という制度を根底からとらえなおすドキュメントビデオを制作した。コンテストに応募されたこの映像作品は、小中高校教員たちのほとんどが言語学的素養を欠落させ、無邪気に規範主義にたって授業運営や成績評価（正誤判定）をおこなってきたことをうきぼりにする。言語学者が、書き順や、とめ／はらいなどに拘泥することの無根拠性を断言し、それを文科省の官僚や漢字検定協会関係者は理解している。しかし、それを教育委員会は現場に周知徹底できずにいることが、教員に対するインタビューであきらかにされる。非科学的な規範主義にたっていることに対する無自覚はもちろん、規範主義をふりまわす自身がいかに恣意的に基準を解釈しているか、漢字ドリルなどの指示を根拠もかんがえず受容し墨守したりしているのである。とめ／はらいなどの厳格な指導も、結局は、教科書体という活字の視覚イメージにとらわれているにすぎないのだが、当然そういった抑制は機能しない。
　結局「漢字テスト」という規範主義的装置は、学校教育が無自覚にかかえこんでいる教師－生徒関係のサディズム－マゾヒズムという心理機構にもとづいた愚劣なトレーニング／正誤判定というほかない。高校生たちのドキュメンタリーはそぼくに現実を解析していくが、こういった作業をしないかぎり学校現場の問題性が認識できないのは病理というほかない。

1. 社会学的現実暴露としての「漢字テストのふしぎ」

どのような知的背景・制作経緯があろうと、ビデオ作品「漢字テストのふしぎ」[1]は、社会学的フィールドワークの一種といってよい。なぜなら、「地理的移動をともなわない文化衝撃」(P.L. バーガー)[2]を体験させる構成をとっているからだ。なぜ「地理的移動をともなわない文化衝撃」とみなせるか。

小中高校という公教育現場、および中学受験・高校受験という入学試験制度で、くりかえしくりかえし展開される「正解（≒ただしいよみかき）がある」という規範主義[3]は、まさに「日常的」「ごく一般的」な社会現象である。わざわざ「国外視察」やら「史料による再検討」など不要である。しかし、おそらく当事者[4]のほとんどは、「近隣」で反復する問題の所在を特定できないし、おおくは問題の有無にさえきづいていない。

だからこそ、このビデオ作品が暴露する記号学的（社会心理学的）、社会学的・人類学的（社会心理学的）諸問題をつきつけられたばあい、おおくの「日本人」[5]は動

1　http://tvf2009.jp/movie2/vote2007.php?itemid=134, http://d.hatena.ne.jp/video/niconico/sm4942766 ほかに、ブログ記事「漢字テストの謎に学ぶ、「教科書的にはこう」ということを知っておくことの大切さ」(http://heis.blog101.fc2.com/blog-entry-84.html) など。

2　"The experience of sociological discovery could be described as "culture shock" minus geographical displacement." (Berger 1963: 23)

3　社会言語学的には、あきらかに「規範主義」なのだが、教育現場は、そういった相対化・客観視は普通しない。むしろ、「小論文」「実技試験」といった「例外」以外は、正誤が単純に二分されているパズルが学校教育、および入学選抜試験などでは前提なのだ。大学以外では（いや、大学院だって、アメリカの経済学系の制度化された指導カリキュラムのもとでは）、教師が「正答」をしりつくしており、指導されるがわが、それこそゆるぎない基準で正誤判定されるという構造は、システム上自明なのだ。旧帝国大学系の理学部系の数学の採点とか、司法試験の論文試験などは、単なる正誤問題ではない次元で、ていねいな判断がくだされているようだが、「漢字テスト」のたぐいが、規範主義的でない方がむしろ奇妙なのである。

4　つぎにのべる「多数派日本人」のうち、おもには学齢期の児童生徒にかかわる保護者・指導者や選抜試験作成者・採点者という、世代か職種上かたよった部分に限定されることは、ことわっておく必要がありそうだ。

5　ここでは、おおむね日本列島に少年少女時代をすごすことで、日本の公教育を疑問をもたずにうけた多数派日本人（日本国籍者）をさしている。こういった、当事者性の「境界線」問題については、ましこ（2008a）を参照。

揺するか混乱をかくせないだろう。いかに問題にきづかずに人生をおくってきたか、(少々は)自覚させられ、たとえば児童生徒の保護者として、あるいは指導者として、いかに問題ぶくみの言動をくりかえしてきたか、反省をせまられるはずである[6]。かりに動揺し、不安にかられるだけで、具体的な改善点がみあたらないにしても。

　乱暴にまとめてしまうなら、ビデオ作品「漢字テストのふしぎ」は、以下のことを暴露するものだ。

① 「正解(≒ただしいよみかき)がある」という規範主義に合理的根拠がないこと。
② ソシュールが指摘した、システム成立のための恣意性という、記号学上の普遍的原理ではない、単なる無根拠性、いいかえれば日本語漢字文化に関与する当事者のうちわだけで「合理化」されてきた、運営上の規範という、システム成立のためになんら機能的合理性をもたない恣意性。
③ 構成員中の弱者イジメにだけ合理的というべき、恣意性のサディズムが、教育論・道徳論等として合理化されてきた野蛮性。

　これら論点の大半は、評者らが15年ほどまえから指摘し、10年以上まえには一応の結論をだしておいた議論にすぎない[7]。しかし、ビデオ作品「漢字テストのふしぎ」の含意を充分に味読するためにも、最低限の整理からはじめよう。なぜなら、評者が再三提起した議論も、所詮学校現場や選抜試験に対する影響力が皆無であったことは直視するほかないし、「漢字テストのふしぎ」の現実暴露と相互に啓発活動に貢献できるなら、これほどの機会はないからだ。

　その意味では、論理的に社会言語学的な現実分析を展開しても、社会が共有する共同幻想になんら影響をあたえられなかった現実を直視しつつ、コンピューター技術の急展開によって鮮明化した問題点を指摘することで、年来の主張が基本的に妥

6　むろん、こういった一般化が可能なのは、一定水準以上の知性・文化資本・批判精神がそなわっている層にかぎられる。どれかがかけているだけで、以上のような自己批判は不可能になり、反省すべきだという心理も浮上しないだろう。が、そういった層については、以前のべたように「つけるクスリがない」し、冷静に議論する基盤が形成されないだろうから、話題から除外する(ましこ 2001, 2002a)。
7　ましこ(1993, 1994, 1997, 2003, 2004ab)、あべ(2002, 2003, 2006)、すみ(2006)など。

当だったことを確認したい。そして、同時に、充分鮮明化した問題点を直視することができない学校現場の意識構造を再検討することで、いわゆる教員文化がかかえこむ「規範主義」の政治性・暴力性を徹底的に暴露する教育社会学的分析を展開してみよう。

　結論的にいえば、本作品は、せまい意味での漢字教育批判にとどまらないことはもちろんのこと、現代日本のモジ教育と、公教育にかぎらない受験界・官僚制組織の自明視する文化資本の根本問題をえぐる本質をそなえているし、その「射程」[8]は、近現代日本に支配的な「教化」の合理化を基盤から破綻させるひろがりをもつとおもう。

2. 合理的根拠をもたない恣意的・暴力的システムとしての漢字表記と、その政治性

　ソシュールの言語学講義の受講ノートをもとにしたものだとされている『一般言語学講義』では、ペンがきによるローマ字表記問題がふれられている。小林英夫訳には、ローマ字によるソシュールの解説を翻案して、「れ／ね／わ」の記号的対立＝弁別問題が例示された。現実的な「手稿」として筆記された視覚イメージとして、「れ／ね／わ」のような記号的対立は、あきらかにアナログ系連続体問題に属する[9]。

---

8 「射程」という表現について、「射撃」「発射」「射手」といった軍事的隠喩と通底するものであり、暴力性について鈍感な筆者であるとの印象をもつ読者がいるかもしれない。それは、あえて否定しない。しかし、現代日本で自明視されてきた、漢字カナまじり表記の「てがき」規範の政治性をかんがえたとき、そこには、「平和的」「非暴力的」な接近は、あまりに消極的すぎるという政治判断を優先させている。いってみれば、意識的に暴力的な問題の解体をはかっている。はっきりいって、漢字のかきとりテストは、合理性を演出してきた詐欺的な装置を完全に破砕する必要があるのであって、「関係者の信念・自尊心を最大限尊重し、自発的な内省によって漸次的に改善をはかる」といった微温的な「戦略」は、ナンセンスだとおもわれる。これにもし可能な批判がありえるとすれば、「IT革命が早晩、そういった詐欺的装置を破砕するので、放置してよし」という、アナーキックな放置（＝功利主義的戦略を排した義務論的判断）がでる程度だとかんがえる。

9 たとえば、以前はエンゲルスしか判読できなかったとされたマルクスの「悪筆」などは、ローマ字体系内部の対立・共存関係自体が視覚情報としてほとんど成立しな

まして、前近代において支配的だった漢字の書体とは、あきらかに「草書体」であり、そこに、「はね」だの、「とめ」だのは、判然としていたはずがない。寺子屋の手習いなどの実態を、史料的にあとづけるなら、「楷書→行書→草書」といった、厳密な段階論が実践されていたわけではないだろうこと、「はね」だの「とめ」だのを、うるさくとがめだてた塾長などいなかっただろうことも、立証されるものとおもわれる。「伝統」に「規範」をもとめる論者がいるなら、「楷書」至上主義にもとづいた「はね」「とめ」「はらい」等の厳密主義は、まさに自己矛盾なのであり、日本の近代公教育がでっちあげた「創られた伝統」（The Invention of Tradition, 1983）であることを、みずから暴露しているようなものだ。

　かりに、テスト文化として特化した「楷書」主義をとるほかない現場の論理を容認したとしよう。それでも、肉筆による「かきとりテスト」は、致命的な矛盾をかかえている。小学校教科書と小学生用辞典以外ではほとんど流通していない「教科書体」という、幻想上の産物を「規範」の根拠としているからである[10]。教科書体は、基本的に、いわゆる硬筆習字（ペン・鉛筆がき）を前提とし、その背景には、「規範」たる、毛筆楷書体をかかえているとおもわれるが[11]、現代日本人、なかでも

　　　かった、いや、言語障碍などの識別同様、なれによってのみ突破できる、「連続体のなかの対立」問題だったといえよう。

10　もちろん、公式には「常用漢字表「（付）字体についての解説」の「第2 明朝体活字と筆写の楷書との関係について」で「字体としては同じであつても、明朝体活字（写真植字を含む）の形と筆写の楷書の形との間には、いろいろな点で違いがある。それらは、印刷上と手書き上のそれぞれの習慣の相違に基づく表現の差と見るべきものである。」と述べられているように、同じ字体であっても、印刷文字字形（ここでは明朝体字形）と筆写の楷書字形とは様々な点で字形上の相違が見られる。……」等の解釈がなされている（「（3）印刷文字字形（明朝体字形）と筆写の楷書字形との関係」第22期国語審議会）。しかし、教育現場が、教科書体にもとづいた鉛筆筆写を前提に指導している実態、そこでの基準＝規範意識が、現実社会から遊離した幻想上の学校内文化である点は、うたがいない。

11　　　現在、印刷書体として使われる楷書体（かいしょたい）は、清朝初期の木版印刷に使われた軟体楷書体・清朝体などと呼ばれる書体をもとにしている。その書体は明朝体の影響を受けつつ、康熙帝の好んだ明末の董其昌、乾隆帝の好んだ元の趙子昴の書風の影響を受けている。この軟体楷書は、日本の教科書体、弘道軒清朝体、正楷書体、台湾の標準楷書体（標楷体）などに見られる。それ以外にも、宋朝体、明朝体、ゴシック体など多数の書体がある。

　　　　　　　　　　　　　　　　　　　　　　　　（ウィキペディア「楷書体」）

成人が日常的に処理するなかには、「教科書体」などふくまれない。おもに小学校の教員が教科書ないし教科書傍用参考書・問題集等をあつかうときにだけ、例外的に「教科書体」が出現する。もともと、中高生が教科書でふれる書体自体、基本的に「教科書体」ではない[12]。教科書もふくめて、かみ媒体にしろ、ケータイ電話にしろ、明朝体やゴチック体だけに、ほぼかぎられるといっても過言でなかろう。教科書体は、学校教育内部にのみ実現するイメージ上の存在にすぎず、それにもっともちかい実践例は、毛筆習字学習の時空、それについで、規範主義的に、綿密に制御された板書作業のときにかぎられるといってよい。

　だが、問題の本質は、教科書体の「毛筆モード」的な規範にはない。むしろ、明朝体などと「とめ」「はね」等が全然ことなって、同一字形とは、とても分類できないのである。したがって、厳密な規範主義によって、選抜をくりかえす私立中学の「かきとりテスト」に焦点をあてる塾教員は、「「教科書体」の文字はどちら？」[13]といった、シャレにならない真剣さで明朝体との異同を問題化するほかない。円満字二郎『漢和辞典に訊け！』[14]などが暴露するとおり、こういった書体問題もふくめて、「画数」から漢和辞典を検索することは、構造的な障碍をかかえているし[15]、固有名詞を中心に膨大に放置されたままの、いわゆる旧字体や、書体や流派によって現実に「正解」がことなるとされる「書き順」問題や、さまざまな構造的矛盾をかかえた「教科書体」周辺の構図は、混乱のきわみといってさしつかえない。

　文部科学省の担当官が、以上のような「楷書」にまつわるユレなどに対して、けっして規範主義的とはいいがたい見解を展開する録画情報。それら、学界や中央官庁における非規範主義的な意向を全然学校現場に徹底できない教育委員会。それらをつきつけられて、みずからの規範主義の根拠を破砕されて、動揺する小中高校

12　　　中学校の教科書では、「読むことを目的とした文章の量が多い」「小学校６年間で漢字学習を経験してきた」などの学習の発達段階を考え、生徒が書籍などで目にすることが多い「明朝体」を使用しています。(ただし、新出漢字を示す箇所では、字形を正しく覚える必要から、教科書体を使用しています。)

(「教科書体」光村図書)

13　　　「「教科書体」の文字はどちら？」(http://www13.plala.or.jp/hosonag/juken kyozai kyokasyotai.htm『中学受験専門国語プロ家庭教師』)

14　　　えんまんじ（2008）

15　　　「とめ」「はね」などに「正書法」が確立していないのだから、画数は確定できない。複数の解釈による配列をえらぶ辞典さえでる始末である。

の教員たち。ともあれ、選抜試験等で機能している規範主義に適応をせまられる受験塾業界等。現場におりていけばいくほど、アカデミックで比較的妥当とおもわれる基準は、ないがしろにされ、ありもしない幻影や、おもいこみによって、現場の規範・基準が構築されるさまは、保護者や塾関係者でなければ、「のどもとすぎて……」式に、傍観でき、それゆえに「喜劇」としてたのしむユトリがもてるだろうが、「現在進行形」、ないし「現在完了進行形」という意味で「採点するがわ／されるがわ」に位置する層は、「悲劇」としか、うけとめられないだろう。

　また、ビデオ作品でみのがせないのは、これら教育現場の実態を「無教養」「知的野蛮」といった侮蔑、ないし諦観で放置することは、とてもできない現実がうかがわれる点だ。登場する現場教員たちは、アナログ記号として分業する対立要素の集合体という漢字体系を自覚化させることを目的としていない。「常用漢字」という立派な規範体系の基準さえ逸脱して、「図形認識能力」[16]や、漢字という記号文化への姿勢といった、本来本質的にはもちこめないはずの基準をもちこみ、しかもおおきな個人差まで露呈する規範主義でもって断罪する姿勢を教師たちが共有しているのだ[17]。

　規範主義の強弱によって、実際の中学入試・高校入試における「漢字のかきとり」の配点分が、しらないうちに「0点〜満点」までバラつき、それが合否を決していた可能性が否定できないからだ。いや、現に少数ではあれ、そういった「イ

---

[16] かれらは、次項でのべるとおり、無自覚なサディストとして教育的制裁を合理化しているのだが、機能的に記号対立が成立しているかという問題の次元ではなく、「おしえられた図形の本質を的確に把握して復元する能力があるかどうか」といった次元での正確さ、そういった正確さを維持するだけの姿勢・態度など、人物評価的な基準をもちこんで、疑問に感じていないのだった。

[17] 担当官である文部官僚が、いかに日本語学的に根拠のある基準を提示し、いかにリベラルにふるまおうと、それは規範主義的解釈の範囲にとどまるものであり、それに準じた判定は、恣意的とのそしりをまぬがれないものである。しかし、ビデオに登場する担当官が、日本漢字検定協会の担当者とならんで、別格に妥当な水準にあったことは、印象的であった。逆にいえば、かなり妥当な水準で最低限の規範主義にとどまっている両者を除外すると、教育関係者のほとんどは、日本語学・言語学の基礎的トレーニングをうけていない高校生に自己矛盾を指摘されてしまうような、お粗末な規範主義にすぎず、まともな根拠をひとつも返答できないのであった。ソクラテスの対話法と同様、かれらは、みずからの判定基準を正当化しようとすればするほど、その破綻ぶりを露呈するばかりだった。

スとりゲーム」の勝敗が実は不当だった部分が絶対にまぎれこんでいるはずである。採点結果の答案を「公文書」の一種として保存する責任を感じていない、入試関係者（事務当局＋教員）の意識水準をみれば、それは、「藪の中」にほかならない[18]。

　以上みてきたように「漢字テスト」現場にこういった人材を供給してきた教員養成系大学人、人材配置・指導監督してきた事務官僚、これら実態を放置してきた国語学系・国文学系研究者、教育問題を再三とりあげてきたメディア、……。これら、広義の関係者は、関与の濃淡はあれど、一様に「構造的権力犯罪」の加担者であるという自覚をもつ必要がある。

3. 身体論としての「かきとりテスト」問題と、その政治的含意

　現行の「規範」「基準」として、充分政治性を発揮している漢字教育の実態、およびテストの現状をみるかぎり、うえにみたとおり、共時的な機能的合理性はもちろんのこと、歴史主義的にも、全然正当化できる理論的根拠などない「楷書」至上主義だが、その恣意性は、こと現代国語教育という次元にとどまらない。

　なかの・まきが実体験として記憶しているとおり[19]、「こんなに漢字が書けないな

18　ビデオのなかであきらかにされているとおり、実証調査された結果からは、かれらは実におおきな規範のズレをかかえている。しかし、主観的には、入試選抜等で一定の基準のもとに採点がなされていると信じているのであった。インタビューによって、そういった主観と実態のズレを指摘されて、さすがに矛盾があると自覚はするものの、そういった恣意的としかいいようのない「採点基準」の集合体を「入試などから除外しなければならない」「不幸な犠牲者をこれ以上だすべきではない」といった判断には、けっしていたらないのであった。教員採用試験の答案が公文書の一種として長期保存されずに、即座に処分されていた事例にもみられるように、この列島の官僚たちは公文書管理にまったくといっていいほど信頼をおけない「役人文化」を共有している。入試選抜の答案等は、採点結果を後日検証する必要などまったくみとめていないであろう。「漢字の書き取り」などは、もっとも論争的な資料となるはずだが、公文書を管理しているという自覚のない小役人たちは、「（シュレッダー／溶解）処理後の文書に、くちなし」とばかりに、検証不能な「藪の中」（芥川龍之介）を毎年再生産している。

19　こういった記憶にもとづいた証言には、記憶のねつ造問題がつきまとい、すくなく

ら3年生にしてあげない」[20]などといった、不当な精神的暴力についても、充分な解明をおこなったうえで、学校現場を改善する必要がある。西洋思想史家の関曠野(せき・ひろの)は、教師がみずからの被抑圧体験を、生徒に対する抑圧者として反復・報復する心理機構を「ドラキュラ物語的な悪循環」とよんだ（せき 1985: 185–6, ましこ 2002b: 84–5, ましこ 2014e: 101）。いわゆる「虐待の連鎖」同様、報復劇を対象をかえて実演するという、卑劣でいたましい構図だが、なかのをこころない言動でいためつけた小学校教員の心理機構は、どう解釈できるだろうか？　ひょっとしたら、教師自身には、類似体験はなく、単純な報復的行為ではなかったかもしれない。しかし、それならば、なにゆえに、ここまで有害無益で非教育的な精神的暴力が発現したかといえば、関も指摘するとおり、「疑似親としての愛の名」をかたったサディズム[21]だろう。はっきりいって、「あなたのためをおもって……」という、おためごかし、サディスティックな心理をみずから否認し合理化するための自己欺瞞といったところだろう。「教育的配慮」「愛情」といったレトリックを援用することで、良心のいたみをマヒさせ、過去被害者となった自身に対するサディスティックな精神的暴力を反復的かつマゾヒスティックに合理化するための儀式として機能させる。みずからのトラウマ体験を鎮痛＝合理化し、みずからのサディズムを合理化する「素材」＝犠牲者として利用する。教育現場における弱者＝生徒を教育規範にてらした「失態」者として罰するかたちで、過去体験と日常的サディズムを反復的に合理化する防衛機制。グロテスクそのものの過程だが、児童・生徒の一部は、これら防衛機制を「誤読」することで、サディスティックな教員のマゾ・サド的心性をコピーし、みずから教師とし

とも、録画やメモなどがないかぎり、一部「藪の中」状態であることは事実である。しかし、こうした被害者としての個人的なトラウマは、細部の精確さはともかく、おおすじは的中しているとおもわれる。これら暴力行使者は、すっかりわすれさるような、ちいさな位置づけしかしていないだろうが。

20　周知の事実であるが、戦後日本の小中学校で、「原級留置（とめおき）」式の措置というのは例外的であり、事実上ほとんどはトコロテン式進級あつかいとなっている。「著者は、小学校低学年のときに鏡文字を書いたり「あ」と「お」の区別がつかなくてしかられたりと、字をおぼえるのに苦労した。特に漢字テストのできがわるく、小学2年生のときに、クラス中の見るなかで担任の机の前に呼び出されて、「こんなに漢字が書けないなら3年生にしてあげない」とどなられたことがある。」（なかの 2009: 274, 脚注4）

21　相撲界での「かわいがり」等については、後述。

て、これら「ドラキュラ物語的な悪循環」の継承者となってくれるだろう。こういった「ミーム（meme）」の複製過程は、「漢字の肉筆書写」といった、「失態」がかずおおく発現するだろう差別化装置でこそ、劇的に機能するとおもわれる。

これらサディズム複製装置は、もちろん「かきとり」にかぎらない。しかし、教育・受験現場での楷書至上主義は合理性のかけらもない巨大な恣意的装置である。なかのも指摘するとおり、形・音・義の3要素をモレなく獲得することをせまられるし、コンピューター処理や読字過程では利用可能なさまざまな参照装置が動員できないような孤立無援の「受験者」は、「完璧主義」をもってする実にイジワルな視線のもと、防戦一方をしいられる。いいかえれば、よんだりコンピューター処理するばあい、記号要素の対立関係を識別し、機能的に操作できれば充分なのに、教師がわ、採点者がわの、恣意的でサディスティックな基準をおしつけられて、有害無益な緊張・消耗をしいられるのだ。

このようにみたとき、関曠野が指摘する、「教師－生徒関係を強制的に学習させる場としての学校は生徒のためにではなく、教師のために存在し、教師は教師自身のために存在して」おり、教科・教材のたぐいはすべて「教師－生徒関係を生徒たちが学習するための条件、学校という場を設けるための口実をなしているにすぎない」という痛烈な皮肉は、実に現実味をおびてくる（せき1985）。市民的素養の不可欠の構成要素、ないしは「無用の用」をかたる知的トレーニングを自称してきた教員・公教育は、すくなくとも、コンピューター時代の漢字の「てがき」という、まったく正当化のしようがない教科内容について、とうとう、「自白」をせまられるようになったといえそうだ。

これらの、一見逆説めいた「皮肉」を直視できない読者層は、依然なくならないだろう。では、わるいが、おいうちをかけさせてもらう。たとえば、本来、乗法などの意味しかもたなかった「×」[22]という記号は、なぜ「バツ」とひろくよびならわ

22　　　バツ・ペケ
　　　　否定的な意味を表す。この場合は「バツ」「ペケ」と読む。……逆の意味の記号は「○」。
　　　　欧米ではこの意味では「✕」を使う（逆は「✓」）。
　　　　・不正解、不可、否定、無い。
　　　　・公営競技の予想では、穴（勝つ可能性があると見られている中では最も見込みが薄い選手）を表す。

されてきたのか？ ほかでもない「罰点」の略称である[23]。教育関係者のなかで、すくなくはない人物が、つぎのようにかたってきた[24]のと比較すると、実に「非教育的」な呼称ではないか？

- 学校は自動車教習所のように、何度でもまちがえる権利が保障されている空間です。しかも義務教育は税金でみんなのまなぶ権利が無料になるよう保障する空間として用意されました。
- 教育は、まちがえた箇所をとがめる過程ではありません。教育は、つぎにまちがえないですむように、生徒の適性にそった修正方法を一緒にかんがえる場です。

教育現象を冷静に（ときに冷酷に）記述分析しようと客観化をくりかえしてきた教育学者はともかくとして、教育関係者は、以上のような「うるわしい」教育環境・関係を理想視してきたはずである。現場がどんなに人員上・予算上窮状にあろうとも、精力のかぎりをつくして、こうした「理想」にとどくよう努力（しようと）していると。

では、漢字表記の「とめ」や「はね」などに対して、いまいましげに、ときに、たのしげに、「罰点」をつけてきた教師は、どういった正当化をもって、その採点作業を意味づけてきたのか？

おそらく、「自分にゆるされた時間・資源という限界のなかでは、最大限の授業実践をおこなった。あとは、生徒の問題だ。もちろん、100%完璧な実践ができたわけでないことは事実だが、あれ以上は、特殊な名物教員のような人物以外には、困難なことだ……」といった自己正当化ではないか？ こういった、精神的なアリバイ工作＝自己欺瞞があるからこそ、「こんなに漢字が書けないなら3年生にしてあ

(ウィキペディア「×」, 2017年6月5日（月）12:21 確認)

23 「ばってん【罰点】[1] 誤り・不可などの意を示す「×」のしるし。—をもらう [2] ゲーム・スポーツなどで、減点。」（大辞林、三省堂）
「ばっ‐てん【罰点】1 不良・誤り・消去などの意味を表す「×」の印。ばつ。2 試合などで、反則・失敗などの回数を表す点数。」（大辞泉, JapanKnowledge）
24 特定の教育関係者の論理を引用したものではない。しかし、こういった論理を教育実践の「理想」としてかたってきたのは、事実ではないか？

げない」といった、責任転嫁そのものの暴言がはけるのだ。「こんなに漢字が書けない」という現実が、生徒だけの自己責任だろうか？ 単に、自分の指導能力の欠如、努力・工夫不足の露呈なのに、なにを、生徒のせいにして、やつあたりしているのだろう。実に品性下劣で、反教育的な人物が実在したことが、よくわかる[25]。しかし、こういった劣悪な「教育者」は、例外的少数だろうか？ いや、とても、そうはおもえない。なかのにトラウマを刻印した[26]愚劣な実践は、日本列島中のどの教室でも、ごく普通におきえた教師－生徒関係であり、かつ教科教育のかなりひろい領域・場面で発生する余地がありそうな気がする[27]。

ここでみおとしてならない点は、こういったサディズム・マゾヒズム関係の連鎖が、倫理意識をともなった身体管理として、構造的磁場を形成している点である。いいかえれば、うえにみたような「責任転嫁」「自己欺瞞」といった防衛機制は、単なる教員層の個人的属性・品性等に還元できない、構造的産物なのである。

さきに、「罰点」という採点上の装置を問題にしたが、児童生徒の「失態」に対する「罰点」とは、「おためごかし」な教育的制裁であるばかりでなく、実は、教師への報恩規範違反への報復行動を含意するのだ。「教師への報恩規範」とは、愛情表現としての教育実践には、「出藍の誉れ」などを究極とした報恩原理としてイメージされており、「愛のムチ」と「恩返し」[28]は、封建制における「御恩－奉公」

25　もちろん、18歳以上を準成人とみなして、「自己責任」のもと、単位認定の責任の大半を履修生に帰してしまっている大学関係者も、「他山の石」とすべきであろう。

26　20年もまえのことをわすれられないのは、なかのの責任ではなく、ひとえに、この愚劣な教員に帰せられるはずだ。

27　漢字指導にかぎらず、規範主義が横行してきた国語科・英語科、認識上・実生活上の「応用」が真剣にかんがえられているとはおもえない算数・数学科、疑似科学的論理にまるめこまれないだけの批判精神をつちかっているようにはみえない社会系・自然生命系教科群など……。これらの教科教育実践のどの程度が、「教師－生徒関係を生徒たちが学習するための条件、学校という場を設けるための口実をなしているにすぎない」とのそしりをまぬがれる水準（質／量）を維持しえただろうか？ それは、中学・高校といった中等教育への連続的過程と社会生活との本質的な関連性である。単に、中等教育段階が進学・進級といったかたちで連続体をなしているといった、卒業・入試の問題の次元ではなく。

28　大相撲界の隠語も記述している日本版ウィキペディアのばあい、項目「かわいがる」は、教育的配慮としての「ぶつかり稽古（荒稽古）」を「愛のムチ」であるとみなしている相撲界を記述するばかりでなく、しごかれた下位力士が、自身にかけられた期待を感謝し、昇進して先輩力士に本場所で勝利をあげること、ときに引退におい

原理のような対概念になっているのである。つまり、「罰点」＝教育的制裁とは、いまだ努力不足で、いまだ「いたらない」生徒を心配する教員による「愛のムチ」なのであり、たとえば「出藍の誉れ」として、将来教師を脱帽させるような大器への期待のあらわれとして合理化されている。「きびしさ」を、期待にねざした教育制裁ではなく、単なる苦痛としか感じとれない児童・生徒とは、「愛のムチ」に感応＝「恩返し」できずにいる「不忠者」にほかならない。ムチとは、児童・生徒が文脈理解力不足を自覚できるまで、くりかえし行使される「飼育」[29]装置なのであって、なかのの記憶も、そう解釈すべきだと、「愛のムチ」派は、主張しつづけるつもりだろう。だが、なかのが教師の言動を愛情とみなせなかったとして、それをせめる人物がいるなら、それは「教育愛」を欠如させている。イエスがみずからを牧人になぞらえ、信仰にまよう人物を、「まよえる羊」になぞらえて、100匹のうち、まよった1匹をさがすために、ほかの99匹をまたせておくと、といたのとは、正反対といえよう。「愛」が「無償」「無私」の一方向的な「献身」であるとするなら、「報恩」道徳をあわせてとくような、「かくれたカリキュラム」は矛盾している[30]。「孝行」倫理のおしつけと同様、みかえりの期待をはずされたと興奮する年長者こそ偽善者なのであって、「愛」をかたった詐欺師というべきであろう。

　そして、こういった「報恩」倫理にそむく「違反」行為のなかには、課された課題を必死にこなしてこないことにとどまらず、指導者が想定する到達水準を期限まで達成しないことがふくまれ、そのなかには、あべ (2003) や、なかの (2008) が着

　　こむような完勝をあげることを、「恩返し」「美談」とする相撲界の風潮をつたえている。これらは、これらの「美談」にあふれた二所ノ席部屋の公式ホームページの「用語・隠語集 2」に同様の記述があるように、単なる風聞ではない。しかし、その一部が単なるイジメにすぎず、ときに傷害致死にまでいたる暴走がふくまれることは、一連の不祥事や脱走事件等で充分わかる。問題は、こういった論理が、大相撲や体育系サークルなどにかぎられた現象なのか？ という点にある。

29　いうまでもなく、イングランド語 "train" は「訓練・教育する」だけの語義にとどまらず、原義的（本質的）には、「飼育・調教する」という語義を中軸としている（ましこ 2013a、第 6 章）。もちろん、狩猟犬・牧羊犬文化圏のばあい、「飼育・調教ぬきには、家畜は人類と共存しえず、まして都市生活・居住空間を共有できないのだから、人類のエゴだけではなく、共存の必須条件として、コンパニオン・アニマルにとっても不可欠」と、いいはるだろう。

30　「報恩」倫理を、全然別個の文脈でとくのであれば、倫理教育としては矛盾をきたしていないが。

目する、てがきで「お手本」をコピーしようとする営為もあてはまる。「硬筆習字」「毛筆習字」にかぎらず、毎日のノート・(テスト等)提出物に記録がのこる、肉筆とは、教師のおおくがマゾヒズムをともなって身体化した「お手本」＝道徳的身体の象徴としての視覚パフォーマンスの痕跡に、いかに従順にしたがおうとしたか、という記録＝証拠なのである。そこには、「とめ」「はね」などの「正確さ」にとどまらない、審美的な価値秩序を自明視した心身がちらついている。文化資本や性格や、利き手の問題など、さまざまな要素の凝集点というべき、肉筆行為は、児童・生徒が、いかに「道徳的」であるかを判定し序列化する、「かくれたカリキュラム」の磁場のなかにある。

したがって、写経・音読的トレーニングの復権がかまびすしい昨今、文化的保守主義が反動的に支配する空間が復活したりすれば、「技術点＋芸術点」といった、フィギュアスケート・体操競技などパフォーマンス系競技と通底する評価空間が出現する危険性も否定できない。たとえば、入試・入社試験の「科目」として、「学力調査」だけではなく、「肉筆履歴書と面接時における音読」「筆ペンによる漢字テスト」といった評価項目が、「人物評価」の一種として導入されても、全然ふしぎではないのである[31]。

もうひとつ、規範主義にかかわる問題として、ヒトの「無自覚な校正」も無視できない。「はね」「とめ」問題など、字形の細部の異同という、識別問題のうちのごくごく周縁部分≒非本質的問題ではなく、記号要素間の対立＝異同の判別として、なかのも着目する「同音が多くある漢字に誤答が多い」という調査データや、パソコン等における「誤変換」問題は、ヒトの「無意識的校正」能力の問題として再検討すべきであろう。

通常、「誤答」「誤変換」問題は、同音異義語問題だとか、パソコンによる漢字力低下問題としてだけ、とりざたされてきた。前述した社会心理学的な分析とかさねるなら、学習姿勢上真剣味にかけた層がひきおこす失態、パソコンなど参照機材に

31 　個人的には、「メラビアンの法則」の俗流解釈と大差ない、疑似科学的な共同幻想のたぐいだとおもわれる。しかし、実際、「コンピューター全盛時代だからこそ、人物の本質をみきわめたい」といった意向をつよくもつ社長などが主張すれば、採用人事に具体化していても不自然ではない。私企業や私立学校にとどまらず、少人数の選抜となれば充分出現する可能性があり、黙殺できないリスクではないか？

よる「あまえ」問題がもたらした学力剥離、等々といった「なげき」の対象としての話題化である。

　しかし、年来主張してきたとおり、同音異義語問題は、学習者の自己責任とか倫理性の次元ではなく、端的に、日本語漢字表記体系の機能不全である。しかも、自分たちの指導監督の産物としての、児童・生徒など後続世代の「学力低下」をなげく教員層は、天にツバする存在であり、単なる責任転嫁であることは、すでにのべた。そして、同音異義語における混乱・混同問題の本質は、「聴覚映像」（ソシュール）による「語」の識別・分類という構造への、日本語漢字の同音衝突が、一種の「校正ミス」として発現したものといえる。「誤変換」とそれをみのがす「校正ミス」が多発する現象・構造は、はなしことばのなかで同音衝突がほとんど機能不全をおこさないこと[32]と同形で、端的にいうなら、「安全保証条約」などといった誤変換でも充分、文意がとおることを意味している。「誤変換」＋「校正ミス」という悲喜劇が発現するのは、「大阪私立大学」とか「世界に偏在する良心」といった、漢字語の一部が共有されている同音異義語の混在のなかでである。これら誤変換は、「大阪市立大学」や「世界に遍在する良心」などと「誤読（無自覚な校正）」によってみすごされ、ときに大問題化するが、ヒトが「機械的」に表記を判別できたら、おきようがない現実だ。以前「英雅」が「英雄」と誤読される事例を紹介したが[33]、「遍在／偏在」は語義が正反対なだけに、わらいごとでない問題に属する。しかし、これらはみな、語形の一部[34]が共通だったことにより誘発された「無自覚な校正」過程の結果としての「校正ミス」なのである。「オーサカシリツダイガク」「セカイニヘンザイスル…」と音像がつかまれた時点で、「私立／市立」「遍在／偏在」のちがいなど、どうでもよくなるし、「ヒデオ／エーユー」とつかまれた時点で、「英雅」という表記などは、なかったことにされてしまう[35]。

32　同音衝突が機能不全をきたすのは、「市立校／私立校」といった同一文脈の対立語とか、「偏在／遍在」など、類似文脈における対義語が少数あり、話者・筆者の真意が判然としないばあいぐらいか？
33　ましこ（1997＝2003: 110）
34　「つくり」（旁）が同一のばあいは、音形も類似・同化しがちである。「偏／遍」は、まさにその事例にあたる。
35　たとえば「雅／雄」のばあい、部首は「隹」（ふるとり）で音形は全然別種だが、「英雄」（エーユー／ひでお）といった普通名詞・固有名詞共用の「字形」が、「英雅」という表記をおおいかくしてしまう。後述する「スペリングミスがあっても、語頭・

これらは、漢字表記にかぎらず、記号要素の大半がかかえている「冗長性」の基本的機能の産物であり、記号情報は完璧にそろっている必要がないことがほとんどなのだ。「れ／わ／ね」等の対立関係＝連続性などと通底する漢字表記の「とめ」「はね」のアナログ性などが、特別な「悪筆」でもないかぎり、ほとんど問題化しない＝機能不全をきたさないのも、これら冗長性の「おかげ」である[36]。なにしろ、アルファベットでさえ、スペリングミスがあっても、語頭・語尾の要素が一致していると、語が「正確」に「復元」されて認識されてしまうという研究結果があるほどだ[37]。日本語のばあいも、ながい音列以外は、同様の「校正ミス」が発生していることがわかる[38]。

[36] 語尾の要素が一致していると、語が「正確」に「復元」されて認識されてしまう」現象とあわせて検討すべき錯覚問題である。
いいかえれば、通信工学等における情報雑音比（SN比）とか、熱力学等におけるエントロピー概念などと同様、図／背景の対比（コントラスト）の大小で量的に規定されるアナログ空間での、ゆとり／バックアップ機能なのである。こういった、記号学的・情報理論的な基礎知識がありさえすれば、規範主義的指導が有害無益であること、入試選抜などにもちこむことの野蛮さがすぐに自覚できるはずだ。しかし、たとえば「字形の崩れ」不安は、厳格にタガをはめておかないと教育現場がアナーキーな崩壊状況にいたる、といった、そこしれぬ恐怖をあたえるようだ（「龍」の字画の省略傾向についての高校教員の見解など）。「エントロピー増大則」に対するのと同様な、無秩序への不安、過去のみずからのマゾヒスティックな習得過程が無意味化することへの恐怖感があるのではないか？

[37] Rawlinson (1976)

[38] 「「読めてしまう」文章ネタの起源と歴史」（【絵文録ことのは】2009年5月10日、http://www.kotono8.com/2009/05/10yometeshimau.html）
ただし、このての議論に懐疑的な層は、先頭・末尾以外のモジだけ同一であれば、あいだが完全にランダムであっても成立する……という仮説として成立するかどうか、といった、極端な議論に終始している様子がわかる（うえの、「読めてしまう」文章ネタの起源と歴史」などの論調も同様である）。しかし、こういった議論の含意は、厳密にモジ列中がランダムでも「修正」してよんでしまうといった次元にはない。むしろ、既知の、とりわけ頻出する単語だとカンちがいするという、「あいまい認識」とか「ユレへの柔軟性」といった次元での含意、ヒトの大脳のファジーなアナログ認識能力ゆえの錯誤・「修正」が頻繁におきるという構造こそ意義ぶかいのである。

4. おわりに

　このようにみてきたとき、「ケアレスミス」問題の本質は、その有無という次元にはないようにおもわれる。教員たち「判定者」がよってたち、だからこそ無意識のうちに正当化をはかってきた正誤の基準自体が恣意的である。また、かりにそういった「恣意性ゲーム」の妥当性をたなあげしたにしても、その意味づけは、サド・マゾ的な当事者間の暴力性や強迫的反復がつきまとう。もとより、アナログ性における識別問題という記号学的な次元からみたとき、それら「誤字」の大半は冗長性とともに「無自覚な校正」過程によって、機能的になんら伝達障碍をきたさないものなのだから[39]。

　このようにしてみてくると、正誤判定という絶対的基準をにぎっているつもり[40]の教員ら[41]とは、その「自画像」とはうらはらに、科学的知性からはもっともとおい存在といってよかろう。同時に、そういった存在を無自覚に再生産する大学の教員養成課程とはまさに非科学的なイデオロギー装置というほかない。また、そういった再生産装置を黙認しつづける言語研究者集団や監督官庁の官僚も、その消極的な加担者ということになる[42]。特に、日本語学者や文教官僚の一部は、点画や筆順

39　くりかえしになるが、記号とは、0/1 対立体系でないかぎり、アナログ的な対立関係をもって識別される連続体なのであり、冗長性を前提にして「雑音（障碍／欠落／複写ミス）」に抗して伝達される「差異」「意義」の総称である。てがきされた漢字表記とは、その最たるものといえる。

40　一部教員たちは、その恣意性にきづいているが、画一的に判定をわりきれるようにしないかぎり、試験制度が成立しないとか、低学年ほど正誤問題で混乱がおきるなど、およそ非科学的・非教育的な「配慮」によって、「基準」死守を正当化していることが、このビデオ作品ではあらわになった。しかし、すでにのべたとおり、社会言語学的には、あきらかに「恣意的」な「規範主義」であっても、教育現場で、そういった相対化・客観視は普通作動しない。学校教育、および入学選抜試験などでは、一部の「例外」以外は、正誤が単純に二分されているパズルが前提であり、児童生徒・学生は、ゆるぎない基準で正誤判定されるという信念が自明視されているのだから。

41　このなかには、公教育をになう教員層だけでなく、学習塾等受験業界関係者や、教材・問題集などを作成する出版社などの業界関係者もふくまれる。

42　もちろん、これらの構造は「国語科」にかぎらず、「英語科」にも同様の問題を指摘可能だろうし、地歴科の固有名詞をとう出題で、「誤記」を罰するテストなどは、国語科の「書き取り」と同質の病理をかかえているといえよう。

などに、統一的な規範など成立しないこと、肉筆＝アナログ性が宿命とする正誤の「灰色」領域の実在などに充分意識的なはずである。現実問題として、教育委員会の指導のもとにある現場教員がしがみつく規範主義が実害をもつとしても[43]、その非科学性だけをせめることは、責任転嫁というべきだろう。ことの本質は、教育上根拠がなく有害無益でしかない規範主義を放置してきた知識層の無責任にある。決してそれらの「産物」として年々歳々再生産される現場教員層の資質・倫理性自体にあるわけではない。疑似科学（いや、科学にのっとるべきという自覚さえないかもしれないが）にもとづいたイデオロギーの再生産構造を黙認しつづけてきた言語研究者集団や監督官庁の官僚こそ、犠牲者を大量にだしてきた「組織的犯行」の「主犯」と、いいかえるべきかもしれない[44]。

　ちなみに、人類学者たちが、学問の帝国主義的な本質への反省をせまられ、「自画像」を修正していったように、近年の「日本史」関係者の一部は「国民史」「民族史」の自明視が困難だということはもちろん、「通史」のイデオロギー性にも自覚的であるようだ。ポスト・コロニアリズムやフェミニズムなどの批判に呼応するほかなくなった諸学と同様、学問体系のかかえこんできた死角は、「コロンブスのタマゴ」のようなものだ。「国民史」「民族史」「通史」等の虚構性・政治性などは、一度自覚してしまえば、過去の知的欠落は、容易に反省可能となる。

　もちろん、言語系諸学がかかえていた規範主義が、ソシュールら世代以降の記述主義によって克服されていった一方、すでにのべたとおり、ブルームフィールドらのなげきは現在進行中の「課題」である。人類学が体色によって「人種」を分類できるとしたイデオロギー性に自覚的になっても、公教育や辞典類の内容が変革されるまでには、まだ時間がかかりそうだし（ましこ2008a）、公教育がおしつける各国史が「物語」から解放されるのは、だいぶさきだろう（ましこ2003）。このようにみてくると、言語学の記述主義が教科書などの規範主義をおさえこむのは、気のとおく

43　再三のべてきたとおり、児童・生徒は、一方的な被害者・犠牲者である。教員・文教官僚たち、そして教材業者たちの既得権のためだけの。

44　「日本語ナショナリズムの典型としての漢字論」（ましこ2008b）のなかで、むかしブルームフィールドが言語学の基本的知見がかなりの知識層にとっても全然定着していないことをなげいたエピソードを紹介したが、大衆蔑視のもと、高踏趣味の研究への埋没へと逃避する言語研究者は、啓発活動の責務をはじめから放棄しているともいえそうだ。自然科学者の一部が疑似科学に敢然とたちむかっているのと対照的に。

なるような未来かもしれない。

　とはいえ、戦後の国語科における、いわゆる「方言」の位置づけは、不充分ながらも、劇的に「規範主義」の色調をよわめた[45]。オリエンタリズムなどの変種でしかないかもしれないが、「方言復権」は、すくなくとも「はなしことば」にかぎっていえば、かなりすすんだ。もはや、あからさまな「方言矯正」などが復活することはなかろう。おなじように、「てがき」問題も、そうとおからず、規範主義からの「矯正」「懲戒」は正当性をうしなっていくのではないか？たとえば、本作品「漢字テストのふしぎ」が、「先生！ IT 時代の漢字テスト考えてください」というスーパーインポーズでしめくくられることは、到達度テストにしろ選抜テストにしろ（そして、テストを課す「目的」がなんであれ）[46]、「漢字のかきとり」という手法自体が前

45　ましこの過去の議論（1997=2003）や、安田敏朗の議論（やすだ 1999b）などでは、国立国語研究所の方言調査や戦後の国語教科書への規範主義がもつ影響について、当時の関係者（社会言語学者・言語地理学者）の限界・不徹底ぶりを批判している。しかし、「方言撲滅」「方言矯正」を疑問視しない風潮をおさえこんだのは、まぎれもなく、当時の関係者の営為のたまものであり、単に日本列島が自然と知的にリベラルになったというわけではなかろう。野蛮な規範主義による介入という、教育空間の暴力性を知性によってたしなめる作用を、言語研究者の啓発活動は確実にはたしたというべきだろう。時代的制約をおっているとはいえ、柴田武・田中克彦らの議論は、1970 年代以降の言語教育界の風潮のすくなくとも一部をあきらかにかえたのである。

46　本稿の議論の「射程」をこえることではあるが、計算機をつかわせず「筆算」を自明視する算数・数学、地図・年表・事典類を参照させず、年号や固有名詞等を選択肢ではなく、かかせる地歴科といった、公教育や公務員選抜などの教養試験等で自明視されてきた「学力」「技能」概念の正当性・妥当性自体がとわれていることは、いうまでもない。辞典参照を当然視してきた博士課程後期の語学試験や司法試験などをみてもわかるとおり、機材・辞典類を利用させないで「学力」測定することを当然視する「能力」観は、到底合理化が困難だ。大学教育はもちろん、科学的な生産物の全部が「典拠」を自明視しており、そこに参照がないはずがないからである（p.115参照）。「自力解決能力神話」ともよべそうな教員関係者が共有する共同幻想は、前述したような「サディズム複製装置」のもと、マゾヒスティックにたえぬき（適応）、社会的地位を確保した経緯（記憶）を正当化し、職務上の精神的暴力を合理化する防衛機制の不可欠の装置だとおもわれる。もともと、自分たちの「土俵（専門分野）」にあがらせるという相対的優位があるうえに、クイズのカラクリをかくすという「出題者」としての地位の優位を確保し、しかも、「出題」のためには、周到な参照行為をくりかえすのが教員関係者であった。出題者／解答者という「社会的身分」格差が絶対的でなければ、「テスト」という「ゲーム」自体が成立しない、とい

時代化しつつあることを暗示しているといえよう。かりに漢字表記を自明視・ないし必要悪視するとしても、選択肢方式でなぜいけないか、辞典等外部化装置の参照をゆるさない姿勢が、コンピューター全盛の時代のなかで正当化しつづけられるはずがない[47]。漢文の伝統をひきずって「右縦書き」がいまだに主流の日本社会ではあるが、官庁の「公用文」[48]はともかくとして、民間企業や研究機関の文書の大半が「左横書き」へと移行してきた時代にあって、「右縦書き」「手書き」を前提にした学校教育は、以前以上に時代錯誤の象徴となっていくとおもわれる[49]。

---

[47] うのが、教員関係者の当然の認識だろう。しかし、かりにそういった擬制が正当化されるにせよ、「能力」や「理解度」をためすために、「参照」行為を禁じて当然という論理は到底みちびけない。おそらく、「大学院入試や司法試験など専門人予備軍だけに例外的に合理化されるのだ」といった合理化も困難だろう。予算上・監督上など、さまざまな実施環境の制約だけが、消極的な根拠としてのこるかもしれないが。権力論としての「土俵」の隠喩については、ましこ（2007）参照。

テストを課すがわの大半は、入学選抜はもちろん、到達度測定のばあいであっても、解答者の「不完全」さをとがめだてて当然とかんがえているであろう（前述した「罰点」という発想が、それをうらがきしている）。しかし、そういった「減点主義」によってたつ教師集団はみな、市民的素養を権利として習得させるという責務（職務）に反することになる。すくなくとも義務教育空間のばあい、とりこぼしを放置してきた無能ぶりを実はつきつけられているはずだ。本来「なにゆえ、こういった未定着部分をのこしてしまったのか？」という反省材料、補習のための基礎資料としてあるはずの試験結果が、大半は有効利用されない。「なんで、（一所懸命・誠心誠意）おしえたことが、こんなにできないのか？」といった、あたかも義務違反の被害者であるかのように、いきどおったり、「罰点」をあたえる権限をもつ「専門人」として教育的懲戒をあたえる責務をはたしているとか、当然のように、「減点主義」を正当化してきた実態は否定できまい。いいかえれば、さまざまな公私領域で「懲戒」権をあたえられてきた「専門人」「民間人」が、「罰点」をもってする「減点主義」を行使するうちに、「定着度」「到達度」の確認（モニタリング）のために「試験」するという、本来の「目的」（本義）をわすれてしまったものと、推定される。

[48] 『公用文作成の要領』（ないかく 1952）。

[49] なかのが問題提起しているとおり、パソコンによる筆記を前提にした社会が、「左利き」等、さまざまな身体的・精神的な少数者の「障碍」を隠蔽しかねない危険性は警戒すべきだろう（なかの 2008）。しかし、肉筆の復権をとなえる書家らの意見表明自体がコンピューター製版による大量生産に依存しているという自己矛盾をきたしていることをみても、実社会の文書作成のうち大半がコンピューターに依存したものへと、ますます傾斜していくだろう現実の動向を非難しても無意味である。ちょうど、英語帝国主義への批判を少数民族が国際社会に発信する際に、イングランド語依存を当面させられないという現実と通底している。「右縦書き」へのこだわりは、どう合理化しようとも、ナレの問題にすぎないという批判をまぬがれないし、アラ

いずれにせよ、動画作品としての「漢字テストのふしぎ」は、以上みてきたように、公教育を軸とした無自覚なイデオロギーを再確認するために、非常に有益なデータであるばかりでなく、今後公教育や市民教育のなかで重要度をたかめていくだろう、メディア・リテラシー（社会学的・人類学的な視座を軸にした）の教材としても、きわめて意義ぶかいものとおもわれる。しかし、そういった社会言語学的な意義を、教育現場や大学等が「自浄作用」でもって積極的にうけいれるとは、とてもおもえない。社会言語学周辺の研究者の相当部分は、イデオロギーの再生産構造をうすうすは認識しつつも心理的な負担感などから黙認しつづけてきた責任を再認識のうえ、自然科学者たちの啓発活動をみならって、疑似科学の横行にはどめをかけるべきであろう。官僚制における実務上の、てがきばなれがすすめば、早晩問題は雲散霧消するだろうから放置してよい、といった消極的態度ではなく、公教育周辺の「テスト文化」ともいうべき疎外体が、社会の合理化にしつこく抵抗しつづけるだろう動向こそ重視しなければなるまい。

　ビア数字やアルファベットつづりを全面的にさけないかぎり、90度回転させるといったやりくり以外によるほかないという現実はどうしようもない。複製技術を前提にした表現のばあい、「デファクトスタンダード（de facto standard）」という社会学的・経済学的な現実は、必然的についてまわるのである。「複製技術」によらない独自性・一回性をおびた表現における、個々の存在の尊厳の尊重という次元と、「複製技術」がらみの現実的な諸問題を混同して感情論にはしることは、さけたい。

第3章

標準現代日本語における配慮表現ノート

【本章のあらすじ】
　いわゆる日本語特殊論の典型例として「敬語」論は、おびただしく発表されてきた。一般読者むけのマナー集から、研究者むけの記述言語学的業績まで、アカデミックな意味での厳密性はともかくとして、無数の「敬語」論の蓄積があるし、現在もそのいきおいがおちたとはおもえない。しかし、すくなくとも言語学的業績というからには、最低でも規範主義にたつ姿勢は逸脱的というほかない。科学的対象化ではなく、筆者のかかえる理想を読者におしつける行為だからである。
　アカデミズムにおいては「待遇」「ポライトネス」「配慮」など別様の呼称が支配的になりつつある。そもそも「敬語」という表現では身分上の上下（タテ関係）が自明視されていて、現代日本の市民間の心理的距離（ヨコ関係）をカバーしえない。対人関係の重心がタテ関係からヨコ関係へと移行したといわれる現実のなかでは、優位者をたてる姿勢を前提とした「敬語」が後退するのは当然だ。しかし、「待遇」という抽象度のたかい表現は全然一般化していないし、「ポライトネス」というカタカナ術語はアカデミズムに限定された隠語と化している。タテ／ヨコ両方向の心理的距離と用法使用者のきくばりを表現するのが「配慮」である。さらに、単なる心理的距離の大小にとどまらず、ヘイトスピーチや差別などネガティブな表現領域を、「負の配慮」といった次元で理解することが体系性を確保できて便利だ。
　現代において否定できない配慮表現をささえる関係性の変化のまえに、規範主義は齟齬をきたしはじめていることに言語研究者の一部はきづいている。規範主義者たちが自明視してうたがわない「あるべき距離感」イデオロギーが、関係の柔軟性を阻害する反動装置として機能するからだ。

1. はじめに

　ここでは、なにか未発見の事実をあきらかにするとか、未解明の問題を解決するといった目的ではなく、これまで私的に蓄積してきたこと（公刊した既出の議論もふくめる）と、近年のめぼしい議論の動向を整理することをめざす。それをもって、今後あきらかにすべき課題等がうきぼりにできればよいとかんがえている。その意味では、少々ながめの研究ノート（備忘録的データ集）というべきかもしれない。

　念のため、ここでもちいる「配慮表現」を暫定的に定義しておく。"配慮表現"とは、対象ないし周囲から嫌悪感等をいだかれるリスクをコミュニケーション上、回避することなどを動機として維持される言語的配慮（関係性／文脈／準拠集団等の並行的計算）の総体をさす」[1]。なぜ、こういった、もってまわった表現をもちいたかは、おいおいあきらかになるはずだろう。基本的には、「敬語」「敬意表現」[2]「待遇表現」[3]「ポライトネス」などいった術語として表現されてきた現象の周辺をさすと理解してもらってよい。ついでいえば、「ヘイトスピーチ」などに動員される侮蔑表現等、差別語／罵倒語などは、「配慮表現」と両極をなすものであり、「負の配慮表現」とよぶこととする[4]。

---

[1] ここで、「したじき」にさせてもらったのは、「対人的コミュニケーションにおいて、相手との対人関係をなるべく良好に保つことに配慮して用いられる言語表現」（やまおか ほか 2010: 143）。

[2] 第22期国語審議会「現代社会における敬意表現」(2000年12月)。

[3] たとえば、蒲谷らは「待遇表現」をつぎのように定義している（かばや／さかもと 1991: 26)。

「表現主体」が、ある「表現意図」を、「自分」・「相手」・「話題の人物」相互間の関係、「表現場」の状況・雰囲気、「表現形態」等を考慮し、それらに応じた「表現題材」、「表現内容」、「表現方法」を用いて、表現する言語行為

日本語記述文法研究会は「同じ事態を述べるのに、対人関係や場面差などに配慮して使い分ける表現」「話し手の待遇意図には、上向き待遇と中立・下向き待遇がある。上向き待遇と中立・下向き待遇にはそれを表す専用の形式がある。一方で、特別な待遇形式を含まない表現も待遇表現に含まれる」とする（にほんごきじゅつぶんぽーけんきゅーかい 2009: 227）。

しかし「待遇表現」の致命的弱点は、日常的用法として「待遇改善」などとつかわれるのが普通で、その際「労働条件」などとほぼ同義であるという点だろう。

[4] 社会言語学周辺では、「インポライトネス」(impoliteness) が一般的だろうが（ハ 2013,

いわゆる日本語研究者とはいえず、また日本語教員ともいいがたい人物が、こういった話題にまでてをそめるのは、①「ただしい敬語」という実体が実在するという前提でないかぎり成立しない一般書が膨大にでていて、研究者の影響がほとんど感じられない現実[5]、いやそれどころか、研究者自身が記述・解析というより、規範遵守のための指南書をかくような状況（規範主義）を放置しておいてよいのか、という疑念。②典型的なヘイトスピーチとうけとめられただろう「土人」「シナ人」発言[6]について、それが差別表現であったかどうか、差別意識があったかどうか等の存在証明に世論が左右されている実態への懸念。たとえば政治家やもちろんマスメディアの大半も、ふみこんだ差別表現論にたちいっていないのは、「配慮表現」の適否と「せなかあわせ」に感じたこと——の2点がきっかけとなっている。

　個人的には、①′疑似科学的歴史本や教育マニュアルと同様、洗脳的な非科学的著作物は社会的に有害で、社会言語学や語用論関係者は科学者の使命として批判活動を敢行すべきとかんがえる。たとえば歴史研究者は一部ではあれ、火中のクリ（アカデミックな意味で正当な評価をうけない）をひろう作業を維持して社会啓発の責務をになりつづけているのだから。特に、本質主義にとらわれて、規範主義的な日本語観を留学生等、学習者にあてがってうたがわない日本語教員の一部に対しても、日本列島在住者の多様性を意識させ、規範意識が決して「一枚いわ」ではない現実、歴史的な変容はもちろん、地理的・社会的にも「ネイティブの敬語」といったものが実在するわけではない現実をしらせるべきであると。

　②′また、「放送禁止用語リスト」「言い換え用語」といった、いわゆる「タブー

2014）、ここでは、日本語でいう「失礼」とか「不穏当」といったニュアンスではなく、対象者を侮辱することを極とするような、マイナスのベクトルをさしている。「マイナス待遇表現」（にしお2015）がほぼかさなる。

5　たとえば、歴史研究者が、極右史観にもとづく一般書の横行に影響力を全然行使できないのとの類似。あるいは、書店の「教育」のたなに「教育学」の本がならばず、もっぱら現職教員や保護者がよむマニュアル的な本（企業人にとってのビジネス書にあたる）ばかりならぶのとにている。

6　2016年10月18日、沖縄県高江での米軍ヘリポート建設に対する反対運動にかかわった市民（当事者のひとりは、作家目取真俊氏）に対して、米軍北部訓練場の警備で沖縄に派遣された大阪府警の機動隊員の巡査部長・巡査長2名が「土人」「シナ人」などと罵倒し反発をかっただけでなく、閣僚や大阪府知事らの擁護論や、国会質疑でもとりあげられるなど、一連の騒動となった経緯。

集」を作成してそれを順守しさえすれば差別がないがごとくの俗論。それと並行した、「ただしくない敬語」の事例集をケーススタディー的に学習させ、「誤用」である「根拠」を理解しさえすれば、あいてに敬意をしめしたことになるといった安易な規範主義[7]。これらは、やすっぽい偽善だとかんがえる。

　そもそも、あいてに対する最低限の敬意、周囲に対する「場」の理解の提示が必要であるというのは、程度の差はあれ古今東西に普遍的な現実であろう。具体的文脈での配慮が単に多様なだけである。また、「あいづち／うなずき」など、一般には非言語的表現とみなされている現象であっても、社会言語学周辺のばあい、それらはパラ言語的現象として、事実上コミュニケーション成立の不可欠の要素とみなされているだろう[8]。手話における非手指動作などのような不可欠性とは水準／次元がちがうものの。このようにかんがえてくると、差別表現など侮辱を目的とした言動の際に狭義の言語的要素だけをあげつらっても現実にまったく接近できないのと同様、配慮表現／負の配慮表現も、せまく言語表現の外面をとらえるのではなく、コミュニケーションの実態がいかにあるかを、総合的に判断しなければならないだ

7　たとえば、もはや古典的作品といえる南不二男『敬語』は「あとがき」で、読者がもつだろう不満を予想して「敬語の実践上の問題——この言い方は正しいとか、正しくないとか、あるいは敬語に起因するコミュニケーション上の障害など——に、この本がふれていないこと」をあげつつ、「敬語の実践上の問題を考えるにあたっても、まず敬語の実態の確実な認識が必要なこと、敬語使用の基準をきめるのはいろいろむずかしい問題があることを強調したかった」と、持論を展開している（みなみ 1987）。
　　一方、同年に刊行された、野元菊雄『敬語を使いこなす』では、「まちがいやすい敬語」との表題をもつ章をおくだけでなく、「敬語テスト50問」「正解と解説」を付すなど、正誤判定が論理的に確定できると信じてうたがわなかったようだ（のもと 1987）。どちらが科学者として適材かは明白だろう。ちなみに、野元は国立国語研究所の所長をつとめるような著名な（南も業界内では充分著名だが）言語学者として、その影響力は相当あったとかんがえられる。

8　あいづち／うなずきなどのパラ言語的現象と配慮表現との関連性を学説史とともに整理したものとして、みやざき（2009）など。一方、音声・発声のともなわない「うなずき」行為等が、視覚障害者などに対してはナンセンスになることも確認しておこう。「顔の表情と声の抑揚による非言語・パラ言語情報の認知」という論考によれば、そもそも晴眼者間でも言語情報と同様、表情が機能しないケースが多々あるようだが（もちづき ほか 2006）。ちなみに、手話における非手指動作（NMS : Non-Manual Signals）は文法的機能をはたすのでパラ言語ではない。

ろう。それは、ふざけて、わざとからかうような表現をえらぶ戦術[9]が、本当に真意かどうかを確定するためにも、かかせない作業だ。

　ともあれ、本論は、冒頭にのべたように科学的記述として「配慮表現」を対象化するのではなく、「配慮表現／負の配慮表現（≒言語的攻撃）」が、いかにかたられてきたかの知識社会学的整理とコメントが基調となる。いいかえれば、「配慮表現／負の配慮表現」という言語現象を記述し、さらには学習対象として提示しようとする層の言語観を解析することが目的である。「配慮表現／負の配慮表現」（言語現象）＞「配慮表現／負の配慮表現」記述／論（メタ言語）＞本論（メタ・メタ言語）という構造をなすので、混乱のないよう、ねがうものである。くりかえしになるが、本論は、言語記述（メタ言語）ではない。「メタ言語」としての「配慮表現／負の配慮表現」論を、二次的な言語現象として対象化する「メタ・メタ言語」である。

2. 配慮表現／負の配慮表現に関する理論的蓄積小史

　ここでは、網羅的ではないが、今後コミュニケーション論をより洗練させていくため、より包括的根源的な理解へとすすむために、めぼしいとかんがえられる理論的蓄積をあげていくこととする。管見ゆえ、みのがしがおおいかとおもうが、たたき台にはなるはずだ。

　まず、ポライトネス／ヘイトスピーチなどについての研究蓄積をもつ、山下仁の整理を参考にしよう（やました 2012）。

　山下によれば、ジノ・エーレン（Eelen 2001）が整理したレイコフ（Robin T. Lakoff）、

9　ここでは、「表層上そうみえるだけであって、実は相手のfaceを傷つけることを目的としていないもの」と分類された"Mock Impoliteness"などをイメージしている（むらた 1996）。ただし、あくまで表層上「冗談」をよそおってくりかえされる言語的暴力として、イジメ現象やセクハラ等があることは、つとに常識だろう。村田Gee泰美らのわくぐみでは、これらサディスティックな動機、加害者・被害者・ギャラリー等の関係性が一向にあきらかにならない。そして、これこそ生徒文化にうとい教員や管理職が「イジメに気づかなかった／存在しないとおもっていた」といった、みおとし／みてみぬふりの素地であった。

ブラウン＆レビンソン（Penelope Brown and Stephen C. Levinson）、リーチ（Geoffrey Leech）、ワッツ（Richard Watts）らによる現代的な問題意識に直結する1970年代以降の研究蓄積（「ポライトネス研究」）があり[10]、その前史としては1960年代〜1972年のブラウン＆ギルマン（Roger Brown and Albert Gilman）の古典的呼称論とそれを批判したアモン（Ulrich Ammon）の問題提起があるとする。山下は、それにくわえて2005年以降にもめくばりして、動向をまとめている。

山下のレビュー論文（および2006年論文）の異色な点は、配慮表現がかかえこんでいるイデオロギー（もちろん話者たちは無自覚である）に着目していることはもちろん、研究者自身が無自覚にイデオロギーにしばられている点に批判的な点だろう。また、いわゆる主流と目される「ディスコース・ポライトネス」の動向を軸に、既存の日本研究者を徹底的に論難しているアグレッシブさも、みのがせない（やました 2001, 2006）[11]。さらにいえば、P.ブルデューやE.ゴッフマンら、社会学／人類学をベースにする言語現象研究者へのめくばりをわすれていない点も独自といえよう[12]。

10 　これらの議論には日本の井出祥子らアジアの研究者もくわわっており、なかばパラダイム化したともいえるBrown & Levinsonの"face"概念の不備を批判するなど、より普遍的で一般性のある"ポライトネス"概念を要求する運動にくわわっている。
　　　なお、山下は、70年代から2005年前後までの動向の中軸（ワッツ／エーレン）については、2006年論文でくわしく議論を展開している。
11 　特に、2006年論文では、《「ディスコース・ポライトネス」の問題点》と銘うち、1章分さいて、多数の批判をあびせている（やました 2006: 177-183）。ブラウン＆レビンソンの普遍理論をのりこえたとされる「ディスコース・ポライトネス」論だが、こと山下に対しては説得力があるとは到底いえないようで、すくなくとも疑念を一掃するには抜本的なみなおしが不可欠のようにみえる（たとえば、理論上の問題点として3点、方法論上・説明上の問題点として5点あがっていて、いずれも深刻な次元に位置するとおもわれる）。ちなみに、批判されている研究者は反批判を展開していないようだ。
12 　山下は、「ポライトネス（研究＝引用者注）が人間同士の関係を取り扱うひとつの社会科学であるならば」と見解をのべている以上、自分をふくめて配慮表現研究にたずさわる社会言語学者や語用論者が社会科学者の一部なのだという位置づけをしているとかんがえられる（やました 2006: 169）。配慮表現などの言語現象が社会現象であり、その記述・解析をくりかえす研究が社会科学だという自覚が、社会言語学者や語用論者のどの程度にあるだろうか。山下が、既存の研究の蓄積・展開に敬意をしめしつつ、一連の議論の展開にいらだちともおもえる批判をくりかえしているのは、この自覚の欠落ゆえではないか。
　　　両者は、一見おなじ現象を対象化する、おなじ言語研究者にみえるが、この自覚

また、山下は日本語文化における「女性語」現象と配慮表現をからめて自明視する金田一京助らの論調に批判的だったが（やました 2001=2009: 58-9）、サラ・ミルズ（Sara MILLS）ら英語圏の研究者も、女性というジェンダーにまとわりついたステレオタイプを指摘していることに着目している[13]。

の有無というミゾは、めまいがしてくるほど深刻だとおもわれる。なぜなら、社会現象をあつかう社会科学者なのだという自覚のない言語研究者は、社会現象を認識する「まなざし」に社会科学的センスが欠落するだろうし、当然、社会学・社会心理学・人類学・人文地理学・政治学などの社会科学モデルに無関心になるだろうからである。"Face"論に援用されるゴッフマンなどは例外的存在なのではないか。これは、生成文法のような極端な非社会的（生物学的／心理学的）モデルに固執する集団でないかぎり、致命的な気がしてくる。

　なお、滝浦真人は、社会学者／社会心理学者／人類学者のモデルをつねに意識している例外的な「敬語」「ポライトネス」研究者といえる。ニクラス・ルーマン（たきうら 2013: 98-9, 102-3）、リースマン（同上：177）、山口節郎（同上：98-9）、山岸俊男（同上：xi, 114, 176, 179, 183, 185）や、デュルケーム（たきうら 2008: 5-9, 12-3, 17-8, たきうら 2005: 107-）、ゴフマン（たきうら 2008: 5, 9-13,17-8, たきうら 2005: 117-）などへの言及でも、それがうかがえる。

　またイデオロギーへの言及もすくなくない。そしてなにより、「人類学的・社会学的背景」「人類学的・社会学的観点」といった意識的な方法論的指摘を表現している点はめずらしい（たきうら 2008: 4）。

[13] 「かつてのフェミニストの研究においては女性が「力の弱い」話し方をする、たとえば付加疑問、敬意表現、モダリティ、躊躇などのためらいがちな言語表現をもちいる、ということがしばしば想定されていた（Lakoff 1975）。多くのフェミニストにとって、このようなタイプの言語表現をすべての女性が使うわけではないということは明らかであったのだが、白人の中流階級の女性の言語行為が手本になって、そのような女性の言語のステレオタイプが作られてきた。」「そして、ある女性が、そのようなステレオタイプとは異なる、直接的で、自立した、力強い（パワフルな）言語表現をもちいると、「丁寧でない」もしくは「攻撃的」だと判断される。そうした判断がどのようになされるのかを考察する際、ジェンダーが有意なファクターになっていることをとらえることは重要だ、と述べている。つまり、単純に、ポライトネスの逆にあるインポライトネスという観点での議論ではなく、ジェンダーとポライトネスの間にあるステレオタイプの延長線上にある問題としてインポライトネスの現象をとらえている」（やました 2012: 8-9）。なお、大塚生子は女性主導で「インポライトネス」判定の基準が変動する夫婦関係を記述・解析している。攻撃性の応酬というべきやりとりの動態は、女性の受動性神話を充分否定する事例である（おーつか 2016: 107-110）。徐微潔は『合本　女性のことば・男性のことば（職場編）』によって「「女性のことばには敬語が多く使われ、男性より丁寧である、という従来国語学者たちが主張してきたことが必ずしも現在の職場で一般的ではない」ことや「女性も男性も、それぞれ女性専用語・男性専用語とされることばをほとんど使っていない」ことな

理論の蓄積を整理するとのべた以上、山下らの整理を再整理し補足すべきであるが、原著にゆずるとする。ここでは、敬意表現研究の現状（日本での）に対する山下の見解＝批判精神が端的にしめされている最終部分ちかくを、少々ながいが引用することにした。

　　以下では、上記のこれまでの研究を参考にしつつ、日本語とドイツ語でポライトネスに関する対照研究を行う場合に生じるいくつかの問題を箇条書きにして挙げておこう。
　　まず、「ポライトネス」という用語の問題が挙げられる。「ポライトネス」という語は、英語のpolitenessをそのままカタカナで記述したものであるが、これが日本語としてどれだけ定着しているのかは不明である。たしかに、研究者の間では暗黙の了解として、敬語研究とは異なることを示すためだと思われるが、この用語を用いているが（原文ママ）、なぜ、これまでに、「敬意表現」や「待遇表現」などのように訳さなかったのかは不明である。ともあれ、それに付随する以下のような問題が存在する。
　　ポライトネス概念の内容の問題として。
　　・ポライトネスと敬語は違うのか
　　・ポライトネスとは静的なものか、動的なものか
　　・一次ポライトネスか二次ポライトネスか、あるいはそのような区別は不要か
　　・ポライトネスにはインポライトネスも含まれるのか
　　・ポライトネスには「親しみ」や「距離」などの他の評価概念も含まれるのか（もし含まれるとしたら、ポライトネス同様、距離や親しみはどうやって測るのか）
　　・ポライトネスは心理的なものなのか、社会的なものなのか
　　・faceというのは、心理的なものなのか、社会的なものなのか
　　・日常生活の相互行為において重要なのはポライトネスだけなのか
　　・ポライトネスとは、普遍的なものなのか、それぞれの文化に依存する

どが明らかになった」とする（XU WEIJIE 2014: 7）。

ものなのか
- ポライトネスとは話し手の問題なのか聞き手の問題なのか
- ポライトネスとは、「配慮」の問題なのか「評価」の問題なのか

ポライトネス研究の対象に関する問題としては、以下のようなものが挙げられる。
- 語の問題なのか
- 文（言語使用）の問題なのか
- テキストの問題なのか
- 談話の問題なのか
- 非言語行動を含む問題なのか
- 表現の構造の問題なのか、それを用いる際のストラテジーの問題なのか
- 人間関係の問題なのか、表現もしくは内容の問題なのか
- 文化や社会の問題なのか、個別的な相互行為の問題なのか
- 理論の問題なのか、現象の問題なのか
- 標準語に限定した問題なのか、方言なども含めるのか
- イデオロギーの問題なのか、それとも、そういう問題は関係ないのか
- ある言語に限定した問題なのか、二言語（以上）の問題なのか
- たんなる方法論の問題なのか、目的の問題なのか

最後に、もしもたんなる方法論の問題ではなく、ポライトネス研究に目的があるとするならば、それに付随して、以下のような問題が挙げられる。
- ポライトネス研究のための研究なのか、研究そのものが目的なのか
- 語用論、もしくは社会言語学のための研究なのか
- なんらかの社会的な問題解決のための研究なのか　　（やました 2010）

これらの質問（≒疑念）は一見雑多なようにみえるかもしれないが、「なんのための研究か？」という研究姿勢の確認としては、すべて通底している[14]。しかもそれは、

14　山下は、別稿で「ポライトネス研究を含めた敬語研究がいかなる「権力」にもおもねることなく自由に研究を深化させ、「その研究成果を社会に還元」（ブルデュー）すべきだと思う」と、研究動機・目的を表明している（やました 2006: 166）。

イデオロギーとか権力といった社会学的課題とせなかあわせの要素が大半である。「敬語研究とは異なることを示すため」だろうという経緯への理解はしめしつつも「politenessをそのままカタカナで記述したものである」「ポライトネス」が、なぜ「これまでに、「敬意表現」や「待遇表現」などのように訳さなかったのかは不明である」と山下は疑念を呈する。研究領域として自称するという行為自体の政治性までがとわれているのである[15]。

もちろん、コミュニケーションに普遍的に付随するとおもわれる「配慮表現」という現象は、ただ観察できるという現実だけで、研究動機になることは否定できない。たとえば、社会学者ハロルド・ガーフィンケルが、いかにして、ひとびとは無自覚ながら秩序を構築しつづけているのかをあきらかにしようとして「エスノメソドロジー」を確立せざるをえなかったように。

しかし、山下のソボクともいえる問題群に、すっきりこたえることは、やはり必要だろう。「配慮表現」の研究者たちのおおくが大学に所属するか、大学や日本語学校などで「配慮表現」の具体的ありようや意義を学習者にかたりつづける教員だとおもわれるからだ。

ほかにも、「ポライトネス」等を表題にかかげる論文は多数あるが、たとえば学説史をふくめて、かなりふみこんだ議論を展開しているものとして、熊井浩子による議論などがめだつ（くまい2009）。しかし、ブラウン＆レビンソンのパラダイムをめぐるIde／Matsumoto／宇佐美／中山／Fukuda & Asato等の議論が詳細になされるばかりで、門外漢には残念ながら五里霧中のままである（Ide 1989, Matsumoto 1988, うさみ2002, なかやま2003, Fukuda & Asato 2004）。これは、ブラウン＆レビンソンらを批判しているようにみえながら、結局は微修正で充分と判断するにとどまっている姿

15　たとえばウィキペディア「ポライトネス」を立項し編集したひとびと、当該ページの「参考文献」にあげられた研究者たちは、山下の質問によどみなく回答できるだろうか。
　　なお、この疑念は、おそくとも2006年論文には明確にうちだされている（やました2006: 165）のだが、これに応じた議論は、管見では、みかけない。そういった動向においうちをかけるように、山下は「日本語圏のポライトネス研究の問題と課題」というレビュー論文（原形は2012年）をさらに発表している（やました2016）。ドイツ語圏でのポライトネス研究との対照は日本語圏での研究動向（英語圏にひきずられている一方、定番の日本語独自論という神話＝ガラパゴス化）を相対化するうえで重要な契機になるにちがいない。

勢や、山下らが参照したエーレンの議論等を無視した結果であろう[16]。なお山下らの議論をさらにすすめたものとしては、柳田亮吾「ポライトネスの政治、政治のポライトネス：談話的アプローチからみた利害／関心の批判的分析」などがあげられる（やなぎだ 2015）[17]。

3. 配慮表現／負の配慮表現研究の政治性

　そもそも言語研究は、かりに正書法等規範の確立を目的としたものであろうと、第一には現実の把握、つまり、言語現象の実態を記述・解析することが本務のはずだ（みなみ 1987）。結果として、「最適とおもわれる選択肢」がえらべる合理的データが整理できたにせよである。まず、単なる偶発的なミスとして生じた現象＝ほぼ再現されないだろう新形でもないかぎり、それはソシュール／デュルケームらがいう「社会的事実」（fait social）にほかならない。そうである以上、それら社会的事実を記述者が「誤用」と断定することは、研究倫理に反する。かりに規範主義者たちがゆるぎない信念として、「伝統から逸脱している」「だれもつかったことがない」「表現

---

[16] なお、熊井浩子同様、レビンソンら以降の学説動向史の詳細な検討として、三牧陽子のポライトネス研究史がある（みまき 2013）。これは、山下仁同様、ワッツ／エーレンらの議論にも充分めくばりした学説史となっているが、残念ながら山下らの批判の射程は無視されているようである。ただし、欧米のポライトネス研究において蓄積がうすい、負の配慮表現に関する研究が日本では、それなりにあることへの着目など、みるべき議論が多々ある。

[17] 充分議論の動向をふまえつつも、教育的配慮なのか、ブラウン＆レビンソンらに対する批判を黙殺して当然とする研究者もいる（たきうら 2008）。その問題性の本質（政治性）の詳細については、やなぎだ（2015）。同様の大学人による「教育的配慮」一般の政治性については、ましこ論文参照（ましこ 2016: 177）。政治性からの距離化という、一見客観中立をよそおう姿勢は所詮政治性の隠蔽であり、偽善・欺瞞にすぎないこと（抑圧された政治性）は明白だ。山下の2000年代の2論文は、「ポライトネス」研究者が自覚の有無にかかわらず政治性をおびていることを暴露した作品ともいえる（やました 2001, 2006）。後述の柳田論文は、その直系だ。なお、山下は、たきうら（2005）をかなり辛辣に批判したが（やました2007）、滝浦真人は反批判しないどころか事実上黙殺しつづけたとみられる（ましこ 2015）。滝浦が山下の議論に明確に言及したのは、ましこによる滝浦批判への応答としてである（ましこ 2015, たきうら 2016）。

上矛盾があり合理的でない」と判断できたとしてもだ。特に、明白に反復されている現象であるばあいは、「誤用」よばわりすること自体ナンセンスだ。それが後日「多数決原理」をもって「正当な用法」との地位をしめるかもしれないからである。

　しかるに、配慮表現周辺の研究者は、臆面もなく「これが正解」「これは誤用」と、規範主義的な断定をはばからないことがすくなくない。まるで裁判長のようにである[18]。いわずもがなだが、判事は社会科学の一種の法学の論理的適用によって判決をくだすのではない。法解釈学は、判例（最高裁判決）と学説と世間的風潮のバランスをとろうとする総合的判断をもって社会正義を実現しようというものであって、決して科学的判断ではないのである。それは医療でさえそうである。基礎医学・臨床医学の症例に応用しているだけで、科学的営為とは別次元にあるからだ[19]。同様に、社会現象としての特定の言語表現が妥当であるかどうかは、科学的判断ではない。ところが言語学者が、アカデミズムやマスメディアという権威を動員して「正解」「誤用」を判断すれば、大衆が信じるのは当然である。それは、たとえるなら検死官が検察官ぬきに起訴状をかいたり、判決文をかいてしまうようなもの。あきらかな越権であろう。

18　前述の野元菊雄もと国立国語研究所所長なども典型例だろう（のもと 1987）。ほかでは菊地康人が代表格といえるが、山下仁が規範主義にとどまらず、その敬語論の基盤全般をてきびしく批判している（きくち 1994: 332-8, きくち 1997: 401-9, やました 2001=2009: 60-9）。菊地は「敬語の個人差」「寛容さの必要」といった配慮表現の多様性への配慮というべき指摘をしており、その根拠として「古今東西、言葉は変わるのが宿命」であり、配慮表現に関する「ルールの変化」「大衆化」などメカニズムの変動をあげている（きくち 1996: 132, 138-143, 178-9, きくち 1997: 410-427）。しかし同時に、誤用が実在すること、そのなかの一部に容認できない例があるという見解にはゆるぎないものがあるようだ（きくち 1996: 134-6, 180-2, きくち 1997: 427-32）。菊地は「言語学者には、一般に、言語の規範を説くのは本来の仕事ではないという意識がある」（きくち 1997: 460）とのべているので、記述主義はふまえているものの、それでもなお規範と、その合理的根拠をしめす権限があると信じているようだ（同上: 460-3）。

19　インフォームドコンセントで提示される治療法の選択肢も、あくまで基礎医学・臨床医学の学説にもとづいた統計学的判断を、患者家族に「提案」しているにすぎない。自然科学・生命科学は、気象予報でみられるように、原理的に確率論的な判断しかくだせないのである。主治医らに生命をゆだねる患者・家族にも科学的保証はあたえられない。法解釈より深刻でさえある生死を事実上わけるような判断（死刑判決は生死を決するが）でも、最適な治療法の決断を一義的には確定できない。

検死官は病死／事故死などではない不審死なのかどうか、不審死であればなにが死因であり、それが自殺なのか他殺なのか、傷害致死等による死体なのか、その病理学的な解析結果を客観的データとして検事・判事・弁護士ら関係の法曹にとどけることだけが、責務。おなじように、言語研究者は正誤判定とか美醜・是非などをうんぬんするたちばにない。しかし、かれらは、「事実を事実としてあきらかにする」だけではガマンがならず、「なにがただしいか」「なにがまちがっているか」「どういった理由で不適切か」などと、大衆にかたれる権威になりたがるのである。一般書／マニュアルをありがたがる大衆と、著者の影響下にある学生たちとが、その洗脳行為の「えじき」となる[20]。

　言語研究者が遵守しなければならない倫理の最優先事項とは、搾取的調査など被調査者・関係者の感情・尊厳などを害する行為の絶対回避となるだろう。しかし、それにつづく規範とは、無自覚な規範主義にとらわれて記述行為からはみちびけない正誤判定をしろうにあてがわないという点ではないか。

　そもそも、このほそなが列島上でさえも、歴史的経緯と地理的条件があいまって、おびただしい地域差が発生してきた。各地の方言や少数言語の実態がまさにその典型例であるが、当然「配慮表現」にも地域差や集団差がみられるにきまっている。所属集団や準拠集団はさまざまであり、そして社会的文脈が多様でしかも流動的だからである。たとえば、浅松絢子は「現代の敬語使用の特徴と今後の方向」として、「民主化・共通語化・大衆化」「簡素化と多様化」などの傾向を統計データから指摘している（あさまつ 2003: 111-4）[21]。また「この間はありがとう」といった定型的

---

[20] 「洗脳行為」だの「えじき」だのといわれて激怒する読者がいるかもしれないが、正誤判定等は科学的記述の必然的産物などではなく、伝統主義ないしは合理的と当人が信じる（客観的にいえば恣意的な）選択行為にすぎないことを直視すべきである。科学のいとなみとは別次元の「教化」を、よかれとしてくりかえしている以上、それは布教活動である。それはイスラーム法の支配する世界などでは、いたしかたない現象だろうが、世俗社会において、科学から必然的にみちびけないような規範主義を、科学的検討もへないままアマチュア層におしつけることは、「洗脳行為」にほかならない。特定の党派にとってのみ正義かもしれないような規範を、あたかも客観的／普遍的真理であるかのように偽装しているからだ。

[21] ただし浅松の提起した「民主化・共通語化・大衆化」という整理は、厳密さからはほどとおい。浅松は、国語審議会建議「これからの敬語」（1952年）の「基本方針」が「各人の基本的人格を尊重する相互尊敬」を基調としなければならないとしたなどの風潮をもって、敬語が「相手や場面によってはだれもが使わなければならない

表現の妥当性について「配慮表現」という見地から東京・大阪2地点でアンケートをとったNHK放送文化事業団の研究結果によれば、年代差や男女差、地域差など、さまざまな要素とからんだ認識のズレが確認されている（しおた 2012）。規範意識が日本列島中で一様なはずもないし、もちろん歴史変動もさけられないのである。さらには、「留学生の日本語は、未来の日本語」（かなざわ 2008）という、アンケートの時系列比較をしたデータもある。留学生がなにげなく使用する新形が、その数年後には日本語の第一言語話者たちに採用されたりするのである。これらを「誤用が伝統を駆逐した」よばわりするのは、単に反動的だろう。留学生たちが、日本語の体系のユガミを無意識に直感し自然と「修正案」をだしていた（体系の合理化）と解釈する方が合理的だからだ。

言葉になった」「敬語使用も民主化した」と結論づける（あさまつ 2003: 111-2）。しかし本来「民主化」とは、広義の参政権（決定過程への政治的参与権）の平等化・大衆化をさす。配慮表現に大衆の意向が投票行動のように直接反映するシステムでなければ「民主化」と位置づけるのは不適当で、むしろ「平等化」とよぶべき現象であろう。もちろん、政府やエリートによる政策や規範主義をのりこえる、一種の「多数決原理」的な配慮表現の実質的変容（いわゆる「誤用」の定着）がみられる以上、「民主化」という指摘自体は無意味ではないが。また、わかい世代の敬語の簡素化志向を「民主化思潮の進行と、若い人たちのもつ傾向」と位置づけた国語学者の意識（おーいし 1983: 172）などをみても、関係性・意識の平等化を「民主化」と同義にとらえる研究者たちの意識やそれをとりまく時代精神とでもいうべき風潮は、歴史的事実として記録しておく意味があるだろう。

　また、社会に受容されるために「制約的社会慣習」遵守が構成員全員に要求されることを「〈共通語〉化」、それにともなう、規範主義からみての逸脱現象の温床として〈敬語の大衆化〉をあげているが、これらは〈平等化・大衆化にともなう共通語化〉と通底し、相互に連関する動向とまとめることができるはずである。つまり、《平等化・大衆化にともなう配慮表現の共通語化》と《大衆社会の出現による多数決原理的な規範の動揺＝民主化》とまとめるのが妥当であろう。これらは、配慮表現が身分上の上下関係から関係性・心理的な親疎関係へと移行してきたという、いわゆる普遍的傾向を解析したモデルのようである。しかし、《平等化・大衆化にともなう配慮表現の共通語化》と《大衆社会の出現による多数決原理的な規範の動揺＝民主化》とは、まったく別個の力学であり、かりに平等化／大衆化が基調であっても、別だての解析が不可欠であろう。「社会的身分の上下／優劣はともかく、ひとしく配慮が必要とされる（たとえば王族であれ）」という規範／風潮と、「保守派から「誤用」よばわりされることなど、ものともしない多数派たる大衆の使用実績」とはまったく別種の社会的事実なのだから。なお「敬語使用の民主化・平等化」といった把握・表現は、井上史雄らにもみてとれる（いのうえ 2011: 270, 288-90, 292, 368）。

このようにかんがえるとき、「記述」を本務としている研究者が、なにゆえ「正解」を普遍不動の実体として提示できるのか、実に不可解である[22]。
　そもそも、言語現象には「ユレ」という、併存（共存／競合）する異形が複数共時的にいきつづけていることが常態であろう。「変容」という普遍的現実と、「併存」という具体的現実をまえにして、なにゆえ、まよいもなく「正解」「誤用」を主張できるのであろうか。もちろん、Wikimediaなどのウェブシステムを最大限に利用することで配慮表現データベースを構築し随時見解を「修正」「改変」していくことも可能だ[23]。しかし支配的規範の実態を地域差はもちろん男女差など属性差こみで網羅的に紹介することなど不可能にきまっている[24]。皮肉でもなんでもなく、「すでに何年もまえに変化してしまっている規範の解説」を後生大事に議論の基礎とした卒業論文がかかれても、不思議ではないのである[25]。かれらは、「指南書」の耐用年数、いや「賞味期限」を何年ぐらいにみつもっているのであろう。そろそろふるくなったとおもえば改訂版をだして、旧版は廃棄してくれるように、全国の大学や公立図書館に通知をだしつづけるのであろうか。
　いずれにせよ、一部の研究者は自信をみなぎらせて、規範主義をとく。ここでは、

---

[22] 配慮表現の多様性と変容のさまは、たとえば井上史雄『経済言語学論考』の第Ⅲ部「敬語の経済」に膨大なデータと解析がおさめられている（いのうえ 2011）。地域差はもちろん、年代差／世代差、「方言敬語」、美化語「お」の諸相など、興味ぶかいデータと解析・解釈が確認できる。同様の地域差／世代差の調査結果としては、吉岡泰夫の計量分析がある（よしおか 2005）。

[23] たとえば、Wikipediaと同様の形式をとった「配慮表現辞典」「配慮表現関係の語用論事典」を、相互にリンクさせるといったプロジェクトである。これを研究者／辞書編集者などに管理・運営させることで、変容が確認されたら協議のうえ編集更新といったかたちで、随時改変・改善が可能ではあるだろう。

[24] 論理的にはもちろん可能だが、こういった社会言語学的素養をそなえ関心を維持し続けるアマチュア研究者（たとえば、オックスフォード英語辞典をささえるような在野のサポーター）を膨大に確保しつづける資金も時間もまかなえるはずがない。言語マニアが無数に潜在することはあきらかだろうが、一定以上の訓練をへたアマチュアが、配慮表現に注目して随時貢献してくれるという大量動員体制が可能か。後世への継承を目的とした、危機言語の包括的な記述・データ化よりは、可能性がたかいかもしれないが。

[25] これも、論理的には、「そういったアナクロな文献は現在と乖離しているから、つかわないように」といった適切な指導チェックがあってしかるべきだが、指導教員が実際に責任をおえるのだろうか。

強硬派とでもいうべき研究者をとりあげてみよう。
　たとえば、日本語教員／日本語学研究者養成にかかわるだけでなく、留学生の日本語学習の支援にもたずさわっている蒲谷宏は、つぎのような、ある意味、おそるべき発言をしている。

　「敬語」がきちんと使えるようになりたい、使えなければならないと思っている人は多い。その一方で、「敬語」を使うことに対して抵抗を感じるという声もよく聞く。アメリカからのある留学生は、サークルでの先輩後輩関係の敬語使用に対して嫌悪感を覚えると言っていた。上下意識への違和感以上に、自分の気持ちを偽り、演じる姿勢に対する抵抗があるということだった。
　「敬語」が使えるということと、「大人」であるということとは、関係が深いように思う。社会生活の中で、上下の関係に配慮し、立場や役割を認識できることが「大人」である。しかしその際に、自分の本当の気持ちを隠し、相手を欺くことができるのも、社会に適応した「大人」の一面だと考えられている。こうした「大人」であることの持つ両面性が、「敬語」に対する必要性と嫌悪感とにつながっているのではないだろうか。
　しかし、「敬語」を使うことを選ぶのは、あくまでも自分自身である。〈使いたくないけれども使わされている、自分の意思に反した表現をしている〉というのは、「大人」の態度であるとは言えない。「敬語」を使って適切に表現するということは、自分が伝えたい「きもち（意識・意図）」について、さまざまな「人間関係」とそれぞれの立場や役割を理解し、その時々の経緯や状況に対する認識をした上で、ふさわしい「なかみ（表現内容）」を選び、それを適切な「かたち（表現形式）」に乗せて表していくということである。これが適切にできることが「大人」の「敬語コミュニケーション」なのであって、相手や自分自身に嘘をつけることが「大人」なのではない。
　実際のコミュニケーションでは、思っている以上に「きもち」は伝わるし、また伝わってしまうものである。例えば、本当にほめたい「きもち」があってほめる場合と、単なるお世辞でほめている場合とがあるが、「きもち」が込もっていればどういう「かたち」であってもそれは伝わるし、いくら上

手に「かたち」だけ整えても、それにふさわしい具体的な「なかみ」が伴っていなければ、「きもち」のないことが伝わってしまうのである。「きもち」を隠して偽りの「かたち」を示すことは、本当に成熟した「大人」のコミュニケーションであるとは言えない。〈裏表をうまく使い分けることが大事だ、軽蔑している相手にも敬語を使っておけばいいんだ〉などと嘯いていることは、むしろ「子ども」じみた態度である。

　もちろん、「きもち」だけがすべてではない。真に「大人」のコミュニケーションへと脱却するためにも、「きもち・なかみ・かたち」が一体化した「敬語コミュニケーション」が必要なのだと言えるだろう。　　　（かばや2005）

ここで「必要」だとされる「敬語コミュニケーション」[26]とは、著者が「「大人」の態度であるとは言えない」とみなす〈使いたくないけれども使わされている、自分の意思に反した表現をしている〉という状態の超越ということになる。しかし、相対的劣位者が面従腹背することは普遍的現実である。自分にウソをつくこと、偽善的に局面をきりぬけることまで「「大人」の態度であるとは言えない」ときりすてる姿勢には、おどろかされる。〈裏表をうまく使い分けることが大事だ、軽蔑している相手にも敬語を使っておけばいいんだ〉というわりきりを、「子ども」じみた態度と蔑視するからには、不平不満があるなら上位者にも正直に表現しなければならないということになるからだ。蒲谷が理想視しているとおもわれる成人とは、外交辞令等なしに世間をおよぎわたれる人格者らしいので、しんそこ「いいひと」という、完璧な善人、事実上の聖人君子というほかあるまい[27]。

26　この表現は、後年「敬語が使われるコミュニケーションのこと」という冒頭部の定義をともなって、表題としてテキストとして刊行された（かばやほか2010）。

27　配慮表現周辺での同様の内面モデルは、別の研究者もかたっているので、同様の上下関係意識、同様な規範意識を共有している層が、ひろがっているのかもしれない。
　　……気持ちと「敬語」使用を全く切り離して、使わなければならないから、必要悪だから使うということでいいのでしょうか。その人を軽蔑しているけれども、社会生活のために言葉の上辺だけを飾って、便宜上相手を奉っておけばよいという気持ちで接することもできるでしょう。ところが不思議なことに、そのような気持ちを持っていると、それは必ず伝わってしまうのです。「慇懃無礼」という言葉があるように、言葉だけ丁寧にしていても、相手に対する気持ちがない場合には、それも伝わってしまうことが多いのです。たとえ、個人的には好

特におどろかされるのは、異文化圏出身者の留学生の「サークルでの先輩後輩関係の敬語使用に対して嫌悪感を覚えると言っていた。上下意識への違和感以上に、自分の気持ちを偽り、演じる姿勢に対する抵抗があるということだった」をわざわざとりあげている点だ。蒲谷は、アメリカ人留学生の自己欺瞞をいさぎよしとしない正直さを評価し、日本の学生の自己欺瞞戦略を非難したいらしい。しかし、「自分の気持ちを偽り、演じる姿勢に対する抵抗がある」と告白している留学生は、つねに正直に「上下意識」を確認させられる敬語使用への違和感を表明しているだろうか。そんなことは普通ありえないとおもう。「抵抗がある」とは、「郷にいっては郷にしたがえ」への違和感の表明でありつつ、同時に日本社会（ここでは大学のサークル関係等）に適応するために、「嫌悪感」をいだかされるような社会的圧力をつねづね感じさせられているということにちがいない。いいかえれば、かりに偽善的ではあれ、平等主義的な言語表現／コミュニケーション関係が維持される現代アメリカのキャンパス内と、1学年差でさえも厳格に重視して上下関係を確認しつづける、異様ともいえる日本の大学サークルに、あきれているのであろう。つまり、アメリカ人留学生の真意は、自己欺瞞をしいられる関係性への抵抗感ではなく、強固な上下関係にこだわる日本人学生の身分意識、それを端的に象徴し社会的圧力の装置ともなっている、敬語使用への嫌悪感の表明なのである。
　もちろん、アメリカはアモンがブラウン＆ギルマンらを批判したように、平等主義という偽善的風土にあり、日本はともかく「めうえ」をもちあげるという面従腹背もこみの偽善的風土として対照的であり、どっちもどっちといえなくもない。しかし、これら双方の偽善を、「きもち・なかみ・かたち」が一体化した「敬語コミュニケーション」で解消（止揚）できるという理想論は、それこそ非現実的だろう[28]。それは、コミュニケーション能力をたかめるというよりは、どんなあいてであ

きになれない相手でも，お互い同じ立場の社会人としてその立場を尊重しているという気持ちで接すると，その尊重する気持ちは伝わると思います。その意味で，「敬語表現」は，人間として，社会人として尊重し合う，お互いを認め合う，という気持ちに根ざしているものではないでしょうか。（さかもと 2006: 149-150）

[28] ちなみに、別の敬語法テキストの冒頭では、編者を代表して、つぎのような指摘をおこなっている。
　……敬語が難しいと言われる本当の理由は，どういう人に対して，どういう状況のときに，どういう敬語を，どの程度使えばよいのかがわかりにくい点にあるのではないでしょうか。つまり，実際のコミュニケーションにおいて敬語を

ろうが、つねに尊崇の念をきらさずに接することができるという、観音菩薩のような人格へと修養しつづけるほかないからだ。

　こういった1万人に1名もあらわれないかもしれない人格者を理想視するコミュニケーション理論、学習思想とは、当然圧倒的多数の衆生(しゅじょー)にとって無意味であろう。そして、こういった倫理的態度を強要される教育空間があるとすれば、それは、すなおなきもちで配慮表現が自然とでてくるという理想像から逆算される「自己嫌悪」である。現実的には、相対的優位者のかおいろを不断にきづかう「配慮表現」をさがすことになり、実際に表出した「配慮表現」と本心のズレ／矛盾を自覚した途端に、自分をせめさいなむこと（葛藤）になるだろう。偽善・自己欺瞞へのおびえをかかえる人格は早晩破綻するほかない。記憶の消失、抑圧といった防衛機制が正常に機能しなくなれば、ウツ状態に直行なのだから。

　そもそも「いくら上手に「かたち」だけ整えても、それにふさわしい具体的な「なかみ」が伴っていなければ、「きもち」のないことが伝わってしまう」という、おどしともとれるコミュニケーション観自体が事実とことなっているであろう。ホンネをかくしたヨイショが横行するからこそ、独裁者たちが横行してきたはずだ。また、（学生もふくめた）年少者に正直な評価はふせて帳じりをあわせていくことこそ、保護者や教員の「オトナ」な姿勢ではなかったか。おそらく強靭(きょーじん)な精神力をそなえた錦織圭選手に対してさえ、チャン・コーチは全部本心をぶつけてはいないのではないか？　英語圏においてさえ、「ウソも方便」もふくめて、配慮ある上位者は、それこそ「配慮表現」をこらしながら日々をおくっているはずだ。

　　　どう使えばよいのかということが、敬語を本当に使いこなすための大きな課題
　　　になるということです。　　　　　　　　　　　　　　　　（かばや ほか 2010: i）
　　要するに、上位者や保守的な言語感覚のギャラリーの心証をそこねないような「適切」な「敬語コミュニケーション」には「大きな課題」が山積しており、相当数が「不合格」あつかいになるということだ。むかしなら、「しつけができていない」とか「おさとがしれる」といった、苦言・かげぐちが噴出したたぐいなのだろう。しかし、運用が大半の日本語話者にとって（つまり新来外国人だけでなく）現実問題むずかしく、しばしば心証をそこねてしまいがちな規範体系が依然大量にのこっている点で、文化的非関税障壁であるだけでなく、社会政策上の障害なのは、複雑な漢字表記と酷似しているのである。蒲谷ら指南をもうしでる論者たちのほとんどは、これら厄介な文化体系（制度）の改善・問題解消などの姿勢は全然感じとれない。要するに、（かれらが精緻な合理的体系と信じる）保守的な規範に従順に適応しろということなのだろう。

つまり、「配慮表現」は、あいてが優位者であろうが劣位者であろうが、文脈に応じてやりくりしようという意思のあらわれとしてもちいられるし、本心との微妙、ないしおおきなズレを調整することで成立するコミュニケーション戦術なのである。そして、このコミュニケーション戦術をより高次の論理から統御しつつ体系化したのが、「配慮表現」体系という言語文化なのだと理解するのが妥当だろう。「相手との対人関係をなるべく良好に保つことに配慮」するという心理は、対優位者、対平等関係におもにむけられているだろうが、劣位者の誠意や努力などを全否定しないための回避策としても「配慮表現」はある。本心をかくしたヨイショは権力者を増長させるだろうが、それは劣位者たちの生存戦略上当然えらばれるだろう。しかし、つたないパフォーマンスしかできない幼児・児童を元気づけるための、ウソも当然多用されてきたわけで、それは"white lie"とならんで不可欠の「配慮」なのだ。
　一方、うわべの上下関係を強要する「敬語」などが、「方便」／「潤滑油」などとして、不可避の文化なのかといえば、それもちがうだろう。上下関係を強調する「敬語」が発達していない社会は世界中に無数にあるとかんがえられる[29]。現代日本のばあい、歴史的経緯から当面しかたがないという現実（人心は数年では激変しない）はともかく、外部からの観察者が「嫌悪感」をいだくような文化現象が歴史性ということだけから正当化されていいはずがない。それは性的少数者とか障害者の存在をみとめられない層（ホモフォビアetc.）にとっての嫌悪感などと同列にかたれない違和感である。なぜなら、社会規範「内部」のメンバーにとっても、しばしば嫌悪感を誘発するような体系があるからこそ、「観察者」の嫌悪感等をひきだして

29　たとえば、ある哲学者は、つぎのように日本語を冷淡に評している。
　　　日本語敬語は上下の捉え方の表現としての敬卑語であり待遇表現であっても、かならずしも敬意の表現ではない。〔……〕敬語の形式にかくれて、相手への心遣い気配りがおろそかになり礼を失することが少なくない語法である。……これにたいして、相手の顔の尊重あるいは人格の尊重に的をしぼって相手をたてようとするのが、普遍的敬語としてのポライトネスである。日本語敬語がタテの言語の性質を払拭しきれないのにたいし、ポライトネスのほうは、力関係を完全に消去できないとはいえ、対等な人間間の言語として、本来ヨコの敬語である。
　　　　　　　　　　　　　　　　　　　　　　　　　　（みわ 2000: 139）
　　こういった一般化は、さすがに本質主義的な断定といえそうだ。しかし同時に、配慮表現にうるさい人物が実質的に慇懃無礼をそそのかすかのような言動に終始する偽善者であったこと、欧米など現代社会の偽善性を批判できるような倫理性がないことも明白だ。

いるとかんがえられるからだ。

　いずれにせよ、規範主義者（自覚の有無にかかわらない）がかかえる最大の倫理的問題は、無自覚なハラスメントを実行している点である。しかもその際かれらは、外国人や年少者など相対的劣位者に対して同化主義（「郷にいれば郷にしたがえ」）をしいて、疑問をもたないのである。たとえば、つぎのような見解は、全然悪意がないだろうが、劣位者に一方的な努力をしいているという自覚が欠落している。

> 「敬語」や「敬語表現」は，日本語でコミュニケーションを行うときには不可欠なものであり，非常に重要なものだと言えるのですが，日本語母語話者にも苦手意識を持つ人が多く，また，学習者にとっては日本語学習の中の大きな困難点の一つになっているものでもあります。　　（さかもと 2006: 143）

　かれらには、適応困難なシステムに同化しなければいけない精神的負担（サッカーなどでいえばアウェイ感覚）が全然理解できていないようだ。第一言語話者さえ「苦手意識」をもっているということは、モジなどと同様、意識的な学習が不可欠ということを意味する。それを留学生等、外国そだちの異言語話者にしいて、なにも疑問を感じていないのである[30]。日本語の基本構造（音韻／語彙／文法）は、習得困難ではないとされながら、こと無数の規範主義的な漢字表記[31]にくわえて、配慮表現にかかわる微細で膨大な知識がたちはだかる。不安にかられて全領域をカバー

30　日本人と直接的なコミュニケーションをとる必要のないアメリカ人の一部（大使館員・米兵・外資系企業管理職etc.）など、日本語学習の必要性を感じない層にとっては、当然無関係な話題なのだが、それは日本列島上に事実上の植民地が点在しているからにほかならないという現実の反映である。つまり、それら点在する植民地にいつづけることができない大多数の外国人たちにとっては、配慮表現や漢字表記など非関税障壁がたくさんあることになる。かれらはこれに対して「学習者にとっては日本語学習の中の大きな困難点の一つになっている」とみとめつつ、同時に「日本語でコミュニケーションを行うときには不可欠なものであり、非常に重要なものだと言える」と合理的根拠もあげず、同化主義をせまるのである。

31　ここでは、入力・印字アプリケーションソフト「今昔文字鏡」が17万種以上（チュノム、西夏文字など漢字以外の体系もふくまれているが）をおさめているとか、そういった「字種」数の総量などを問題視しているのではない。「明日」「飛鳥」など、どうよんでいいか不明な無数の慣用が放置され、こと地名・人名などは完全な無政府状態であるという日本語漢字の無秩序な現実をさしている。

しようなどとすれば、それこそ破綻してしまう。

　そもそも「「敬語」や「敬語表現」は，日本語でコミュニケーションを行うときには不可欠なもの」という断定の根拠は，どこからくるのだろう。「不可欠」とかんがえるのは、「敬語」などをもって遇せられるべきと信じてうたがわない年配者などではないのか。そして、ここでいう「コミュニケーション」とは意思疎通ではなく、交渉時の秩序維持という意味ではないか。要するに、ここでかたられる「不可欠」うんぬんとは、日本人の年長者という、基本的に優位にあるがゆえに、「待遇表現」等で遇されないと不愉快になる（「失礼」「無礼」「非常識」……）層の規範意識からの要請だとおもわれる[32]。そうした規範意識からみた逸脱現象を発生させないためにも「苦手意識」「大きな困難点」等は努力による克服が当然だといった意識がないかぎり、このような文章はかかれるはずがなかろう[33]。

　規範主義者がかかえるもうひとつの問題は、「ただしさ」を適切に判断している

---

[32] 引用した文章の筆者は、日本語におけるコミュニケーション成立のための不可欠の条件のひとつとして「敬語」や「敬語表現」があるといったくちぶりだが、「敬語」等などなくても意思は通じているのではないか。そもそも「敬語」等がなく「無礼」だといった反応がでること自体、発話が理解できなかったのではなく、理解できるがゆえに、充分なあつかいをうけなかったと立腹するのだとおもわれる。幼児や来日外国人の発する日本語がききとれないとしても、それは配慮表現が欠落しているから理解不能なのではない。

[33] 前項とかさなるが、実は複雑な漢字表記もコミュニケーション成立のための必要不可欠な条件でなどなく、たとえば英語のような「わかちがき」をローマ字やカナでかくことで日本語が充分表現可能なことは、百数十年いわれつづけてきたことである。来日外国人等が、実際に漢字表記が理解できずに疎外されるという実害もあるが、「日本語は漢字がないと表記しきれない（だから、漢字をおぼえないとダメ）」といった論理は、「適切に漢字変換された状態」という理念（＝事実上の規範）に従順になれという命令にほかならない。実際、漢字をおぼえるまえの幼児はかながきの絵本等をたのしんでいるし、それは小学校1年生入学時の教科書の冒頭がカナだけでかかれていることで、すぐ露呈する現実だ。「ロンブンなどわ、かけまい」といった、ハンロンについてわ、こーいった わかちがき ガクジュツ・ロンブンお、なんどもかいてきたので、ハンロンになっていないことお、サイカクニンしておく（ましこ1994, 1997, 2003, 2014c, 2014e）。

　機能的識字問題は、デファクトスタンダードによって規定されることは事実である。しかし、その相当部分は、コミュニケーション成立の要件をみたしていないというよりは、合理的とはいいかねるデファクトスタンダードを規範として駆使できないという不適応に対する過小評価なのではないか。表現のバリアフリー化やユニバーサルデザイン化のうごきは、その問題に対する「配慮の平等」運動だとおもわれる。

という過剰とまでいいたくなる自信である。さきに、配慮表現周辺の研究者は、臆面もなく「これが正解」「これは誤用」と、規範主義的な断定をはばからないことがすくなくない。まるで裁判長のようにであると酷評しておいたが、つぎのような見地は、その無自覚さが深刻だ。

　……言葉の使い方が「正しい」とか、「正しくない」とかよく言われますが，実は，言葉遣いが「正しい」かどうかということは，そう簡単に決められないことが多いのです。〔中略〕
　誤用にもいろいろなレベルがありますが，「敬語」の文法的・語法的な誤用以外の問題となる使い方を挙げてみましょう。〔中略〕
　「敬語」の語法的な誤用だけに気をとられていると，これらのいろいろな誤用が見えなくなります。「敬語」を誤りなく使うことがよいことなのは当然だと言えますが，「敬語」の語法だけでなく，その場や相手に対して適切であるかどうかについて，もう少し考慮すべきであると言えるでしょう。

（さかもと 2006: 152-3）

　「正しい」という判断がむずかしいといいつつ、著者は正誤判定が完全にできるとかんがえているとしかおもえない。「文法的・語法的な誤用以外の問題」が、社会的に許容されるとはかんがえていないことは、「これらのいろいろな誤用」という表現で明白だからだ。そして、「文法的・語法的な誤用以外」の「いろいろな誤用」という規範意識が厳然とあるからこそ、第一言語話者自身にとっての「苦手意識」、日本語学習者にとっての「大きな困難点」がなくならないのだとかんがえるのだが、こういった規範意識自体、アナクロニズムとはかんがえないのだろうか。「郷にいっては郷にしたがえ」を自明視するのではなく、「大人」自身の規範からの解放をよびかけないのか。それとも、戦後改革でGHQがこわせなかった漢字依存症社会と同様、配慮表現依存症社会も、「外圧」にまけない強靭さをずっと維持し、ガラパゴス的空間が存続していくのだろうか。
　日本で生をうけ旧制中学卒業までそだったコリアンは、米韓で研究生活をつづけるなか、日本語研究にもたずさわった。そのうち、敬語研究の総決算なのだろうとおもわれる労作の最終章は、つぎのようにはじまる。

日本語の敬語が今日のような体系を持つようになったのは近代になってからのことだと言われている。19世紀の後半から21世紀初頭にわたる約150年間に起こった大きな社会的革命——明治維新による西欧化と、天皇の人間宣言、アメリカの大規模な前進兵站基地化から、新しいG4の日本へと躍進を経てきたが、グローバル規模で広がりつつある世界経済の不況、さらに東アジアに台頭しつつあるパワーバランスの変動、そしてそれにあおりをかけるような東日本大震災の余波など、日本が新たに取り組まねばならない問題も多い。それにつれて、日本の風土も人間も大きく変わってきている。日本語の敬語もこのような激動の流れの外に立つことはできない。社会階級の平等化に沿って敬語全般が平準化に向かっていることは否みがたいが、その反面、消費大衆向けの巨大型商業主義メディアの波に乗って、敬語がまた幸か不幸か1つの王政復古を経験しているのも面白いパラドックスである。そういう日本語の敬語であるが、日本人の後裔たちが言語の博物館に眠る敬語の体系を見ながら、その昔こんな範疇の文法もあったのかと不思議に思う日もいつかはやってくるだろう。この本はそういう彼らのために日本語の敬語の今の姿をタイムカプセルに収めるスナップショットのコレクションの一品目のようなものだと思ってよい。
　　　　　　　　　　　　　　　　　　　　　　　　　　　　（キム 2014: 248）

　この在米コリアン研究者が「極端な言い方をすれば、およそ、それなくしては一言も発話できないほど、敬語は日本語の日常言語表現のもっとも重要な成分をになっている」「語用論的には決定的な効果を出す」とのべるとともに、「敬語の文法体系は、意味の世界には関与することがない」と断言していることは重要だ（同上: 247）。「それ自体は精緻な組織を持つ1つの独立した下位体系であって、いかにも小王国といった風貌がある」（同上: 248-9）との評価とあわせると、実に複雑な感慨にとらわれないだろうか。特に、後世が「昔こんな範疇の文法もあったのかと不思議に思う日もいつかはやってくるだろう」という予言とかさねあわせてかんがえたばあいには（「日本人の後裔たち」の内実について、著者は黙しているが）。

4. 負の配慮表現現象としてのヘイトスピーチ

　実際には、つねに「憎悪」がからんでいるとはおもえないが[34]、ともかく標的への暴力的な言語表現として、近年つとに着目されているのが「ヘイトスピーチ」であろう[35]。

　本節では、2016年10月に沖縄で発生した官憲による冒瀆行為（前述）について、「負の配慮表現現象」のケースとして解析することにする。それによって、「インポライトネス」とか「マイナスの待遇表現」といった既存のわくぐみに対する私見があきらかにできるだろう。それは、通常「差別語」「差別表現」とよばれてきた一群についても、関係性があきらかにできるはずである。

34　たとえば、政治家や官僚が市民や報道陣などに対してやつあたりしたり侮辱したりするばあい、「（劣位者のくせに）おもいどおりにならない」という立腹はあるだろうが、憎悪感情に分類するのは不適当だろう。権力上の優劣があるそれらは、通常侮蔑／軽侮といった心理・言動とみなされてきたはずだ。在特会など在野の右翼が在日コリアンを標的にする罵倒表現や俗にいうネット右翼らの沖縄攻撃、アメリカ大統領選でのトランプ候補の差別発言も、「憎悪」というよりは敵対心のあらわれとしての侮辱だろう。

35　ヘイトスピーチについては、近年無数の議論がかさねられているといっても過言でなかろう。たとえば、明戸隆浩「研究ブログ」（researchmap）にリスト化された「ヘイトスピーチ規制文献リスト［国内編］」「ヘイトスピーチ規制文献リスト［国外編］（前回の続き）」（あけど 2013）や、その続編というべきウェブサイト『Anti-Racism Resources　レイシズムとヘイトスピーチを考えるために』の文献リスト（あけど 2015）、日本語版ウィキペディア「ヘイトスピーチ」の「脚注」「参考文献」、同「日本のヘイトスピーチ」の「出典」「参考文献」、英語版 Wikipedia "Hate speech" の "References" をみただけでも、膨大な蓄積が確認できる。近年の法学者の議論をリスト化したものとしては、ふじい（2016）。なお、『前田朗 Blog』（http://maeda-akira.blogspot.jp/）には、「ヘイト・スピーチ研究文献」という2015年1月からつづくシリーズ記事が現在も不定期にかきつがれている。

　本稿では、言語研究という点で必見とおもわれる文献として（ヘイトスピーチにとどまらず、セクハラなど言語的な攻撃性をカバーする）、岡本真一郎『悪意の心理学』をあげておく（おかもと 2016）。本書巻末の「引用・参照文献」も、日本語圏・英語圏における、負の配慮表現周辺の記述・分析の文献リストとして有用である。

4.1. 差別表現の本質

　まず、差別表現かどうかの判定基準として、「差別された／攻撃されたと意識されれば、差別現象」だとする議論がある。それ自体は基本的に正論である。差別の本質は、被害者心理の誘発であり（疑似的な主観的被害者の錯覚については後述）、セクシュアルハラスメントと同様、表現者に明確な悪意を確認する必要はないからだ。「標的やギャラリーが不愉快になるような実質的侮蔑表現（具体的な権力関係としての優位から劣位へ）」と、差別表現を定義しておいてよかろう。

　こういった議論を全否定したがる層は、自覚の有無にかかわらず結局は差別するがわにたっている。セクハラ批判をうけた男性などが、「逆差別論」「ことばがり」などとさわぎたてたり、それを擁護したりする保守系の女性たちが典型例である。かれらは、自分たちの自由な表現行為が禁じられる（権利が侵害される）、ないし非難されるという不当な差別にあっているという。しかし、そのほとんどは錯覚、ないしヘリクツである。かれらの「損害」とは、劣位者を侮辱する言語的リンチの自由を制限された、つまり、我慢をしいられたという点にすぎず、実質は被害でもなんでもない。時代がかったいいかたをするなら、奴隷解放令で奴隷という商品の所有権をうばわれたとか、戸主権という家長の正当な法的権利をうばわれたといった憤懣と共通の「剥奪」感にすぎない。トランプ大統領やその支持者たちが信じているのは「ヒスパニックやイスラームや女性は侮辱して当然」という属性主義的差別であり、それを行使できないという幻想上の「差別」があるだけだ。そこには一片の同情さえはさむ必要がないばかりか、思想信条の自由とか表現の自由という自由権の本旨をおとしめる曲解である。

　このような知的水脈がある以上、差別者たちが自分たちの差別性を自覚・改心して自己批判・謝罪するようにみちびくことは、ほぼ不可能である。かれらの差別意識とは、基本的に学習能力の欠落を基盤としているのであり、目前の、そして想像上・論理上の現実をいくらつきつけられても焦点がまったくあわず、直視できないことに起因しているからだ。

　その証拠に、今回の沖縄現地での侮蔑・罵倒事件については、ネット右翼を中心に「土人は、蔑称だけど、シナ人は真っ当な言い方」だとか、「かの故・水木しげる大先生も愛情込めて土人と呼んだそうだ。言葉制限はいい加減にしてほしい」

といった、ネット炎上の燃料にされているだけにおわった。保守派と目される言論人のおおくが、差別・侮蔑と断定し批判したが、かれらの議論に、ネット右翼らは完全にひらきなおり自説を強化しただけのようであった[36]。

4.2.「土人／シナ人」発言の事実認定

2016年10月発生した侮辱的罵倒に対しては、「差別表現」かどうかについてあらそわないものの発言者の悪意の有無に焦点をあて、差別意識はみとめられないと断定する当局（菅官房長官 etc.）や、「混乱を引き起こしているのはどちらか」などと、抗議する市民の側にも非があるとする（松井大阪府知事）のような機動隊員擁護論がめだった。

（土人発言をした）巡査部長は「（抗議する人が）体に泥をつけているのを見たことがあり、とっさに口をついて出た」、巡査長は「過去に（抗議する人に対して）「シナ人」と発言する人がいて、つい使ってしまった」と説明。2人とも「侮蔑的な意味があるとは知らなかった」と話した、としている（『朝日』2016/10/21）。しかし、すくなくとも、YouTubeなどで確認できる「下がれ、クソ」「どこ掴んどんじゃ、このボケ！……土人が！」という罵倒の文脈で当人たち（別の隊員が「黙れ、こら、シナ人」）の表現が差別的でなかった可能性は皆無である。罵倒する人物が、標的に対して最低限の敬意をもって発言するという状況は、ありえない（論理矛盾）。「侮蔑的な意味があるとは知らなかった」という説明も論理的破綻がはげしく、侮辱的罵倒という文脈において最適の武器になりえる（標的に最大の精神的打撃を計算できるはず）という、差別戦術／動機づけを、少年時代などに強烈に学習した結果のはずなのである。いうにことかいて「つい使ってしまった」、つまり、とっさにくちをついてでた罵倒表現が、いかにもうすぎたない差別意識を露呈させること自体かたるにおちるで、ものがなしい。そして、こういった聴取をそのまま報道陣になが

---

[36] これら「差別などなかった」論にたつ、差別者や共犯者（ギャラリー）にとっては、正論は完全に無意味なのである。たとえば「石原慎太郎 暴言」で検索すると、膨大な過去・現在の悪行が露見する石原もと都知事。かれが圧倒的な人気をほこっていた時代がながかったように、攻撃的な暴言を問題視しない市民は膨大におり、実際に票田となってきた。マスメディアも、それを徹底追及するどころか、むしろ支持者の拡大装置となってきたのが政治的現実なのだから。

させる、警察当局のバカ正直ぶりにも、あきれる[37]。なぜ、権力への抗議者に「シナ人」なのか、それこそ意味不明だし、これが国際問題に発展しないという能天気ぶりにも、おどろかされる。

以下、県紙にみる現地の反応をひこう。

> 菅義偉官房長官「許すまじきこと」 松本純国家公安委員長は「発言は不適切だ」 金田勝年法相 差別用語に当たるとの認識……政府は「極めて遺憾」とする答弁書を閣議決定している。
> 担当相の発言とは明らかに食い違っており、閣内不一致と言われても仕方ない。
> 安倍晋三首相は任命権者として「土人」発言と鶴保氏（沖縄北方相―引用者注）発言について、考えを明らかにすべきである。
> ……
> 鶴保氏がこれまでの態度を改め、担当相としての職務に専念するか、それができないのであれば、自ら身を引くことが沖縄のため……
>
> （『沖縄タイムス』社説2016/11/13）

まず、差別意識はみとめられないとの断定（官房長官／沖縄担当相）、そういわせた反対派市民に非があるといった解釈ができてしまう大物政治家の人権意識、そういった人物を選出してきた選挙民の人権感覚・政治意識がおそろしい。また「なぜ土人発言だけが報道されるのか？ 沖縄ヘリパッド「反対派」の「無法地帯」現場レポート」といった週刊誌（『週刊新潮』）があるような風潮は、単にネット社会がローコストゆえに極右を増殖させているだけでなく、ごく普通のサラリーマンなどまで《政府の軍用地確保は異論のない正当な職権だ》とかんがえ《「反対派」住民の真意などたしかめる必要もない》と断定しているからこそであろう。

それに対して現地紙の社説は論争的でないだけでなく、むしろおとなしすぎる。「許すまじき」発言をする警官を公然とかばうような人物は即刻更迭もののはずだが、

37　「（抗議する人が）体に泥をつけているのを見たことがあり、とっさに口をついて出た」のが「土で他者を侮辱する人」だという、なみだぐましい、いいわけも一層ものがなしいし、これを発表した当局、報じたメディアの心理をただしたいものだ。

今回露呈した差別意識にかんがみれば、「担当相としての職務に専念する」ことなど、能力上できかねるはずである。そもそも、空気・歴史がよめない人物として、就任以来終始沖縄現地の心情をさかなでするような発言しかできない人物を担当相にあてた安倍首相ら政府首脳の任命責任は深刻だ。

　以上、発言を批判的に検討して浮上するのは、これら罵倒表現に対して、なんとか擁護しようとした論者、批判者へ反批判を展開した論者の非論理性・非倫理性といえよう。

　そもそも「土人」という表現が、皮肉でもなんでもなくプラス評価として援用された用法が近年あるのかしりたい。「世間で「土人」という表現は頻繁にプラス評価としてつかわれており、それにみんな異論がない」という仮説がなりたつとして、その立証責任は擁護者がわにある。

　また、発言は不適当でゆるされないが差別意識はなかった。いわせた市民がわもわるい、などと断ずる政府要人や大阪府知事など政治家たちの論理も破綻している。官憲のがわの否定しがたい差別性を隠蔽し、「差別語」という不適切な表現をえらんだことだけ、せめをおわせるとは、現地で市民に暴力的な言動をはける人物の権力性／品性の問題を矮小化し、暴力性を誘発したのが市民であるかのような責任転嫁に加担していることになる。

　ちなみに、沖縄現地では、ほとんど反射的に、1903年の「人類館事件」[38]が想起され、台湾の山岳民族や南洋群島の住民らへのレイシズムと同質の視線が琉球列島にそそがれつづけた戦前の帝国社会への回顧が議論となった。暴言をはいた機動隊員は、「人類館事件」が大阪でおきた事件であることなど当然無知だろうから、大阪で不断につづけられてきた人権教育の蓄積が、なんらレイシズムの跋扈（ばっこ）を抑止できなかったという現実は実におもたい。あわせて、同地の首長がまた、そういった歴史的経緯に無知か無視という最悪のとりあわせだったという、にがい現実もつきつけられたのだから、琉球列島にルーツをもつ大阪在住者は特に複雑なおもいだったろう。

38　大阪・天王寺で開催された第5回内国勧業博覧会において、民間パビリオン「学術人類館」で、アイヌ民族・台湾先住民・琉球人女性ほかアジア／アフリカ出身の総計32名が、民族衣装をまとい区域内に滞在しながら日常生活を見せる展示を行ったところ、沖縄県・清国から抗議がおこり、問題化した事件。

このようにみてくると、2016年10月以降、波状的に問題化した「土人」発言は、それが差別発言だったかどうかの議論の余地がないものであり、差別意識が「なかった論」[39]でにげきりをはかろうとした政府首脳たちの判断が異様であることはもちろん、差別表現だったから、不適切だったと形式的な謝罪をしさえすればいいようなたぐいの事件でなかったことも明白だった。マスメディアは、無責任にも、差別発言をくりかえした過去の政治家のスキャンダルと同様、無責任にも問題を終息させてしまった。もちろん、ひとごとでしかない日本人読者に、本気になる関心などないのだから、必然的なしりすぼみでもあった。

　そして、わすれてならないのは、「土人」「シナ人」発言の文脈の問題と別個に、それら表現が「差別語」なのかという議論に執着することの愚である。たとえば「土人は本来土着の現地住民をさした」とか、「シナが差別語なら、東シナ海／南シナ海／インドシナ半島も差別語になる」といった、「擁護」論がくりかえされてきた[40]。しかし機動隊員らの攻撃性になぜこうした「擁護」論が浮上したのかをみれば、

39　「なかった論」とは、戦争犯罪などを否定しようとする、いわゆる「歴史修正主義」をより端的に表現しようと提起した理念型である。ブログ「MASIKOの日記（ましこ・ひでのり）－はてなダイアリー」(http://d.hatena.ne.jp/MASIKO/)の、おもにシリーズ「歴史社会学（史的社会学ではない、歴史意識の社会学）のための おぼえがき」(1-7)で展開した議論（特に、シリーズ2および3）参照。
　　　「歴史修正主義」は通常、数十年まえの歴史的事実についてがほとんどで、存命者が急減している事象が大半だが、「なかった論」は基本的に、「記憶」をめぐる思想闘争なので、時間差はごくわずかであっても成立するとかんがえている。この「歴史社会学（史的社会学ではない、歴史意識の社会学）」的課題については、別稿を予定している。

40　たとえば、著名な作家たちが、またこりもせずに差別擁護に必死だ。
　　　……一方、曽野（綾子—引用者注）氏のコラムは次のように正反対の見解を示している。
　　　「私は父のことを『東京土人』とか、『東京原住民』とかよく書いている。私を含めてすべての人は、どこかの土人、原住民なのだが、それでどこが悪いのだろう。『沖縄の土人』というのは、蔑称だと思う蓮舫氏の方こそ、差別感の持ち主だと思われる」
　　　試みに手元の辞書で「土人」の意味を引くと、岩波国語辞典では「(1) 土着の住民、土民 (2) 原始的生活をする、土着の人種」とある。また、広辞苑には「(1) その土地に生れ住む人。土着の人 (2) 未開の土着人。軽侮の意を含んで使われた (3) 土でつくった人形。土人形。泥人形」と記されていた。
　　　どちらも (1) の意味なら何の問題もない。(2) の意味で使ったとすると確か

ことの本質は明白だろう（脚注41参照）。

4.3.「負の配慮表現」としての「土人」「シナ人」

すでにのべたように、「口をついて出た」「つい使ってしまった」という、いいわけがついたものの、「土人」「シナ人」は、あきらかに反対派住民を罵倒するながれで侮辱・恫喝（どーかつ）したいという動機のもと発せられた。差別意識がなかったと本気でいっているなら、自己欺瞞がひどすぎる。そして、学習の経緯はともかくとして、「土人」「シナ人」等が侮辱に最適らしいという文脈とトーンなどは、確実に、先行世代ないし同世代からうけとったものであろう。その意味で「負の配慮表現」は、基本的に、個人的・偶発的な「発明」の産物ではなく、リチャード・ドーキンスがいうところの、伝染していく文化（meme）の典型例といえよう。「未開で野蛮な民族／部族」といった語感がまとわりついて、つかわれてきた「土人」も、漢文文明圏を維持してきた偉大な伝統としての「シナ文明」ではなく、アヘン戦争以来の、欧米・日本にまけつづけの後進的で、プライドだけたかい「支那人」といったニュアンスも、あいてに対する尊崇の念とは正反対の「負の配慮」のはずである。つまり、差別的表現で、あいてをきずつけたりしない、という倫理観／注意力がそなわっていれば、「差別語リスト」などとして「配慮」すべき語群の典型例だったのに、かれらは、よりによって違反し、YouTubeにさらされるという、ハイリスクで愚劣な

に不適切だが、かといって直ちに「差別」に結びつけるのも無理があると感じる。だとすると、鶴保氏の言葉は本来、問題視されるようなものではないはずである。

「相手が差別だと感じたならばそれは差別なのだ」という論調も見かけるが、そんなに恣意（しい）的に「差別」をつくっていいものか。差別とは、決して安易にもてあそんでいい言葉ではない。それこそ、安直な言葉狩りや言論弾圧を招きかねない危険な発想である。

この「土人発言」問題をめぐっては、評論家の呉智英氏も「週刊ポスト」（11月18日号）のコラムで、こう主張していた。

「私は三十年以上前から何の問題もないと主張してきた。事実、当時普通に使われていた言葉である」

「土着という言葉を知らない無知な輩（やから）が『土に汚れた人』の意味だと『差別認定』して騒いでいるのだ」……

（【阿比留瑠比の極言御免】「土人」は「差別」なのか,『産経ニュース』2016/11/17）

言動をやらかしてしまったのであった[41]。

　つまり、極右勢力など極端な排外主義者以外からは到底擁護論などでないような文脈で、かれらは逸脱行動にはしり、結局侮辱行為がブーメランのように自分たちにおそいかかった。何重にも不用意で思慮にかけたわかものが前線に投入されていたとしかいえない。そういったリクルートをおこない、その程度の教育しかしないまま動員したという点で、大阪府警の意識のひくさ（リスク対策もまともにできない体質）が露呈したともいえる（ぶざまな聴取内容の発表も、それにわをかけた）。

　この惨憺（さんたん）たる現実は、さきの「外交辞令等なしに世間をおよぎわたれる人格者」「しんそこ「いいひと」という、完璧な善人、事実上の聖人君子」と、少々皮肉をこめてのべた人間像と対照的といえるだろう。機動隊員らは、反対派住民に弾圧といいうる強硬措置をくりかえした結果、反撃としてはげしい侮辱などもうけ、その結果、上司からの指示もわきまえず激昂（げきこう）してしまったとかんがえられる[42]。そして、

41　機動隊員が録画・配信される構図にハメられた。反対派活動家によるプライバシー侵害と集団リンチだとの非難もあがったが、末端ではあれ公権力のまぎれもない一分子であることへの自覚が欠落した例。擁護論は、反対派を難詰し、権力がわを擁護したいという、卑劣な動機が基調なのであって、機動隊員本人や家族への配慮などは、ほとんどないであろう。

　つぎのような、あきらかに機動隊がわを擁護するジャーナリズムもにくにくしげで、ものがなしい。

　　ちなみに10月に沖縄県に出張した際、現地の人たちとの間でこの話題になった。沖縄県警関係者から話を聴いたというある市議によると、「土人発言」をした機動隊員は、工事反対の活動家らにあらかじめマークされていたのだという。

　　激高しやすいと目を付けられ、ビデオカメラの前で不適切発言をするように仕向けられたのだろうという話だった。

　「自分が狙われていることが何で分からないのか」

　　県警関係者はこうこぼしていたとのことだ。真偽は確かめられないので「断定できない」が、ありそうな話ではある。

　（【阿比留瑠比の極言御免】「土人」は「差別」なのか、『産経ニュース』2016/11/17）

42　反対派市民には負傷者もでているし、何ら不当な行動をとってもいない現地メディアの記者たちが、不当につれさられ取材活動が妨害されたことが、報じられている。いくら命令系統による方針・指令にしたがっているだけとはいえ、必死に運動している反対派からなじられるのは、当然だったといえよう。

　もちろん、反対派の一部が、意識的な徴発によって隊員らの失言など暴走を誘発しYouTube等で拡散することを戦術的にえらんだ、ワナにはまった可能性もあるかもしれないが、それこそ挑発合戦は普遍的な現実であり、そんななかでも挑発にのらないのが、官憲の矜持（きょうじ）というものだろう。

「完璧な善人、事実上の聖人君子」とは正反対の、野卑で倫理的にも非常に問題のある人格を「正直に」表出してしまった。おそらく「負の配慮表現」が、激昂のあまり、「口をついて出た」「つい使ってしまった」のである。しかし、侮辱・恫喝（どーかつ）したいという動機も、おそらく明確にあったから、無自覚にせよえらばれた表現だったはずだ。

「配慮表現」は、本来的に攻撃をうけないよう、あいてとの心理的距離を調整・適正化するための戦術の産物だ[43]。それに対して「負の配慮表現」は、あいてとの表面的ではあれ友好的な関係を維持する目的をもたない。むしろ非友好的であることを印象づけられるほどよいのが普通だろう。だから、しばしば語気あらくいいはなつだろうし（ときには、すごみをきかすための意識的低音も）、表情もゆがむ可能性がたかいだろうし、いわれた当人やギャラリーは「負の配慮」を露骨にみせられることになる。

わすれてならないのは、「負の配慮」のときに、あいての価値低下をはかる戦術には、おとしめるための、マイナスイメージの直喩・隠喩がもちいられるだろう点だ。「土人」や「シナ人」も、「いやしい」「おとった」存在として表現者が位置づけており、いわれた当人は、差別表現の具体的な背景・経緯について充分な知識がなくても、表現者が「いやしい」「おとった」存在として位置づけている「たとえ」がつかわれているのだなと、理解できる必要がある。すくなくとも、語気・表情から、そのニュアンスが誤読されない程度にはっきり表現されねばならないのだ。だから、そこに動員されるイメージは、そこに不在だったり、そもそも実在しない人物・事物だったりする。そこにいないだろう視覚障害者をも侮辱する「めくら」とか、暗に女性の劣位を再確認することになる二重差別「オンナのくさったようなヤツ」とかは、その典型例である（ましこ 2002b）。

このようにみてくると、「負の配慮表現」の一部は、「配慮表現」一般がかかえる「偽善」などの倫理問題とは全然別種の倫理問題をかかえていることが判明する。悪質な「負の配慮表現」は、標的となった人物・集団が衝撃をうけるような表現がわざわざえらばれるわけだから、基本的に下品であり、差別的ニュアンスをおりこ

43　本章の冒頭では「対象ないし周囲から嫌悪感等をいだかれるリスクをコミュニケーション上、回避することなどを動機として維持される言語的配慮（関係性／文脈／準拠集団等の並行的計算）の総体」と定義しておいた。

むため野卑だろうし、そのばにいない存在までも、かってに負のイメージづくりに動員してしまう点で非倫理的な差別者だと、みずから公言するような行為なのである。いいかえれば、「わたしは自分自身が野卑で卑劣な差別者です」とひらきなおってはじない（正論をはいているつもりだから、露悪趣味など特殊なケース以外無自覚だが）という意味で、はじしらずなのである。家族や関係者が、直後ないし後日、すくなくとも後年、はじをかくような逸脱行動をとっているという自覚がもてない人物[44]の言動だ。

だからこそであろうが、かなりの差別者たちには、「うしろめたさ」「うしろぐらさ」があるようで、誇大妄想的な政治家など以外は、おおくは「密室」とか、「なかまうち」などで「負の配慮表現」は表現される傾向があるといえよう。セクハラ・パワハラなどが、企業など官僚制組織や、学校など公共空間という、公的空間でありながら入域層がかなり限定されている空間、特に不特定多数がはいりこまない「密室」などが舞台になることがおおいなど。また、DVがらみのモラルハラスメントなど私的な「密室」が、おそらく無数の舞台として潜在しているであろう[45]。

44 　選挙の応援演説をしているつもりの政治家が、対立候補をセクハラ的にヤジってしまって、結果的に自派の候補のあしをひっぱってしまったのは、2016年の都知事選でも鮮明だっただろう。かの老政治家は、自派の賛同者にはおおいにうける「負の配慮表現」だと、かってにおもいこんで墓穴をほってしまったのだ（小池百合子候補に対する石原もと都知事の「厚化粧の大年増」発言）。応援演説をたのんだ候補も、それをくんだ老政治家のむすこも、あまりに露骨なセクハラ発言はさすがにギャラリーをひかせてしまう＝致命傷になりかねないといった、冷静な計算ができなかったようだ。にがわらいなどで、ごまかしてはいけなかったし、そもそも応援演説で暴走しかねない人選＝ハイリスク行動をとってはいけなかったのだ。

　また、2017年からアメリカ大統領となるドナルド・トランプなる人物の親族は、末代まではじることがないのだろうか。そもそも、ああいった暴言王とでもいうべき人物を選出したアメリカ人は、はずかしくはないのだろうか。ベトナム戦争等で、反省がみられない層が大量にいる以上、いつまでも羞恥心・自己批判はわかないのかもしれない。

45 　ここでいう「密室」とは、もちろん、ミステリー小説などの舞台となる施錠されて入退出が困難なスペースではない。むしろ、物理的・法的には、自由に入退出可能な空間でありながら、モラルハラスメントの被害者が心理的に孤立、たちすくみ、外部にたすけをもとめられないような空間をさす。外部からは物理的構造や種々の事情から、内部がのぞけない／のぞきこみづらいような構造・構図があり、「透明化」「ガラスばり化」と正反対の状況になっているケースである。以前、こういったスペースについて「社会学的密室」と理念型を提起しておいた（ましこ 2007: 134）。

これらは、「事件」化しないかぎり表面化しない事例群であり、表面化するのは、それこそ「氷山の一角」、無数の「暗数」として、社会にしられずにくりかえされ、あるいは明滅して歴史の闇にきえてしまう現実だとおもわれる。われわれは、表面化した事例への対処が充分できたことをもって満足してしまうのではなく、むしろ表面化しないがゆえに、かなり深刻だろう現実への想像力をきらすことなく、めをこらし、みみをすます必要があるだろう。

　そして、公私いずれにかかわらず、「負の配慮表現」には、もうひとつ厄介な要素もからんでいることを、つけくわえねばなるまい。それは、「負の配慮表現」が文明化／人権意識の水準上昇にともなう、物理的暴力の代替物、悪意の「ガスぬき」装置として機能してきたという、順機能（R.K.マートン）的側面をもつことである。

　動物行動の一部の根幹に遍在する「敵意」「憎悪」といった暴力性の物理的破壊力を回避する機能が「負の配慮表現」にはある。文明化がすすむことで、物理的暴力は極力回避されるようになっていった。自由／平等／友愛をうたいあげたフランス革命が大虐殺の熱狂につつまれたのは皮肉だが、平等概念は個々人の尊厳として蹂躙されない権利をひろげていった（女性／児童／奴隷／動物への虐待が禁じられ、解放論につながっていったのも並行）。私刑が禁じられ、刑罰は公権力が独占するようになる。決闘や報復が禁じられ、武器は警察・軍隊など公権力の暴力装置が吸収していく。つまり、18世紀、19世紀、20世紀と歴史が蓄積されるにつれて、個々人／小集団間での物理的暴力はどんどん消失していったのだ。しかし、動機の正当性のいかんはともかく、攻撃性／暴力性は消失しないし、その噴出をとめることは不可能である。その意味では、「負の配慮表現」は、よくもわるくも「ガスぬき」装置としての機能をますますつよめていくはずである。アメリカにおけるプアホワイト層や、日欧の排外主義的市民のような部分に、社会的弱者攻撃のための武器としてつかわせないような制度づくりをすすめつつ（もちろん、政治家や財界人・言論人などによる差別発言は社会的に致命傷になるような状況をつくり）、政官財学など各界エリートなど特権層の権威・不誠実さなどを軽妙に「おとす」など、パロディや川柳などの精神をとりこんだ「負の配慮表現」の開発が、またれるのではないか。

　もちろん、社会的弱者攻撃のための武器としてつかいたくてしかたがない層の暴力性の「ガスぬき」を黙認するのは、まずい。かれらが実数として（比率としてではなく）漸減していくよう（つまり「悪意」が伝染していかないよう）、地理学／人類

学／教育学／社会学などの知見を中等教育にくみこみ、既存の社会科が所詮暗記科目に終始してきたきらいを払拭していき、経済格差などが是正されれば、「負の配慮表現」の毒性はおのずと無害化していくのではないか。それこそ、エリートたちを「おとす」ための高度に知的な遊戯として、有意義な文化現象となるはずである。

5. おわりに

　配慮表現研究者の代表的人物のひとり、滝浦真人は、つぎのような少々おどろかされる大胆な指摘をしている。

　　　……日本の場合、身分制や家父長制（あるいはそれらの影響）が残存している間は、社会の側の大きな縮減メカニズムに沿う形で、敬語も「安心」の補完メディアとして機能してきた。
　　　しかし、敗戦を機に身分制と家父長制が制度的に廃止されてから半世紀が経つ間に、人間関係における比重も、上下（タテ）から親疎（ヨコ）へと移行し始めた。そのとき、敬語による人間関係の縮減は、今度は不自由感の原因となる。人間関係そのものが固定的な上下の関係から流動性の大きい親疎の関係に移行したとき、敬語による人間関係のパターン化が認知的負荷の軽減を通り越して過剰な単純化となってしまう……。たとえば、たまたま目上である人物と親しさのコミュニケーションを取りたいと思ったとしても、敬語の距離感はそれを妨げる。親しさを表現するには距離を縮めることが必要なのに、敬語の機能はあくまで距離を置くことなのである——ときに「親愛の敬語」が語られるがそれは錯覚にすぎない……　　　（たきうら 2013: 160-1）

　この、あっさりとした記述は、「適切な敬語」などを指南可能だ（指導すべきだ）としてきた、おおくの言語研究者（というより教育者）の立脚点とまったくことなる次元にある。なぜなら、規範的に正誤／適不適があるとする見解とは別次元で、関係の親疎の調整作業の障害となるのが配慮表現だと直言してしまっているから

だ[46]。

　くりかえしのべきたとおり、研究者が規範主義から「卒業」しないと客観的記述が不可能だし、かりに留学生等、新来住民のための指南書をかくために基準が必要であろうと、そのデータ蓄積に規範主義は障害になるとおもう。しかし、それだけでなく、規範主義者たちが構造上必然的にかかえる「あるべき距離感」イデオロギーは、あらたな関係性をつくりたい当事者にとって具体的障害物となるのである。たとえば、一般的・標準的なイメージにそった師弟関係[47]を変容させて心理的距離をかえたい当事者にも、ためらいを誘発し、実際、ことばづかいが制度的に邪魔をするであろう。心理的距離をいつまでもちぢめないよう作用し、初期段階の社会的身分（社会的地位や年齢）における上下（タテ）関係を、親疎（ヨコ）関係上も固定化してしまう[48]。

　いいかえれば、「適切な敬語」イデオロギーは、規範主義的に話者／筆者の倫理性（努力不足／配慮不足）を非難するという点で反動的／非倫理的であるだけではない。それがおのずとかかえる「あるべき距離感」イデオロギーが、関係の柔軟性を阻害する反動装置としても機能するからだ。

　もちろん、ムスリム女性が頭部をスカーフ等でおおわないとはずかしく感じる、といった美意識を否定したところで単に反発をかうだけであるように（世俗性原理を強引におしつけるフランス政府etc.）、配慮表現には、心理的距離をおいてトラブルをさけたいという、ローリスク戦略が基盤としてある。そういった「国民性」というべき伝統を一挙に瓦解させることは不可能にちかい。独裁政権が恐怖政治を1世代以上にわたって維持し、その政策のなかに「配慮表現の禁止」などがふくまれな

46　橋本治のように、言語研究者でないばあいは、もっと大胆に配慮表現を茶化してしまうケースさえあるし（はしもと 2005）、必要悪としてしかみなしていないことを公言してしまっている（たとえば「複雑怪奇な敬語の体系」etc.）指南書さえある（はるやま 2006: 4）。「業界」を気にしない分、言語研究者よりも自由なわけだ。

47　「師弟関係」は「兄弟関係」と同様、女性の存在を無視したホモソーシャルな表現だが、ここでは、しかたがないのでつかう。

48　「師弟関係を変容させて心理的距離をかえたい当事者」と例示したが、たとえば指導・被指導関係として出発した異性／同性が、恋愛感情をもったばあいをイメージすればよい。配慮表現は、かならずや、ぎこちないセリフを誘発するであろう。一気にちぢまるはずの親疎関係に、初発の上下関係という垂直力学が邪魔をするのである。

いかぎりは。特に、接客業であるとか、創業家一族が私物化をやめない同族企業内部、天皇家／家元周辺などは、事実上不可能だろう。

　そうかんがえると、現状の配慮表現の疎外的色彩をよわめ、新来外国人等にとっての非関税障壁として作動しないようにかえていくためには、たとえば、接客スタッフは利用者を「神」のごとくあつかうという姿勢をあらためると、大企業等が先鞭をつけるほかなかろう。商品売買の当事者は、基本的に平等なはずであって、「かっていただく」といった理念ではないことを浸透させ、利用者を教育していくということだ。各種、医療・福祉など健康に関するスタッフ、学習機会をサポートするトレーナーや教員層などが先頭にたつべきだろう。「先生」身分の価値低下は劇的だが、適切な診断・指導なしには自分のためにならないとかんがえる利用者層を軸に、金銭の授受などの空間を平等化していくのだ。いいかえれば、「事実上商人をみくだす購入者」という旧来の身分関係＝上下意識をこわし、単なる親疎関係へと平準化する運動だ。女性たちや障害者たちが、不断の運動を展開してきたことに、こころから敬意を表しながら[49]。

　言語研究者は、いかに配慮表現の構造が複雑かつ精緻で魅力的にみえようが、その記述がひと段落ついたら、その社会的機能の社会言語学的解析にうつらねばならない。つまり、語用論的な解析ですませるのではなく、利用者のかかえる心理的負担感とか、規範主義がもたらす実害などを新来外国人や若年層、女性など社会的弱者（配慮表現における劣位）にてらして記述し、必要とあらば批判しなければならない。たとえば、社会学の女性研究者が、痴漢に対して「やめて」と懇願の話法しかゆるされないかのような女性の社会的地位（「やめろ」とか「よせ」という命令形で拒絶・嫌悪感を表現しづらい風潮）を批判的に検討したように。規範主義者に対する批判をいっさい封印して、客観中立の記述主義でとおしていますといった偽善はゆるされない。現に配慮表現は、痴漢被害女性のような社会的劣位者に異様な規範をしいている点で、あきらかな政治性を発揮しているのだから（むた 2001: 125-6, ましこ 2002b: 9-10=2014e: 13-4）。

　このようにかんがえたとき、既存の配慮表現の精緻さを知的ゲームとして体系化

---

[49] 女性学から男性学／ジェンダー論へ、障害学から健常学など、差別者たちの体質の再生産構造の解析・解体、そこからの「卒業」をもとめる運動とも、いいかえることができる。

することをとめるつもりなどないが、たとえば留学生のためとか、コンピューターに音声処理をさせるためといった実用的な価値をみいだすのは、正直どうかとおもう。在米コリアンが「日本人の後裔たちが言語の博物館に眠る敬語の体系を見ながら、その昔こんな範疇の文法もあったのかと不思議に思う日もいつかはやってくるだろう」[50]とのべるような体系に人生をかけるのは、個人の自由だが。

　他方、負の配慮表現については、別種の困難さがある。それは、上述したような「上下」関係の変革による「親疎」関係への移行が形式的にしろ、むずかしいからだ。

　「上下」関係を維持しようとする保守的方針は、批判が容易である。たとえば、現在なら、天皇をふくめ皇族でさえも、国民に対する「配慮表現」をえらぶほかない状況になった。「天皇陛下のおことば」なるものも、適切な「親疎関係」として選択肢が限定されている。70年ちょっとまえの「玉音放送」とは、あきらかに「身分関係」に変容がうまれたのだ。

　それに対して、負の配慮表現の噴出する時空は特殊である。あいてに不快感をあたえたいといった意図、あいてに対する不快感を共有できるよね、といった賛同の強要などが、罵倒や差別表現にはあり、標的に対する「親疎関係」はときに最低レベル、あわせて、身分ないし正邪意識などからの「上下関係」がかぶさっているからだ。表現者には、ぬきがたい嫌悪感や敵意などがあるわけだから、通常の配慮表現がかかえるような対象への心理的距離（「敬してとおざける」etc.）といった動機ではない。標的から反論などを誘発しないように、「わかるひとにだけわかる」といった、そこ意地のわるい婉曲表現（＝偽善）はともかくとして、通常の負の配慮表現は、標的に対する心理的打撃がもくろまれている。である以上は、心理的距離は最大限におおきく、しかも、近代原理に即した平等化へは絶対にむかわない「上下」意識である。

50　ちなみに、ある言語研究者は、『幻想の敬語論』と題した研究書のなかで「尊敬語と謙譲語に丁寧語を加えて、しかもそれ以外は何も加えず、それらをひとまとまりとして扱うのは、それら同士が本質的に同類であるからとか、それら以外の言語形式群とは本質的に異質であるからというのではない。それらをそれだけでまとめることができるような定義を設定しているから、それらだけまとまっているように感じるのである。これはまるで星空の中に星座を作り上げているような認識と同類であるといえよう」と方法論的批判を展開している（ふくしま 2013: 58）。「敬語」というカテゴリーの特権化（特殊視）や日本語特殊論というべき一連の傾向や、関係する論点に対する論評については、ましこ（2013b: 195-210）。

侮辱発言の際には、くだんの「土人」発言のように、「差別語」批判としての指弾をうけるようなばあいでさえ、差別者は、「悪意はなかった」といった、にげきりがはかられる。まして、アメリカ大統領選に勝利したドナルド・トランプ（2016年11月段階）とか、石原慎太郎もと都知事がそうであったように、指摘されようが、なんらわるびれることなく、むしろ、「正論を正直にいって、なにがわるい」式の、ひらきなおりさえするのである。つまり、近代の平等原理（偽善的にしろ、一応普遍的に妥当だとされる）などにもとづいた批判などが、まったく無意味化されてしまう。そこには、学習過程をへた「反省」といったメカニズムは不在である。つねに「自分はつねにただしい」という独善主義がブレないからだ。マンガ『ドラえもん』の主要キャラクター、通称「ジャイアン」のようなふるまいをする人物が、政治経済上の有力者、「在特会」など排外主義者には、ごく普通に実在するということは、再確認しておく必要がある。
　そもそも、少数者を標的と設定するかどうかは別にして、ポピュリストたるデマゴーグたちは、ヒトラー以来、つねに本質主義的な極論をくりかえしてきた。そのことによって大衆を洗脳し、支持者を拡大し、ついには「不気味で巨大な邪悪なるもの」に対峙するヒーロー／ヒロインとして絶大な人気をえてしまうのである。「負の配慮表現」は、語用論者たちが研究を開始するまえから、つねにはびこり、むしろ有力な政治資源として最大限活用（悪用）することで政治権力を奪取・維持してきたといえる。この政治的土壌は、やっかいである。
　歴史的・地理的な視野がせまいことに自覚がなく、不安をかかえながらも、不当ともいえる自尊心をかかえるにいたった大衆。ナチスに全権をゆだねたヴァイマール期のドイツ市民や、「オバマではできなかったChangeを（やぶれかぶれだけど）ゆだねるならTrump」といったヤケクソ系の投票にはしったアメリカ国民の実態だろう。かれらには、ユダヤ人ほか大資本だの、「黄禍」だのせいで、自分たちの努力が水泡に帰したのだと、責任転嫁したい気分で一杯だ。それを、極端に「整理」してくれたかのような錯覚へと殺到した。デマゴーグによる集団催眠、視野にはいるなかまたちだけの「常識」が伝染する集団ヒステリーなのだが、悲劇が完全に終了するまで、めざめることはない[51]。

---

[51]　たとえばアメリカ人の大半は、ブッシュJr.政権などに責任転嫁して当時を後悔する程度で、イラク国民になにをやらかし、世界全体にどんな巨大な厄災（たとえば

このように、差別者（攻撃者／賛同者）には、およそ学習能力が根本的に欠落している。現実をなるべくゆがませずに把握しようという努力自体が終始不在だし、自分たちの独善性にとってつごうのよいユガミを恒常的にくりかえすという意味で、常時防衛機制が作動している心理状況なのだ。

　したがって、ジャーナリストが正義感から「ヘイトスピーチ」等を報じても、おおくは逆効果である（石原もと都知事／トランプ候補らの暴言etc.）。支持者たちにとっては、それは自分にいえないことの「代弁」であり、スターによる代償行為にすぎないのだから。言語研究者なども、新聞／テレビなどでコメント／解説などを依頼されようが、ほとんど意味はない。「負の配慮表現」の噴出する時空は、野蛮な攻撃者と、それに爽快感／解放感をおぼえてしまうギャラリー（大衆）の共犯関係にあるからだ。そういった愚劣な構図においては、正論は終始無力だし、批判をくりかえしても無意味なのだ。そもそも「議論」がなりたつような「土俵」がつくられていないのだから。かれら差別者は、真の勇者が社会的弱者をイジメたりしないこと（勇者には弱者をイジメる動機がないし、ほかにすべき課題が山積している）、そして自身が実は隠蔽された「よわむし」にすぎない現実（真に有能ではないので、有害無益な言動で時間つぶしにうつつをぬかすほかない）から、めをそむけている、真正の意味での卑劣漢だ。しかし、そのおおくがしばしば政治的・経済的有力者だったり、有名タレントだったりするので、「はだかの王様」だと、だれもいえずにいたりするだけなのだ（あるいは、正当な批判が徹底的にマイナー化されて、大衆にとどかない）。

　その意味では、ジャーナリズムとアカデミズムが「負の配慮表現」の伝染抑止に連携できるとすれば、「負の配慮表現」を「抗原」として拒否できる「抗体」づくり、いわば洗脳・煽情されない知性・倫理観を維持できるよう、「ワクチン」を大量生産・配信することだ。しかも、インフルエンザ・ウイルスのように突然変異する「抗原」に即応できるような「抗体」づくりをサポートする作業。もちろん、配

「IS」etc.）をもたらしたかの検証・自己批判などは一度もしたことがないだろう。湾岸戦争もベトナム戦争も朝鮮戦争も、すべてみんな、自分たちのせいではないのである。その意味では、いまだに日中戦争・アジア太平洋戦争を清算できずにいる日本国民と大差ない。

給さきは、マスメディアと教育機関である[52]。ヘイトスピーチを助長するような卑劣といってよい商業主義が、不断にはずかしくなるような風潮をつくるべく。「バカが伝染する」体質を遮断すること。「負の配慮表現」の感染力にまけないための、「てあらい」「免疫力アップの栄養摂取」とはなんなのか、じっくり対策をねらなければなるまい。

　一方、エリート層を「おとす」ための知的遊戯としての「負の配慮表現」の開発を提案したが、ここの適任は、文学関係者やジャーナリスト、広告業界の住人たち

---

[52] ただし、くれぐれも注意が必要なのは、アメリカでの"politically correct"志向の表面上の「ことばがり」のような方向性には絶対おわらせないという点だ。表面的な「ことばがり」運動への反発は一片の真理があり、実際事態を好転させる保証がないばかりでなく、問題を隠蔽するだけにおわる危険性がたかいからだ。"politically correct"志向は、「表面上の不適切な表現さえかりこめば、とりあえず差別行為を封印できる」という、楽観主義にもとづいた功利主義といえる。しかし、アメリカでのトランプ旋風や日本での同和教育の失敗でもわかるように、「差別語（不適切表現）リスト」を暗記・実行させ、あたかも差別意識がないかのようにふるまう偽善を強要する抑圧教育なのだ。差別・排除したいという動機をけせずにいる層に、「つかうな」という抑止をしていても、それは「地下」に潜伏し、マグマのようにエネルギーをためこむだけだ。それは匿名掲示板やトイレの個室、なかまうちだけでの会話などで流通しつづけるだろう。たとえば右派の再生産される土壌がのこるかぎり、排外主義的口調はサブカルチャーとして伝染しつづけるだろう。公教育空間やマスメディアが偽善に終始しつづければ、一層ネガティブなヒロイズムとして侮蔑表現は伝染しつづけるだろう。犯罪者など反社会的人物がしばしば称揚されてきたように。
　もちろん、数世代にわたって「差別語（不適切表現）」が公然化しなければ、少数の差別者だけが継承するマイナーなサブカルチャーへと変貌をとげ、実質的に差別意識を誘発・伝染させる回路を激減させる可能性はある。たとえば都知事選での暴言「厚化粧の大年増」などは、あと十数年もたてば「大年増」が死語化し、たまたま噴出したにしろ、「化粧がこすぎると、攻撃しているらしい」というニュアンスがつたわるだけにおわるだろう。ほぼ「死語化」した差別表現である「土人」「シナ人」も、徹底的な死語化キャンペーンが最終的とどめをさすかもしれない。しかし、「大年増」などとはことなり、帝国主義がもたらした「未開人」「野蛮人」イデオロギーや、「日清戦争以降（ときにアヘン戦争以降）の中国大陸」を軽侮する意識（それは、「三国志」ブームなど漢文文化圏としての大中国への親近感・崇尊の念と共存する）などは、そうそうなくなるものではあるまい。特に、罵倒／侮蔑に援用される「シナ人」イメージは、軍事大国／経済大国として直視するほかない存在におびえるショービニストたちにとっては、嫉妬心や焦燥感／恐怖心もあいまって、数十年をおひきそうな予感がする。そういった風潮のもと、「シナ人」という表現だけを封印することで、対中蔑視までも伝染が阻止できるとはおもえない。

だとおもうので、期待したいものである。この領域は、社会現象としての言語表現の解析ではなく、社会現象・社会運動たりえる、あらたな着想・表現の「発見」「洗練」なのだから。

第2部

「言語現象」の知識社会学

第**4**章

日本語漢字とリテラシー

【本章のあらすじ】
　日本文化特殊論の大半は幻想・神話のたぐいだが、日本語漢字表記の非合理性は日本列島・琉球列島独特な文化現象といえるし、それが日本文化の独自性で不可避の現実であるといった合理化は、日本特殊論という典型的本質主義である。そして、このガラパゴス的言語文化についての神話、正統化＝正当化イデオロギーは、基本的にうたがわれることがない。
　この神話的空間の異様さは、世界でも突出して適応困難だといわれる表記体系が明白な非関税障壁として、列島外出身者を徹底的に排斥するシステムとして機能する一方、日本人のリテラシーのたかさと知的優秀さを象徴する体系だという主張がくりかえされる点だ。この独善的な信念は、一種の民族宗教として機能していて、残念ながら、近代言語学が導入されて以降の研究者・言語改革運動による啓発を徹底的にはねつけてきた。
　理論的には、あべ・やすし、かどや・ひでのり、角知行らの所論によって、完全に現行表記の非合理性は立証されつくされ、つけくわえるべき知見は消失しつつあるが、あべらが着目するように、障害学的なユニバーサルデザインの観点からも現行表記の非合理性は長期的には改善されていくであろう。さらにいえば、近年急速に進展・定着したICTが、てがき漢字表記というモジ文化を空洞化・変質させる可能性も急増した。たとえば、教科書体といった毛筆イメージをなぞる活字・硬筆習字文化は崩壊し、キイ／タッチパネル／マイクを介して入力されたディジタルデータを電子的な画面や音声化で確認するというモジ処理が一般化するというかたちである。ICTによって漢字文化が不滅となったと信じるむきがあるわけだが、漢字文化の物理性が崩壊し、その字形を必死に維持・再生産するという心理的・経済的コストが消失していくであろう。参照データなしの「自力」幻想も、退潮していくだろう。記述式入試選抜といったリテラシー／学校文化も当然変質することになる。

1. はじめに

　本論では、漢字文化圏のなかでも特異な空間といえる「日本列島」、それも国民国家としての「日本」が成立し「出版市場」「国語」が確立したナショナルな空間（おもには高度成長期後）でのモジ生活の実態を、漢字表記を軸に再検討する。

　そもそも、基本的に日本文化特殊論の大半は幻想・神話のたぐいだ。しかし、すくなくとも日本語漢字表記の実態は、日本列島・琉球列島独特の文化現象といえる[1]。しかも、近代化の過程で大した合理化がすすめられることなく[2]、「伝統」＝歴史的恣意性が偏重されてきた。この近代社会のなかで突出した独自性、リテラシーを中心としたモジ生活の実態と神話との関連性は、すぐれて知識社会学的な課題といえよう。現代日本では、正書法として漢字・ひらがな・カタカナという3体系が混在・分業することが自明視されている（ローマ字・アラビア数字・数学記号もかぞえれば6種）[3]。それらを駆使することが市民＝ひとりまえの成人であるとみなす規範意

---

[1] ここでは、『台湾万葉集』をはじめとする「残留日本語」「遺棄日本語」現象や、日系人社会ほか、日本列島外のポストコロニアルな日本語現象は、議論を単純化するために捨象する（ふるかわ ほか 2007、やました 2007、やすだ 2011）。また、アイヌ語表記や、琉球列島－日本列島間での表記現象の異同とその経緯という、すぐれて社会言語学的な課題も、紙幅の関係上割愛する。

[2] もちろん、「変体仮名」の整理や句読点や「　」など印刷業界用語としての「約物／役物（やくもの）」の整備など、近代的合理化はなされたという見解がでるだろうことは、充分承知のうえである。しかし、1種類のモジ体系でかけない。表記のユレがアナーキーに放置されている。わかちがきの未定着、など、その合理化は不充分そのものだとおもわれる。

[3] 網野善彦（日本中世史）は、「日本の文字社会の特質」（あみの 1990＝1993: 355-404）という議論において、漢字・ひらがな・カタカナの3種混用による7種類のモジ表現をもち（＝2×2×2−1）、しかも幕藩体制下の本州・四国・九州など広域で「文字社会の均質性」が達成されていたと主張した（同上: 356-9、あべ 2010a: 83-7, 103-6）。現代日本でも、3種のモジ体系の混用で大半の表記実態がカバーされているが、7種類のモジ表現をもつ日本人といった議論（＝俗流日本人論）を展開するなら、異論はいくつも発生するだろう。おもいつくだけでも、①漢字だけ、カタカナだけなど、〈1種専用〉の文書は、かなり特殊である。②すくなくとも20世紀後半以降、アラビア数字やローマ字をふくまない〈3種混用〉だけの文書はかぎられる。③あべ・やすしも指摘するとおり、点字の存在など、〈3種混用〉の外部に位置する層など多様性を無視した「文字社会の均質性」論は、暴論である……など。なお「約物／役物」につ

識が実在するという意味で、世界史上特異な時空というほかない。その特異性を規定し、それを形成してきた動向を知識社会学的に相対化するため、雑誌『社会言語学』、および、かどや・ひでのり／あべ・やすし編著『識字の社会言語学』(2010年)ほかでの既存の蓄積を基点として論点整理したうえで、特異性にともなう諸問題とその意味を再確認していく[4]。

　　いては、紙幅の関係上議論から割愛している。
　　　日本列島上に普遍的な、慣用にそった漢字表記の混在が、訓・あて字・おくりがな……などとして、表記実態をつねに不安定化させ、利用者の負担になることは、四半世紀ちかくまえに野村雅昭が指摘していたし、再三問題視されてきた（のむら1988=2008、ましこ 2003: 104-7、2004a: 203-220）。後述する「ふさわしい表現」という規範意識がつきまとう、非常にやっかいな問題である。
　　　また、これも後述する、モジ情報の音声化作業などともからむ問題がある。モジ体系の混在状況を識別する過程は、対立要素の視覚的識別はもちろん、かりに音声として等価であっても、さまざまな混乱をきたすのである。視覚情報として識別が困難なのに言語的意義がことなる対立情報として「ハ／ハ」「ロ／ロ」「ト／ト」「カ／カ」「エ／エ」「タ／タ」「オ／オ」「セ・ヒ／セ」（いずれも、漢字／カタカナ）、など、音声が等価でも語彙上の機能がことなる対立情報として「二／ニ」（同上）、文脈によってことなる「千／チ」（同上）や「ケ」（「箇」および「が」の代替とカタカナ）などは、視覚障害者のみならず、校正時に実際上、さまざまなミスを誘発していると推定される。

[4]　なお、「リテラシー」ではなく、「よみかき」という表現を積極的にとる論者もいる。「よみかき研究という表現は、いまのところ　ほとんど　つかわれていません。グーグルの検索でも　でてくる表現をあげるなら「識字研究」や「リテラシー研究」などでしょう。ここでは識字やリテラシーといった、一般的に　あまりなじみのない表現をさけて、よみかき研究としています」（あべ・やすし「よみかき研究」http://www.geocities.jp/hituzinosanpo/yomikaki.html）。しかし本論では、術語として定着した「リテラシー」をもちいる。次節でとりあげるとおり、「リテラシー」「よみかき」双方の概念には、微妙にズレもある。ちなみに、漢語が物神性をもつことや文化資本として政治性をおびることへの抽象的な指摘は、1991年論文（ましこ 2002b 所収）でおこなっているが、筆者が表記の恣意性・差別性にはっきり言及し全面的批判を展開したのは、ましこ（1993）以降といえる。ましこ（1993）を全面的に改稿したものとして、ましこ（2002b=2014e）、議論をうけてリテラシーを軸に漢字擁護論イデオロギーを検討したものとして、すみ（2004）。

2. 「理念型」としてのリテラシー

「リテラシー」という現行の用法は、おおむね3種に分類できるとかんがえられる[5]。

① もともとの「よみかき計算」を軸とした、素養イメージ（原義）。
② 「会計リテラシー」「統計リテラシー」「読譜」など、意味拡張。
③ 「クリティカル・リテラシー」「文化リテラシー」「メディア・リテラシー」「コンピューター・リテラシー」「科学リテラシー」「人類学リテラシー」[6]「ヘルス・リテラシー」[7]など、比喩的用法。

最近の「流行」のような第3類は、もはやアナーキーな様相をしめしており、モジ活用を議論しようとする社会言語学関係者にとっては、第3類は、考慮する必要性があまりない[8]。しかし、第2類は、原義である第1類をとりまく社会環境が激変

---

[5] もちろん、「メディア・リテラシー」は②ではないかなど、疑問をもつむきもあるかとおもう。しかしここでは、実態・現実としての異同をなるべく厳密化しようというのではなく、当座の分類として、「素養」「拡張」「比喩」としている。

[6] 池田光穂「人類学リテラシー」（http://www.cscd.osaka-u.ac.jp/user/rosaldo/031213anthrol.html）

[7] きたざわ（2008）および、なかやま（2008）など。

[8] E. D. ハーシュらが着目する「文化リテラシー」（具体的文脈を把握するために、事実上必要とされる背景知識）以外は、おおむね「システムの基礎知識」か「だまされない能力」といった共通性をもつようにおもわれる。これらの用法（造語）が一般化しつつある背景には、「リテラシー」をみにつけるべき素養であるといった当然視・自明視が使用者周辺に一般化しているからであろう（「文化リテラシー」のばあい、論者からは素養の一部と位置づけられてきた）。しかし、「社会学リテラシー」とか「社会言語学リテラシー」といった理想が夢想でしかないように、第3類の具体例の大半は業界関係者の願望でしかなさそうだ（「文化リテラシー」のばあい、政治的争点になっているが）。文化リテラシー概念の成立・定着の経緯とそれをめぐる論点としては、こやなぎ（2010: 122-141）。

なお、皮肉なことに、近年は原義周辺の用法が主要テーマではなくなっているようだ。たとえば、日本語教育関係者の先端的な問題意識を反映してきたはずの『WEB版 リテラシーズ』（くろしお出版）で、「素養」イメージでかたれそうな論文はほとんど皆無である。例外は、シリーズ第1巻1号（2003）所収の田中里奈＋牲川波都季

していることもあって、無視できない用法であるとおもわれる。「素養」とされる水準は、当事者が包囲されている情報環境次第で、あきらかに変動してしまうからだ。

　その意味で「リテラシー」の本質を、菊池久一が「最小限必要と判断されるマークの読み書きをおぼえること」と「定義」したことは、意義ぶかい（きくち 2003: 51）[9]。「最小限必要」うんぬんといった要求水準の変動の、現実と政治性をおさえ、かつ本質をするどくきぼりにしているからである。実際、経理部門では財務諸表の「よみかき」が要求される。西洋古典音楽と現代音楽業界では楽譜の「よみかき」が自明視される。電気関連の技術者であれば、回路図の「よみかき」が素養だ。これらは、一般に「専門知識」とみなされてきたが、「帳簿がよめない」「楽譜がよめない」といった表現にあるように、ある文化集団への参入資格の中核が「マークの読み書きをおぼえること」＝「素養」となる。そして、菊池、そして神林信之が着目するとおり、「必要最小限」を判断する基準設定は、すぐれて政治的だし、本質的に恣意的になるほかない（かんばやし 2008）。

　　何をして「最小限」だと判断されるのか．またするのか．誰が．カリキュラムや「〜リテラシー」をめぐる議論は，つねにこのような問題から逃れることはできない．かりにこうした問題圏から逃れおおせたかにみえる議論が展開されうるとすれば，たとえば，「A国に送り込むスパイをいかに効率的に養成できるか」といった，特定の，短期的目的が（比較的）明瞭な，限定的コンテクストのもとでなされるものでしかないであろう．なぜならそのような場合，誰がそれを望み，そのための最小限必要とされる能力もあらかじめ，

「識字教育と日本語教育を結ぶための文献紹介」であるが、これを直接うけた議論はみあたらない。同様の事態は、『可能性としてのリテラシー教育』と銘うった論集でもみてとれる（すけがわ・あいざわ編 2011）。国民国家のイデオロギー装置の側面をかかえる美術教科書の本質をみぬくといった、カルチュラルスタディーズの次元（クリティカル・リテラシー）で論じる先端的な問題意識は「拡張」ないし「比喩」といったイメージで位置づけが可能だろう（みずの 2011）。一方、「サバイバルのための文学教育―情報リテラシーの養成と文学教育―」と題する、もっとも「リテラシー」論らしい論考（すけがわ 2011）も、大震災など非常時とはことなる、第一言語話者の日常的な漢字利用実態などは一顧だにしない。

[9]　これは、「定義」というよりは、「理念型」とよぶべきだろうが。

おおむね理解共有されているからである．　　　　　（きくち 2003: 341）

公教育のばあい、「素養とはなにか」はともかく、おそらく原理的に「必要最小限」そのものが確定できない。たとえば、医師法が規定する医師国家試験のような国家資格などを例外とすると、高等教育修了という学位等での「必要最小限」の本質（質／量）など、あいまいなものだ。そもそも、後期中等教育段階以上は、存在自体、政府をもって「義務教育でない」＝「必要最小限をこえている」と公言していることを意味する。

当然、中等教育における「〜リテラシー」をどう限定するかは、しばしば政治問題化しさえする。いや、「義務教育」と称する空間にもちこまれる「素養」概念自体、実は文部科学省が学習指導要領等で事実上「国定」としてあたかも決着ずみにみえるにすぎない[10]。歴史記述の政治性はともかく、自然・数理系カリキュラムに関してさえ、「必要最小限」問題の恣意性は回避できない。たとえば、「ゆとり教育」での「台形の面積」「円周率3.14を乗ずる計算」などを「リテラシー」とみなすかどうかの件などは典型である。各界の有識者によって学習指導要領が策定されるなか、「最小限必要」に異論の皆無な「合意」などありえそうにない。そんななか、義務教育では、表記体系の混在・分業が自明視されている現代日本語表記を前提に生徒の社会化をはかってきた。教育言語の正書法という基盤自体の正当性／正統性問題という基本構造がありながら、自明視ゆえの恣意性問題の隠蔽ないし無自覚が維持される。リテラシーという次元でも「必要最小限」がなんであるかが実は恣意的である

10　戦後日本のばあい、政治権力からの一定の自由・自律性をアカデミズムにあたえ、大学等を実質的アジールとして容認してきた（学問の自由）。しかし、中等教育段階以下には介入が当然視され、科学の自浄作用などは軽視されてきた。それは沖縄戦の記述に、生存者と関係者から文部科学省と族議員らの政治介入に反発がわきあがったのは記憶にあたらしい。しかも、岡本智周がのべるとおり、歴史叙述は①事象記述の視座が無限に設定でき解釈も無限にふやせる以上、特定の見地からの説明という限定性をおびる（おかもと 2008: 43）。②学習時間の総量や教員・生徒間のコミュニケーションの質という限界を前提とし、具体→抽象、単純→複雑などの教育的知識の序列化等、諸制約のもとで素材の質・量を厳選する必要がある（叙述−教育環境間に宿命的なボトルネック）。「特定の教育的知識の正当性をめぐって歴史教科書論争が繰り広げられる」のも、以上のような宿命的構造の産物である。そして、後述するとおり、歴史上の固有名詞を正書法と学界標準にそって表記するという課題が「基礎学力」とされる。ここにも取捨選択・表記双方での恣意性はからまる。

のに、問題化しないのである。公教育が前提とする「必要最小限」イメージとその恣意性は、実は社会構築主義の格好の素材である。

そして、3種類の表記体系が混在・分業という現実には、漢字表記をめぐる諸問題がついてまわる。しかも、そこには、てがき文書などで凝縮されるとおり、「ふさわしい表現」という規範意識がつきまとう。中核となるのは、おおよそ3つの軸だろう。

① 固有名詞を筆頭とする慣用的表記遵守の圧力。
② 「漢字表記すべき部分」という暗黙の基準＝規範意識（恣意的でユレをともなう）が決する、複数種の体系の混用実態。
③ 判別可能かどうかという機能主義とは別次元の、「きちんとした」ないし「うつくしい」書記という規範。

これらは、現代日本、とりわけ官僚制が支配する諸領域で、居住者・利用者が陰に陽に要求される文化資本を決定するものだ[11]。たとえば大学入試などの記述式問題で、歴史名辞の一部誤記でも誤答とする処理が自明視される。「表記ミス」＝「おぼえそこない」という認識が共有化されているわけだ。おそらく、筆記結果に、単なる学力以上に、身体化した文化資本の産物の質／量差をみている。それは学界等の合意をうけた教師集団の規範意識（固有名詞を漢字・カタカナ等で「正確」にうつしとり記銘する姿勢）に従順な姿勢のあらわれであろう。教科書・歴史辞典などで標準化された表記をそっくりコピーする能力。そこでは、おそらく「きまじめさ」「従順さ」といった「徳目」までも一緒に「測定」している。そこには、てがき履歴書などに要求される記載の正確さ＝「誠実性」「安定性」など心身の産物という疑似教育学的図式が共有されていると推測される[12]（2章4節参照）。

11　このうち、肉筆にともなう規範以外の無数の恣意性の事例集としては、たかしま（2001）、ささはら（2006, 2008）、ここま（2008）。ちなみに、ここでいう「文化資本」は、社会学者ピエール・ブルデューらが1970年代から提起した、家庭と学校を主要な空間として継承・再生産される広義の知識をさしている（ブルデュー／パスロン＝宮島喬訳1991）。

12　これら心身への無自覚なイデオロギー的介入は、おそらく「てがき文字」「左手書字」等の諸問題とからまる現象とおもわれる（なかの2008, あべ2003, 2010b）。

上記のリテラシーのもつ恣意性、政治性、規範性を隠蔽してきたのは、おそらく「機能性」というイメージであろう。たとえば教育学的には、ユネスコなどの識字統計でもちいられてきた「機能的リテラシー」という把握が世界標準となってきた[13]。しかし、この通常の生活をおくるうえでのモジ情報処理能力というものの基準が存外むずかしいことも事実である。羞恥心や差別もからまることから、何らかの機能不全・障害が発生したときにだけ露見するのが「機能的リテラシー」の欠落という現実の実態だし、分野・領域ごとに境界線付近に位置する層は存外おおそうだ。おそらく、「ボーダー」領域も相当量のグラデーションをなしているであろう。

　また、角知行が着目するとおり、「機能的リテラシー」の基準とは、支配的勢力の利害に奉仕する能力概念ではないか、と左派系の批判がでている点もみのがせない。「機能的リテラシー」という概念は、識字能力の社会的機能・実態に即した基準として、調査理念としては前進といえるにしても、その無自覚なイデオロギー性も明確化してきたわけだ（すみ2010: 175-80）。兵役が一定以上の心身状態を要求するのと同様、経営者・管理職は産業戦士たちに一定以上の心身状態を要求する。それを無自覚に追認するような概念こそ、「機能的リテラシー」イメージの内実であり、そこでは多様な心身状態の分布は、あらかじめ排除されているのだから。そして「大学教育をうける基礎学力」などといった論理で入学選抜を自明視し、期末試験等でも種々の「リテラシー」を測定しつづける教員たちは、「機能的リテラシー」イデオロギー、といった批判をまぬがれられまい[14]。

13　機能的リテラシー概念の成立・定着の経緯とそれをめぐる論点としては、こやなぎ（2010: 49-92）。

14　放送大学を修了するためには、要求された単位数を履修合格する必要があるが、科目履修だけに禁欲するなら、そういった拘束はなくなる。いや、単位修得を証してもらう必要がないなら、放送を受信できる条件さえそなえれば、自由に受講することができる。そこには入試選抜など排除原理がはたらかない、自由に開放された知的発信がある。受講生に充分な理解能力がそなわっているかどうか、といった選別の意識が介在しようがないのである。
　　介助者・翻訳者・大学講師の、あべ・やすしは、「人権教育は、ありえない」というブログ記事で、一般的な教育空間が教員にとってつごうのよい、知的能力／意欲をそなえた「従順な学生の選別」を前提としていると指摘し、「意図していなくても、人権教育の授業もまた、少数派の排除によって成立している」「人権をおしえながら、さまざまな少数派が自分の授業に参加していない」と皮肉った（あべ2008）。

3. 障害物としての漢字

　さて、漢字による無自覚な差別を鮮烈に意識化させた論文「漢字という障害」が発表されてすでに10年以上たつ（あべ2002, 2006）。表題の「障害」という表現はもちろん、「障害学」（disability studies）周辺の文脈での、支援を要する弱者をとりまく「社会的諸障害」という文脈でもちいられている。しかし、「漢字」が視覚障害者の人権をそこなう障害物であるとする批判的視座は、実は、梅棹忠夫（うめさお1990）、ましこ（1993）などが90年代前半すでに提起していた。《現代日本における漢字表記は機能的で日本社会の優秀性を象徴するものだ》といった支配的風潮を批判し、《日本語漢字はなかでも情報弱者を構造的に再生産・差別する装置になっている》という指摘が前史としてあるのだ。《障害とは例外的少数の弱者＝要支援層の心身の問題であり、社会の余裕に応じて恩恵的かつ家父長的保護主義で対応すべき現象》という一般的認識に対して、《高齢者や傷病者となる可能性や、幼少期というケアが不可避な時期をふくめて、弱者にまわるリスク、ないし弱者であった時期をヒトはかかえる宿命をおっている》というのが、「障害学」周辺の「社会モデル」（Social model of disability）である。梅棹らは、《モジ表記の改革という理念が、ICT社会のなかにあっても時代おくれでない》と、障害者差別の視点からすでに提起していたのである。

　あたかも、《欧米社会からはコピーすべきものがなくなり、欧米社会をふくめた世界が日本の独自文化に着目しコピーすべき時代が到来したのだ》といった、いまもつづく風潮。その中軸に恣意的な漢字用法をふくめた日本語表記があることをみてとり、梅棹は中途失明者という当事者の見地から、ましこは、社会学の生活機会や差別現象という視座から、無自覚でナショナリスティックなうぬぼれ＝誇大妄想を指摘したのだ。そこには、ワープロが定着、パソコンの長足の進歩が漢字表記の諸問題を全部解消するかのような技術革新幻想が定着し、社会経済的には"Japan as No.1"といった賞賛・自画自賛をもたらしたバブル経済とその崩壊といった時代状況があった。幕末以来、欧米化の一環としてモジ改革がかたられ、国語学・日本語学周辺では「国語国字問題」といった定番の術語をともなって議論が蓄積されてきたが、GHQの関係者の言動をいろいろとりざたしては、脱漢字化≒ローマ字化案

を日本文化の破壊工作[15]の一環＝謀略としてとらえる疑念が、現在もナショナリスティックにくりかえされる。《パソコンの処理能力と日本人の努力は、そういった危機を完全にほうむりさった。本当によかった……》といった論調で、過去がふりかえられるのである。日用の利用範囲を限定し合理化しようという戦前からの改革が「当用漢字」という位置づけだったのに、経緯がわすれられ、民族文化破壊の策動であるといった被害妄想的な誤解が支配的となり、ついには「常用漢字」といった事実上無制限なめやすへと変貌をとげたことも、こういったナショナリスティックなモジ意識の産物といえるだろう。

ともあれ、カナモジ論者やローマ字論者たちが展開した漢字（利用／意識）批判は、技術革新によって無効化＝時代おくれになったのではない。新来外国人差別や障害者差別として「障害学」的に再検討にあたいするとする90年代の議論が再検討・整理されたとおり、情報弱者や不毛な文化ナショナリズムの問題は「現在進行形」である[16]。

　　　　わたしは　いままで　生徒を　とおして　いろんな　おかあさん、おとうさんと　であってきました。そのなかには、ブラジルで　そだった　おかあさんも　いました。彼女の　こどもたちは　日本での　くらしが　ながく、ポ

---

[15] 右派ナショナリストたちが日本文化の破壊工作と位置づけてきたものとして、①国益目的で派兵できる軍隊の否定。②後宮の廃止など、広義の憲法への介入と、③食糧支援の名目による食文化の破壊（コメばなれ、サカナばなれ、ハシばなれの促進）。④漢字をはじめとする日本的伝統の破壊、……などがあげられるであろう。しかし、これらのほとんどは「伝統の創造」や「本質主義」などのナショナリスティックな大衆意識がもたらした事実誤認にもとづく被害妄想のたぐいであり（食糧支援は明確に政策的だったが）、モジ改革などは旧陸軍も積極的だった戦前からの課題であった。

[16] 「EPAに基づく外国人看護師・介護福祉士候補者受入れ」という名目のもと、フィリピン・インドネシアの現役看護師等を研修目的で来日させながら、保健師助産師看護師法上の無資格者として、補助作業と充分とはいいがたい日本語研修で長期間すごさせた日本社会。「外国人看護師国家試験 合格率11％に上昇 インドネシア人ら47人が合格」（『産経新聞』2012/3/26）といった報道でうかがえるように、例外的少数しか合格できない看護師国家試験が、漢字表記による専門用語を軸とした文化障壁であり、鎖国的な排外主義の典型例だったことは、記憶にあたらしい。あさと（2010）ほか参照。なお、情報弱者に焦点をあてた議論としては、かどや（2012）を参照。

ルトガル語より　日本語のほうが　じょうずです。学校からの　連絡や　先生とはなすときは、いつも　こどもが　彼女に　通訳していました。そんな彼女は、学校に　くるとき　いつも　けんかごし。「日本なんて　だいきらい」が　くちぐせでした。あるとき「日本語　いっしょに　べんきょう　しましょうよ」と　いってみました。すると　ものすごく　おこられました。「日本語　だいきらい。いっしょうけんめい　ひらがな　おぼえた。それだけじゃ、なんにも　わからない」この言葉に　かんがえこんでしまったのです。たしかに、町角の表示（おしらせ）は　ほとんどが　漢字で　かかれています。看板も　カタカナや　ローマ字が　いりみだれています。ひらがなだけ　しっていても　必要な　情報を　えるのは　むずかしい……、こどもたちに　きくと　「おかあさん、言葉が　わからないから　自分が　ばかに　おもえるんだって。ブラジルでは　学校の　先生　だったんだよ」と。彼女の　くやしくて　かなしい　きもちが、すこし　わかった　気が　しました。

（すぎむら ほか 2010: 161-2）

　上記引用文（原文はルビつき）には、つづいて、知的障害者の保護者のケースがでてくるが、あわせて新来外国人や障害者を無自覚に排除し情報弱者として構造的差別をくりかえす日本人の大半を端的にあぶりだす事例といえるだろう。構造的差別の主要因、差別者たちが無自覚に援用・放置してきた「装置」の主軸が、漢字表記の複雑性にあることは、あきらかである[17]。

17　漢字に適応できないのは、非漢字圏出身であれば普遍的な現実であり、それは本国で教員経験者だった上記のケースだけでもあきらかだ（日系人として来日している以上、そのコミュニティーは純粋な非漢字圏といえないことはもちろんである）。「漢字という障害」の排外性と課題を端的にしめす指摘は、たとえば、「DAISY（デイジー：デジタル録音図書）」をめぐる、つぎのような記述。
　　今、日本でブラジル人の子弟でブラジル人学校が経済危機で閉鎖になって、一般の教室に通うブラジル人子弟がいるんですね。〔……〕DAISYの教科書だったら日本語の漢字仮名まじり文がよくわからなくても、耳から聞き、文章を読めればよくわかるのに、という声がたくさん聞かれます。(河村宏「DAISYとEPUBは読書のユニバーサルデザインをどう実現するのか」(http://www.dinf.ne.jp/doc/japanese/access/daisy/seminar100709/daisy_and_epub.html) 日本障害者リハビリテーション協会情報センター『障害保健福祉研究情報システム（DINF）』)
　　さらに、達意の日本語習得者であっても、固有名詞をはじめとして漢字表記が障

あべ・やすしが指摘した「漢字という障害」をいま一度確認しておくことにしよう。あべは、盲人および弱視者を疎外する点を冒頭部で指摘している（第2節「盲人に対する障害物としての漢字」）（あべ 2006=2012: 132-143）。一部の例外をのぞけば[18]「点字で漢字をつかわない」現実があり、それが「なにかと問題視されやすい」と指摘する（同上: 133）。しかし、あべがのべるとおり、先天性の盲人のばあい字形を晴眼者のように確認した経験がないのであるから、視覚障害者用ワープロソフトを駆使しても、漢字使用に構造的困難をかかえている。盲人の福井哲也が指摘するとおり、「移動図書館」と「人事異動」の「イ」、「太平洋」と「大西洋」の「タイ」、「三洋電機」「松下電器」「日本電気」の「デンキ」などのちがいは説明困難だ。「共同」「協同」のつかいわけ。「異和感」ではいけない理由など、合理的根拠にできそうにない（同上: 137-9）。語源や慣用定着までの経緯など説明可能な研究者がいるにしても、大衆レベルにおいて、これらは単なる慣習でしかない。困難を承知で点字で漢字をあつかうことはもちろん（同上: 133-7）、漢字選択を実行するための「詳細読み」などコンピューターによる音声化作業に余計な時間・精力を要求される（同上: 138）。福井が指摘するとおり、「音読みと訓読みの関係、どの熟語にはどの漢字が使われるか、同音異字の使い分け」、「どの言葉を漢字で書き、どの言葉を平仮名にするかといった知識が必要とされる」晴眼者たちの慣用・規範に先天盲や早期の失明者が適応するのは困難だ（同上）。倉本智明が指摘するとおり「視覚的な認知を前提としてはじめて有効に機能しうる」のが漢字表記なのである（くらもと 2000: 109、あべ 2006= 2012: 140）。

ちなみに、対面朗読利用者のたちばから漢字表記周辺の諸問題をユーモアたっぷりに指摘しているのが、二村晃である（にむら 2010）。同音衝突や固有名詞など慣用が、対面朗読サービスの深刻な障害になっていることが、たしかめられる[19]。対面朗

　　　害となっていることは、翻訳家イアン・アーシーのつぎの発言でもあきらかである。
　　　　　正確な読みがわからないとアルファベットでつづれない翻訳家として、日本
　　　　語の紛らわしい地名や人名に悩まされることがしばしば。そっくりそのまんま
　　　　仮名を振ってくれりゃいいのに、といつも思う。　　　　（アーシー 2001: 174）
　　　日本語話者が前提の定時制高校などでも漢字表記が障害となっている実態は、すぎむら（2009）。
[18]　一部の例外とは、「六点漢字」や「漢点字」など、点字技術を援用して漢字に対応する記号体系（あべ 2006=2012: 134-7）。
[19]　高齢者や障害者の生活支援としての「読み書きサービス」実現をめざす「読書権保

読サービスのボランティアたちが、日常生活のよみかきに不自由を感じていない点は重要だ。

ともあれ、盲人に対して当然のように漢字への適応をしいる議論が同化主義であり、「日本文化」のにないてとして盲人を排除する論理であるという、あべの主張はするどい。晴眼者たちの慣用・規範にあわせないと、ひとりまえの日本人でないかのような劣等感をうえつけ、わずかな「逸脱」をも、とがめだてる日本社会とは、無自覚な同化＝排外主義が支配する差別的な空間というほかあるまい（あべ 2006=2012: 139-40)[20]。

「漢字という障害」は、以上のような漢字変換周辺の問題にとどまらない。点字や音声でモジ情報を利用したい読者層にとって、「自動点訳／機械よみとりの精度をさげる漢字」という読書権の侵害という差別もある。「行った（おこなった／いった）」など、文脈でよみかたがきまるものや、同音衝突、固有名詞などが具体的に「障害」となるのである（同上: 142-3)[21]。リテラシーの実質水準を不必要にさげる過程とは、社会学者マートンが提唱した「逆機能」（dysfunction）そのものといえよう[22]。また、「漢字という障害」は、視覚障害者たちだけではなく、小学生以下の児

　　障協議会」の関係者は、「音訳」作業にともなう困難をつぎのように指摘している。
　　　　人名、地名、専門用語等は、特に気をつける必要があります。……難解な漢
　　　　字や語句よりも「えっ！こんな字を…」という簡単なもののほうがよく間違い
　　　　ます。……ですから、音訳者は、国語、漢和、古語、地名、姓名等々の辞書を
　　　　そろえています。（どくしょけんほしょーきょーぎかい 2012: 122-3)

20　一方、盲学校での指導での成功体験をふまえ、盲人に対して当然のように漢字への適応をしいる議論の典型としては、みちむら（2010)。「目の見えない子たちが、正確に漢字が書けるようになった！」との、おびコピーにもあるとおり、漢字学習を自明視しており、しかも、それを視覚障害をもたない児童たちへも援用可能であるとの確信をもった教師たちがいることがわかる。すぎむら ほか（2010）など障害学的な読書権・言語権論とは両極。

21　「読み上げソフト 固有名詞」などと、キーワード検索してみると、「読み上げ機能は、合成音声による自動音声読み上げの為、人名、地名、固有名詞、略語など、正しく読まれない場合がございます」（岩手県「音声読みげサービスのご利用方法」）といった同趣旨の「注意」が、自治体サイトから大量に確認できる。

22　"dysfunction" は、通常、男性機能の不能状態として頻出するが、マートンの指摘は、官僚制の機能不全など、社会構造がもたらす機能が組織本来の目的に逆行するなど、顕在・潜在をとわず観察可能な現象をさす（マートン＝森東吾ほか訳 1961)。つねに電子情報が提供される制度が保障されていれば、情報弱者が遭遇する問題は本来ほとんど発生しない（あべ 2006=2012: 141-2, 144-57、こーきょーとしょかんではたらくし

童など膨大な人口の学習権を疎外している元凶でもあるのだ。認知科学的な視座から漢字表記批判をくりかえした山田尚勇は、児童の読書量が欧米に比して極端にすくない原因が漢字表記にあること、百科事典等の参照文献にあたる際、漢字が障害となっていることを指摘している。また高校生の3分1以上が「腐った」とかけなかったという調査があるが、その原因は漢字を自明視した表記法のせいであり、たとえば「くさった」ならかけたはずと推定した（やまだ 2004: 14-5）。漢字が不可避的に増加させる同音異義語の弊害（音訓とも）ほか、さまざまな日本語表記の神話を山田は解体していくが（同上: 15-31）、山田の懸念は情報化社会における欧米等との格差拡大のみならず、「現用の表記法は日本文化を弱体化している」「国語教育への負担」といった、ナショナリスティックな憂慮だったおもわれる（同上: 8-15）。それは、まさに機能的リテラシーにおける「障害物としての漢字」への憂慮だった。

　もちろん、「障害物としての漢字」の逆機能は、「漢字弱者」（あべ 2006=2012: 153）に対してだけではない。学歴・生育歴などによる文化資本は、漢字表記を軸に残酷な差別的空間を再生産する（ましこ 2004a: 208-10）。機能的リテラシーという実態としての連続体は、充分さの基準が領域・社会ごとに微妙に、ときに非常にことなり、新参者は侮蔑的なあつかいをうけるのではないかといった恐怖感にとらわれるばかりか、年配者自身失態を演じないか不安をかかえているのが実情だろう。実際、審査されるがわは選抜制度でそれを体感し、審査するがわが「卑怯」にも入念に参照物を動員して権威を維持する。固有名詞の記述式入試等、サディスティックな通過儀礼を維持するため「障害物」にしがみついているのではないか。

　たとえば、『世界一難しい漢字を使う日本人』という漢字典がある（いしかわ ほか 2002）。以前紹介したときにはかきおとしたが（ましこ 2004b=2010: 155-9）、おくづけにこそ記載されていないものの、表紙およびカバーに「全英語訳付き」と明記されている。「執筆の動機や読者層の想定がいっさいかきこまれていない」し、「まえがきもなしに、いきなり1ページよみきり形式の漢字の表記と関連項目の解説（英米語訳つき）……が展開される」不可思議な体裁をとっている。「英米語に不自由ない外国人留学生などに、日本事情や日本文化といった科目名で日本語漢字をおしえるば

かくしょーがいしょくいんのかい 2009: 156-8）。「墨字」（紙面上に印字・てがきするという表記技術）と漢字混用という既存の慣習こそ、「文字弱者」をうみだしつづける元凶といえる。

あいを想定した刊行物なのかもしれない」と、一応の推定をのべておいたが（ましこ 2010: 156）、共著者のひとりは日本語教授法・日本語教育学を担当する教員であることが判明した[23]。「子どもの頃に出逢った漢字の素晴らしさ」「身近な160の漢字を通してわかった誇り高き日本人の心」といった、日本語（第二言語）利用者に無用なコピーがつけられたのには必然性があった。こういった漢字文化観が文化ナショナリズムであり、自慰的であるばかりでなく、後述するとおりマゾヒスティックな学習意識を基盤にしていることは、いうまでもなかろう。「世界一難しい漢字」を第二言語学習者にあてがう指導者になりたがる学生。それをうたがわない教育意識は、双方サディスティックにちがいない。そもそも「世界一」学習ないし駆使が困難な手段を共有するとは、サド・マゾ的なエリート主義を前提にした小集団の意識にほかならないはずである。学習ないし駆使が困難な文化体系は、「ガラパゴス的成熟」といったマイナー文化であり、受験数学の難問のように「暗号解読」めいたものになるからである。すくなくとも、学部にまなぶ一般的な留学生を対象とするような教育方針とは矛盾する[24]。万一大衆的普及をねらうなら、それは普通自虐的・自嘲的な姿勢でしかもたらさないだろう。

　知的障害者むけの新聞『ステージ』（全日本手をつなぐ育成会）が総ルビであり、小中学生むけポータルサイトの『Yahoo! きっず』の「よみがなツール」で「1、2ねんせいよう」が総ルビになることをみても、バリアフリー化にとって日本語漢字が障害物であることは、あきらかだ。さらに、『週刊こどもニュース』のばあい、「NHKの定例会見で打ち切りの理由として、番組の趣旨が「子供を対象としたニュース番組」であるにもかかわらず、実際の視聴者層は50歳以上の高齢者……が多くを占めていたことを挙げた」（ウィキペディア）ことは、成人にとっても、新聞・テレビが「障害」でみちていることを、うらがきしているといえよう。そして、いわゆる学術論文が、かながきできることは、ましこ（2002b=2014e, 2003）所収の論考など、1990年代前半からくりかえした作業で充分立証ずみだ。同音衝突等の回避による表現の識別問題は、点字や音声日本語と同質なのだから当然だが。

---

[23] 「諸星 美智直 教授 國學院大學 文学部 日本文学科－早稲田塾」2009年9月3日（www.wasedajuku.com/wasemaga/good-professor/2009/09/post_346.html）

[24] 留学生や小中高校への転入者への日本語教育で漢字が障害となる具体的構造については、すみ（2009）。

4. イデオロギー／文化ナショナリズムとしての高識字率幻想

　通常、日本語漢字を中軸としたリテラシーは、わざわざ検討する必要のない素養とされるか、経済階層や世代、学歴階層などとの関連で格差や学力低下問題としてかたられるかだとおもわれる。あえて乱暴ないいかたをするなら、日本列島上での主流派社会にあっては、リテラシーは問題化すること自体問題であり、通常話題にのぼらないといった意味で、「自明」なのである。

　たとえば、いまだに「文盲」（モンモー）という表現が死語になっていない現実をどうみるか？[25] そのばに不在の視覚障害者をわざわざ話題化することで、非識字状態を「欠落」＝「異常」だと無自覚におとしめながら表現しているわけである。近代以前には非識字層が大量にいたのに、そういった歴史感覚は完全に欠落し、モジ情報を処理しきれない人物を視覚障害者になぞらえるという感覚のソボクな差別意識の背景は、着目にあたいするだろう。

　近代期になれば、『識字の社会言語学』の編者のひとりが着目するとおり、非識字＝欠落状態をはじて、重罪にとわれてもかくしとおそうという人物が誕生する（ドイツ小説・映画『朗読者』）[26]（かどや・あべ編 2010: 13-5）。この小説の登場人物が出所日当日自死をえらんだ動機・理由はあきらかにされない。しかし、非識字＝欠落状態が、当人にとって「不幸」だったことを象徴していることだけは、あきらかだ。そして、心身の障害が「不幸」な状態として位置づけられ「リハビリテーション」

25　たとえば、クリストフ＝堀 茂樹訳（2006）など。
26　『朗読者』（Der Vorleser）は、ベルンハルト・シュリンクによる長編小説（1995年）。帰宅途中に発熱したおれた少年ミヒャエルは、たまたま看病してくれた女性ハンナと恋人関係となる。ミヒャエルはハンナにこわれて、トルストイの『戦争と平和』などを継続的に朗読することになる。しかし突然ハンナは失踪。大学生になったミヒャエルは、ナチスの戦争犯罪に関する裁判を傍聴し、被告としてハンナを認めることになる。彼女は強制収容所で看守をしていた。裁判で彼女にかけられた容疑は不当に重い罪であったが、彼女は抗弁せず、のちにハンナは無期懲役判決を受ける。ミヒャエルは過去に朗読が中断していた『オデュッセイア』を録音し、刑務所に送る。4年目、ハンナから手紙が届き再会。出所の準備を進めていたはずだが、ハンナは当日自死したかたちで発見される。

等の必要性がくりかえし論じられてきたように、「欠落」は多数派の「常識」「健康」「素養」などからの「逸脱」「異常」とみなされているからこそ「補償」の対象なのだ（しばしば「放置」の対象でもあるが）。

　いずれにせよ、『識字の社会言語学』ほかの議論があきらかにするとおり、「日本は突出して識字率がたかく、100％ちかい」とか、「近世期にすでに相当の識字水準にあった」といったイメージが「常識」となっている現実があり、それと同時に、これら支配的イメージは俗流イデオロギーのたぐいで、決して実証調査によって支持されることはないのも現実なのである。以前刊行した論文集『日本人という自画像』というタイトルをモジるなら、「多数派日本人の自画像の典型例としての高識字率幻想（イデオロギー）」といった概括を仮説としてたてられそうである。いわば「日本特殊論」の一種[27]として、「（近代欧米社会にまけない）高度の文化水準」というイメージがあり、その、ある意味不可欠の要素として「高識字率幻想（イデオロギー）」があり、その反証となるはずの諸事実を直視しない大衆意識（知識人の大半もふくめた）が列島をおおっているのである[28]。

　これら実証データをともなわない独善的な認識が支配的なこの列島は、いわば

27　表記体系に関する「日本特殊論」には、ほかにも、「表意モジである漢字がふくまれているので、表音モジ圏よりも速読できる（情報処理効率がたかい）」、「表音モジ圏よりも読字障害が発生しづらい（音読できなくても意味は把握している）」とか、「モジ体系が複数共存しているので、表現者の微細な感情をかきわけられる」など、さらには「字種・字形が複雑なので、芸術的な書記体系として表音モジ圏出身者にあこがれられている」などが、めぼしいものといえよう。「漢字ぬきにはなりたたない長所」という共通の論理構成をとっていることはもちろんだが、重要なのは、「日本列島に幼児期からそだたないかぎり、その真髄には到達しきれない」といった、排外主義的な暗黙の了解をともなっている点である。具体的な時空上の比較作業が不在で、ナショナリスティックでガラパゴス的な唯我独尊にすぎないが。

28　角知行は、支配的な俗説＝共同幻想の根拠のなさを第二次世界大戦直後の調査にもとづいて検討している（すみ2010）。ルビンジャー（2008）は、旧文部省や旧陸軍省などの調査を軸に推定できる識字実態の諸相を綿密にうきぼりにした。これらにより、20世紀までの日本列島において、地域差・性差などでの多様性が推定できることはもちろん、識字実態を記録する基準の多様性などもあきらかになった。また鈴木理恵により、すくなくとも19世紀以前の日本列島が、「（欧米や東アジアなどと比較して）相対的に突出した識字率をたもっていた」などと一般化することの神話性（非科学性・イデオロギー性）はあきらかだ（すずき2010）。これらリテラシー解釈にまつわりつく神話性が、漢字の日本的性格がらみであることはいうまでもない（ましこ2003，すみ2004, 2006）。

「漢字依存症候群」(ましこ 2003: 101) による機能不全からめをそらし、依存状態に対する自己弁護をひたすらくりかえすという、迷信への依存症状をともなっているようにみえる。ある意味、多数派日本人に支配的な漢字依存状態とその正当化志向という構造は、少数言語話者たちがアイデンティティの中核として第一言語をてばなさず、わすれずにいる姿勢・決断とは異質にみえる。欧米との異質性の誇示が、周囲の旧漢字−儒教文化圏≒東アジア以外に連続性を感じさせる空間をもたない「孤立感」のウラがえしであり、「異文化出身者にわかるものか」という、悲壮感をともなっているといっては、いいすぎだろうか？ 通常西洋古典文化への適応ぶりを誇示する支配的風潮とは、あい矛盾するともいえそうである。いずれにせよ、これらが後発国民国家として植民地化を回避した経緯とせなかあわせのナショナリズム現象の一種、しかも中核的現象であることは、たしかだろう。

　漢字依存症状態に対する無自覚は、当然のことながら、基本的素養といった共同幻想をもたらし、実際には多様なリテラシー水準が共存・対立している現実を直視できないことになる。さらに、根拠のない「識字率99％」神話などナショナリスティックなうぬぼれは、パターナリスティックな同化主義をもたらす。たとえば、日系ブラジル人児童などへの日本語教育現場などで再三みみにするのは、漢字のかきとり練習や、かけ算九九の強要である。差別的な規範主義者が大半をしめる日本社会で、排除・攻撃の標的とならないために、漢字がかけた方がリスク回避がしやすいことは現実だろう。しかし、これらのパターナリスティックな姿勢には《漢字を日本人なみに駆使する能力をみにつけないかぎり、ひとりまえあつかいされなくてもしかたがない》といった無自覚な差別・排除意識が貫徹している[29]。そして《現代日本語に漢字をはじめとした非合理的なシステムを自明視し放置しておいてよいのか》という自省も、もちろん欠落している。こうした意識・態度は、視覚障害者に

29　介護士の前身として病院で介護労働を実質的にになっていた「付添婦」職に、1990年代前半は日系ブラジル人女性が「デカセギ」として来日するようになった。この時代、東北地方からでかせぎできたある女性が日系ブラジル人女性にむかってはいたセリフのひとつが「ブラジル、この字読めっか」であった。それはもちろん自身の漢字力をひけらかし、みくだすためである（ましこ 2003: 125）。漢字力の格差は、学力差として差別化に利用されるばかりでなく、モラルハラスメントの手段ともなるのであった。術語を漢字表記で駆使することを要求する看護師試験が自明視され、外国人研修生にも同質の「漢字力」が要求されたのは、「付き添いさん」間で発生したハラスメントの本質をより洗練化させたものにすぎないといえよう。

漢字をつかわせようとする教育関係者とか、夜間中学のとりくみの美化とかを介して、同化・差別に指導者たちを無自覚に加担させるイデオロギーの具体的表現である。

　それにしても、山田尚勇による《情報化社会における欧米等との格差拡大》といった、ナショナリスティックな懸念の妥当性はともかくとして、「機能的リテラシー」の平均値・中央値・最頻値などを総じてさげそうな日本語漢字の逆機能に、OECDのPISAの結果に一喜一憂し教育制度改革をさわぎたてるナショナリストたちが着目さえしないのは、不可解である。総力戦体制志向をいいとはおもえないが、かれら愛国心の自己矛盾は明白なのではないか？　それとも、話者数千万人以上の数十種におよぶ大言語のなかで、相対的に突出した機能的識字率をほこっているという信念を共有しているからこそ、新自由主義的合理化を度外視したガラパゴス的空間を温存し、文化資本上の序列化をあえて維持するのか。「うつくしい日本語文化」の輸出論も帝国主義的であやしげだが、ガラパゴス的楽園式の文化的鎖国も異様である。

5. 身体化された文化資本としてのリテラシーと今後

　マクドナルド化が進行中の大学でも、国語系の入試は無論、固有名詞記述を自明視する日本史・世界史等の採点で、点画の「欠落」だけで誤答あつかいをうけることは、しばしばなど、てがきへの教員のこだわりは強固だ。点画の「欠落」は記銘ミスであり、公教育＝アカデミック・イデオロギーに従順ではない心身の表現形なのだろう。「選択肢形式の出題だと、ウロおぼえと確実な学習との差がつかない」という採点者たちの認識は、参照無用の記銘ができているかどうかを、てがき実践によって測定すべきという規範意識にのっとっているのだ。こうした参照無用の記銘要求＝独力イデオロギーは、漢字表記を自明視した固有名詞などふくめた「慣用」実態によって、まさにサド・マゾ的な同化教育＝ハラスメント空間を再生産しているといえよう。

　このように、各種記述式学力試験は、基本的に参照無用の、個人にきざみこまれ

た記憶・認識パターン能力を前提にしている。サディスティックかつマゾヒスティックな主体間での身分関係の確認行為という悲喜劇的構図。これは、まさに、リテラシーが「身体化された文化資本」として再生産され、はなしことばと連合するかたちで自他意識の境界線を形成し、当然差別排除に援用される装置として機能していることを意味する。はなしかた教室や書道教室、ペン習字（通信教育）などが存在するとおり、出身地域や階級・階層は少々はカムフラージュできる。しかし、それは経済資本や社会関係資本が文化資本に転化するなど、相互に通底している（ブルデュー）という次元でのはなしである。経済資本や社会関係資本でカバーするだけの資源をもちあわせない個人・小集団は、身体化された文化資本を刻印として一生せおいつづけるだろう。なかでも、差別・排除性がもっとも深刻なのが肉筆といえよう。本格的な文化資本とされる行書表記は読者にも読解を可能とする文化資本を要求し、「悪筆」コンプレックスをかかえる層は、吃音障害などと並行して、かなり伏在していそうだ。すでにふれた「てがき文字」「左手書字」等の諸問題（あべ 2003, 2010b, なかの 2008）は、少数派の個性などもふくめ、多数派優位の制度、富裕層優位の威信秩序などがからまっているが、本質的には障害学的な「不器用さ」という軽度障害などと連続性をもつ[30]。

　また、小学校の教科書においては、毛筆時代の字体を活字化した「教科書体」という印字パターンがもちいられるが、中等教育・高等教育をふくめて、成人的な空間では、明朝体・ゴチック体を判読しつつ「教科書体」的に翻案して筆写するという、複雑な学習過程が自明視されている。ここに既存の国語科や周辺の書写・習字教育により筆順幻想をはじめとした規範意識がもちこまれることで、学習障害児をはじめとした諸層に一層の混乱と苦痛をあたえていることはいうまでもない（あべ 2003, 2010a, なかの 2008）。そもそも、てがきモジはアナログ記号であり、「正解」などないのだから[31]。官僚制と、「正解」を基本的には単一化したがる学校文化の構造

---

[30] 障害者と同様、ひだりききをパターナリスティックに矯正してきた「右利き社会」は、当然書道をはじめとしたモジ教育でも、身体論的に異端視しつづけてきた。コンピューター時代をふくめた議論については、おーじ（1998）。

[31] 言語学者はもちろん、文部科学省さえおしつけていない規範を、学校教員がなかば妄想的に恣意的な規範で、「とめ・はね」をとがめだててきた傾向については、長野県梓川高校放送部「漢字テストのふしぎ」（ビデオ作品、2007年）とそれを論評した、なかの（2009）、および本書第2章参照。教科書体の小学校教員らによる物神化のメ

圧力＝規範意識が、実用性とは無縁で不毛な差別・排除をもたらすのである。

ともあれ、コンピューターの長足の進歩だけでなく、隣国中国の漢字政策もあり、日本列島の漢字表記もあと数十年は維持されることだろう。そして、漢字をもちいない表現物は、幼児・障害者ほか非識字層むけとみなされつづけるだろう[32]。しかし同時に、ケータイをふくめたコンピューターによる日本語処理によって、「ただしく漢字表記を選択できればいいではないか？」という、かつてないリテラシー概念が定着しつつあることも事実だろう。かつて漢字批判派のおおくが、日本人の辞書依存状況を皮肉ってきたが、それらの大半は、「てがき幻想」にとらわれた議論にすぎない。そもそも、外部化された参照システムに依存する現実を自立的でないと過小評価する発想自体、障害者などをふくめた情報弱者の尊厳を否定する差別意識の産物である。もはや、情報をすべて個人の神経系に内部化することをよしとする能力主義の一種、身体化された文化資本をあがめる権威主義・同化主義の典型として、克服されるべき志向性といえよう。

今後の機能的リテラシーの相当部分は、①てがきできる能力から、キイやタッチ

カニズムついては、いのづか（2007: 79-82）。

　もともと、モジの判読とは、アナログ情報のパターン認識によっており、いわゆるファジィな世界に属する。てがきモジ認識をふくめた光学モジ認識などで漢字情報が誤読をよびおこす一方、肉眼によるモジ認識が「校正ミス」など、前後関係で無意識に「修正」した情報でよみとってしまうのも、ユレ・偏差を許容する人間の柔軟性にモジ文化が依存している証拠＝現実である。それにしても、前近代のモジ文化が草書と行書によって成立しており、「唐様」＝「楷書」が非日常だった事実は、《点画をゆるがせにしない》という近代日本の公教育の基本姿勢が、近代以前の言語文化＝伝統の実質的な否定だったことを意味し、実に皮肉だ。「我が国の文化と伝統に対する関心や理解を深め、それらを尊重する態度を育てる」（中学校学習指導要領第1節 国語）などと教材の性格を規定してきた以上、てがきさせるなら、草書／行書（アナログ情報）の伝統をひきつぐべきなのに、板書など以外デジタル情報ばかりをよませる。しかも表現させるときは、デジタル性をおびた楷書を教科書体の肉筆（＝アナログ性の極地）で書写させる。この中途半端さは、国語科全体がはらむ半端な近代性の典型例といえよう。

　書字指導と書写・書道指導とが目的が異質なのに、あたかも連続性が自明であるかのように誤解されてきた経緯についての教育史的なイデオロギー批判としては、なかの（2010）。

32　たとえば、4コママンガ『ロダンのココロ』（内田かずひろ）で、ふきだしでは、表題同様基本的に漢字がつかわれない（一部例外あり）。ギャグまんが＝ペットからみた家族の日常だからこそ、ゆるされたものといえよう。

パネルや音声でモジ入力ができること、②てがきメモや板書などを判読できる能力から、活字をよめることへと重点が移行するであろう。そして、情報保障のシステムが進歩するなら、「てがきできる能力」や「てがきメモや板書などを判読できる能力」を自明視されなくなっていくであろう[33]。もちろん、参照データなしの「自力」幻想も、退潮していくであろう[34]。事典やパソコンに依存しない執筆活動が、美談になどならない時代がやってきたのだから[35]。

6. おわりに

『識字の社会言語学』の書評でかいたことだが、『識字の社会言語学』の登場で、既存の識字論、とりわけ解放教育周辺の識字教育論の大半が不要化した（ましこ 2012a）。モジ習得の機会欠落の挽回作業が解放であるかのような自明視に対して、かどやらは、同化主義・能力主義と断じ、情報弱者としての非識字層・半識字層の解放には、識字力を不要化する情報保障しかないと主張した。かれらの議論の到達点からすれば、既存のモジ社会への適応サポートは、あくまで生活機会の確保や差別回避のための緊急避難的なとりくみにすぎない。十全な情報保障が達成されたあかつきには、不要化するものとなった。

しかし、書評でも懸念をのべたとおり、『識字の社会言語学』は、書名や想定読者層の設定など、プロデュース・マーケティング上致命的な欠陥をはらんでいるか

---

[33] もちろん、「〈からだ〉に読み書きさせる」「読み書き教育は体育である」といった、身体的トレーニング以外を事実上全否定する教育者は、ずっとのこりつづけるであろう（いけだ 2011）。

[34] 漢字検定に百万人単位の受験生がいる現実や、娯楽番組のみならず公教育でもクイズとして測定される漢字知識の動向（やすだ 2012: 150）も、数値化されるリテラシー＝社会現象といえる。なかの (2009)、ましこ (2009)、すみ (2010) などとともに、社会言語学・教育社会学の重要な課題となるはずだが、あまり問題視されてきていない。安田敏朗らが楽観視するように、漢字・漢語の多用が敬遠されていくか、順番まちリストへの記入が「カタカナでお名前をお書きください」となるなどの傾向はあるが（やすだ 2006）。

[35] なお、漢字をふくめた日本語表記を障害学・アクセス権の視座から具体的に検討し今後の方向性をまとめたものとして、「識字のユニバーサルデザイン」と「日本語表記の再検討」がある（あべ 2010b, 2011）。

もしれない。社会言語学周辺では情報保障にあまり関心がもたれず、識字論の優先順位上ひくくなる一方、解放教育周辺のほとんどは社会言語学的素養をかき[36]、『識字の社会言語学』にであわずすごす危険性がたかいのではないか。実際、後者の懸念は、最近もたしかめられる。たとえば、奈須恵子／逸見敏郎編『学校・教師の時空間』では、大沢敏郎『生きなおす、ことば』を「文字の読み書きを自分のものにすること、そして「自分のことば」とは何であるのかということを問う1冊」などと激賞するばかりで、識字教育の典型例である「夜間中学」には、批判的視座がいっさいみとめられない（なす ほか2012: 10-2)。「夜間中学」の利用者は多様化し、その機能も単純なものではないが、「義務教育未修了者の学習権を保障する貴重な場とそこでの学習の機会を、居住する地域による格差なく保障していく」といった論理（同上: 12）にみられるとおり、そこには、個人に内面化された能力しか被差別者を解放しないという前提がいろこい。学習権の保障にしか視線がむかわず、支配的なモジ体系を習得しなくても差別されず不便も感じないような情報保障をめざす運動をまったくかたらないのは、論者たちが、支配的なモジ体系とそれへの適応を自明視していることの証拠であろう[37]。

36　本書p.21脚注4でふれたことだが、移民二世児童の社会適応を支援する小中高校教員たちの学習会で経験したこととして、「社会言語学」という呼称を、会場のだれもしらなかったという現実がある（同席した大学教員は除外）。たとえば、教育社会学的な関心／素養と社会言語学的なそれとでは、意識のたかい層のなかでも（いや、だからこそ）雲泥の差があると推定される。前者は、関連するキーワード検索がインターネット等をとおして自己展開しえるが、後者は絶望的にマイナーである。

37　解放教育系媒体でも、『識字の社会言語学』を参照している議論が誕生している（ただ 2011）。しかし、角論文（すみ 2010）を紹介するだけで、識字学級に対する既存の把握に対する、かどやらの批判的視座は事実上黙殺されている。むしろ、図書館学系で本書の意義をしっかりうけとめている議論が登場している（にしだ 2011）。在日コリアン女性の非識字層の実態にふみこんだ労作においても、既存の識字論のイデオロギーの影響はねづよい（そ 2012）。いかに『識字の社会言語学』周辺の文献が研究者集団に縁どおいかがよくわかる。学習権保障闘争の必要性や、学習権保障の欠落の歴史的経緯・性差別などを批判する政治的正当性と、《非識字は欠落であり補償されるべき状況である》という認識とは別問題である。かどやらの議論の地平にたてば、後者は無自覚な差別＝同化主義的認識であり、前者を自動的に正当化するものではない。非識字層・半識字層の高齢女性が夜間中学にかよう意味・動機が、緊急の必要性ではないこと、生徒＝解放されるべき存在という位置づけにとどまらないことは、夜間中学の関係者によってあきらかにされている（ふくむら 2010）。こうした観点からするなら、リテラシーに関する研究史を簡潔かつ的確に総括した、

そもそも在日コリアンや部落出身者がなぜ被差別者であり、他方、書記日本語に適応しようとしない英語圏出身者のおおくがなぜエリート層から脱落しないのか？　文化的な威信秩序をうたがわない視座からは、前者の一部が非識字層・半識字層であり後者は識字層だからといった結論しかでないだろう。そして、おなじくヨーロッパ語の、ポルトガル語圏・スペイン語圏出身者が、故国で識字層でも日本列島上で、しばしば非識字層あつかいをうける理不尽が説明できないことに無自覚であろう。

　そして、あべ・やすし「漢字という障害」や、ましこ「ことばの差別と漢字」などがしめしたとおり、情報弱者を構造的に差別・排除する装置の中核部分が、複雑な漢字表記にあることは、まちがいない（あべ2002, ましこ2004a）。逆にいえば、情報保障を実現できない主要因は、日本語漢字の実態とそれに無自覚な日本人にある。社会問題としてのリテラシー実態とは、情報保障が実現されない現代日本社会という障害学的実態の産物のひとつにすぎない。したがって、公教育の水準がたかい部類の社会でありながら格差＝情報弱者が放置される時空とは、ゆたかさのなかの貧困問題の一種であり、経済格差と連続した現象なのだということを再認識すべきであろう。公教育の水準がたかいとか、コンピューター技術が空前のゆたかな社会をもたらしたという通念は、リテラシー実態の多様性を不明にし、漢字の特殊日本的な事情をたなにあげるなど、差別的な現実構造をかくす神話といえよう。

　しかし、同時に、コンピューター技術が空前の進展をみせたことで、リテラシー問題に、あらたな展開がもたらされつつあることも事実である。たとえば基本的に時代錯誤的な過去志向で不毛に暴力的な知的空間に対するこだわりをすてさってしまえば、もとめられるリテラシー概念は、一変するであろう。インターネット上はもちろん、インストールされた各種辞典・事典や年表・地図等を参照し、自分たちの希望する形態で表現・記録できればよい。

　そして、障害者と同様、参照物・機器利用を前提にした表現が定着すれば、前述した明朝体・ゴシック体・教科書体（楷書体）の異同問題などの不毛な混乱はきえうせる。画面上・紙面上に表示された書体を判読できるかどうか、音声化して理解

　やました（2009）の議論は、リテラシー研究における倫理性もふくめた必読文献である一方、「文字とコトバを奪い返す」論や「批判的教育研究」などの同化主義的本質への視点は欠落しているようにおもわれる。

できるかどうかだけが問題となるからだ。たとえば電子図書や「DAISY（デイジー：デジタル録音図書）」利用が定着するなら、みみできけとれればよい。もちろん、てがきメモ（黒板やホワイトボードなどもふくめて）のリテラシーなどでは、差別実態はなかなかなくならないだろうが、メモ自体も電子化されれば、状況はかわる。異言語話者同士の会議などでの通訳もふくめて、広義の翻訳でモジ化・音声化が一般化した現在、コミュニケーション権が保障されるユニバーサルデザイン空間がすこしずつひろがっていくだろう。そこでは、これまで関係者を劣等感・苦悩にせめさいなんできた問題の大半がきえさるのではないか[38]。あべ（2010a: 97-101）は、日本の読字障害は例外的少数者であるかのような神話、また「漢字という障害」の度外視がいきのこる教育界を批判したが、その論文の「おわりに——識字率から読書権へ」では、つぎのような指摘がある。

> ……漢字かなまじり文による平等や民主主義というものは、実現できそうにない。なぜなら、「日本語が第一言語、めがみえる、みみがきこえる、こどものころから字をならった、学習障害や知的障害がない、などといった条件がそろわないかぎり、漢字弱者は構造的につくられる」からである。（あべ 2004: 54）
> それでもなお「多数の同意にもとづいて」漢字かなまじり文を維持するのならば、どのようにして平等で民主的な文字社会をきづいていくのかを、その「多数」が検討しなくてはならない。（あべ 2010a: 103）

この痛烈な批判は、既存の正書法を自明視する読者を想定してリテラシーをかたりあう、われわれ社会言語学関係者一同も当然射程におさめている。それは、あべ論文もろとも『識字の社会言語学』全体が、テキストデータや対面朗読などによらないかぎり、日本語漢字に習熟していないと味読できないという再帰的逆説もふくめてである。巻末で保障されているテキストデータの入手方法も、漢字かなまじり表記でなされているという皮肉は、この列島の「平等で民主的な文字社会」への距

38　なお、「パソコンは日本語をどう変えたか——日本語処理の技術史」と銘うちながら、結局パソコンによる漢字処理技術発達史＝賛美に終始する新書の無自覚なイデオロギー性＝惨状も参照のこと（YOMIURI PCへんしゅーぶ 2008）。

離を象徴している。前述した、すぎむら ほか (2010) の刊行物が、基本的にルビつきで、ひらがながよめれば理解できるようになっていたことを、いま一度おもいおこそう。

第 5 章

性的少数派と言語現象をめぐって

【本章のあらすじ】
　ジェンダー／セクシュアリティと言語の関係性をとう際、性的少数派に着目することは、迂回路的に現代日本語のメカニズム、現代日本人の意識の動向をうきぼりにする作業となる。たとえば、女性語など、日本語文化の独自性として自明視され、しばしば美風として肯定的に位置づけられてきた配慮表現にしても、「おかまことば」といったカテゴリーと比較することで、女性性＝相対的劣位性なのだという政治性が浮上する。「生物的男性が言語的に「女装」することの違和感＝不自然さ」という共有感覚は、女性装が非活動性／劣位という象徴性をおびるのと同様、女性的文末表現や自称詞／トーン／イントネーションは、劣位性をただよわせるので、「生物的男性」が援用することへの忌避感情がうまれがちなのだ。それは、「女子学生のゾンザイなものいい」以上の反感をよびおこしかねない。それらを逆説的におもしろがる風潮こそ、メディア上の「おネエことば」ブームだろう。
　さらにいえば、現代日本語における本質主義的な「女性ことば」イメージは、19世紀後半に形成された「伝統の創造」の典型例であることがしられているばかりでなく、たとえばセクハラの被害者が「やめて」等、加害者にハラスメント停止を懇願する用法しか事実上ゆるされていないなどの風潮＝無自覚なセクシズムもみえなくさせてきた。その意味でいえば、「おネエことば」などだけが「役割語」「キャラ語」などとしてイメージされているのではなく、「女性ことば」カテゴリー自体が「役割語」的な共同幻想の産物にすぎないともいえる。ピアグループ内での会話の実態として、イメージされているほど「女性ことば」が動員されていないことや、性転換手術をえらび女性としての第二の人生にふみきった層が「おネエことば」などをつかったりしないなども、あわせて指摘しておいてよいだろう。

1. はじめに：ジェンダー／歴史性／政治性

『ことばと社会』16号（2014年10月）では、ジェンダー／セクシュアリティと言語の関係性をとう特集をくむことで寄稿をうながしたが、特集担当者の最近の問題関心もあり、事実上、性的少数派をとりまく言語現象を社会言語学的、ないし社会学的に検討する論考がならぶこととなった。

日本語ジェンダー学会編『日本語とジェンダー』（2006年）ほか、言語研究者などのあいだでは周知のとおり、日本語における「女ことば」は、かなりの程度ステレオタイプ化したイメージの産物である。たとえば《女性文末詞は丁寧なひびきをもち、話者の品格保持に適する》といった規範主義も、実は「伝統の創造」の産物にすぎないらしいことが、歴史的実証によってあきらかになってきた。うまれそだちを自明視する生得的な身分秩序の時空にあっても、明確な「女ことば」が普遍的だったかといえば、そうではなく、近現代でいえば、いわゆる明治期の小説等での会話文の意識的な書き分けが、その後のステレオタイプを構築し、戦後のラジオ・テレビなどの虚構作品によってジェンダーに即した規範主義を定着させていったのではないかとかんがえられる（にほんごじぇんだーがっかい 2006）[1]。

1　遠藤織枝は、江戸期の儒教思想の支配的動向が「女性のことばづかいへの制約の強化」をうんだとか、中世期にも「女房詞」がひろがっていったなど、日本列島上の性差の実例がたくさん確認できる点をのべているし（えんどー 1997）、『日葡辞書』にも「女性語」についての言及があるなど、さまざまな「女ことば」現象があったであろう。しかし、遠藤自身が昭和期について「縮まる性差」とのべているなど、性差が普遍的に日本列島上に確認できると断言しているわけではない。
　　また、同様の歴史的概観をおこなっている中村桃子にいたっては、「「女ことばがある」という理念を作り上げ維持してきたのは、女たち自身の言語行為ではなく、これらの女の言語に「ついて語る」言説である」と、さらに「女の言語が語られるたびに、女はあたかも均質で共通した同じ言葉づかいをしているような幻想が作られつづける。多くの女たちにとって、「女ことば」とは、自分の体から発する言葉づかいではなく、他者が語り、他の（架空の）主体が用いているのを聞いて学ぶ知識だと言える。女たちは、知識人が「女はこのような言葉づかいをしている（するべきだ）」と語り、フィクションの登場人物が使う言葉づかいを、自分の言語として受け入れることを強要されてきた。女たち自らが使っている言葉づかいとは遠く離れた「女ことば」が、本当の女の言葉づかいだと信じ込まされてきたのである」とまで主張する（なかむら 2007: 312-3）。

したがって、テレビドラマや小説のキャラクター設定上、「女性文末詞」などが「女らしさ」として規範化しているとすれば、それ自体が女性差別の典型例であり、現実の女性たちの言語実態との乖離こそ実証研究されねばならないだろう。その意味では、ジェンダー研究のうちの女性学等が、女性が人口の過半数をしめるにもかかわらず「少数派」として位置づけられてきた現実／経緯（＝ポリティクス）の実証／批判であるという点はみのがせない。

2. 性的少数派をめぐる言語現象が照射するジェンダー意識／セクシュアリティ

　その意味では、今回の企画は、性的少数派をおもにとりあげた論考が主軸になるという点で、「迂回路」的な特集となったといえるかもしれない。たとえば、現代日本語話者における「女装」ともいうべき「オネエことば」とか、性愛関係における「ネコ」といった象徴的表現は、女性の相対的な劣位性（対男性という意味で、人口比ではなく）が共有化されていることをうらがきしているといえよう。服飾上の「女装」が異様視されるのは、劣位にある女性のファッションコード（有徴）をわざわざ男性がコピーするからだろう[2]。単に「女性的」な服飾が外見上／身体論的に不自然という意味だけではないのである（実際、男児や、きゃしゃな男性なら、「女

　　そもそも、遠藤や中村らがとりあげてきた「女ことば」現象のかずかずも、具体的には「女房詞」や「女学生ことば」など「業界語」的領域にかぎられるわけで（なかむら 2006, 2007）、日本列島上の民衆女性の言語実態までもカバーしていたわけではない。性差がちいさな地域語があったことも、よくしられている。小林千草『女ことばはどこへ消えたか？』（こばやし 2007）といった歴史的分析にしても、「女ことば」が普遍的に有徴（有標）的であるという現実をうきぼりにしているとはいいがたい。むしろ、「女ことば」の特異性の強調や歴史的比較という行為（女房詞／江戸言葉etc.）が、特定の属性にのみかたよっており、対象化に恣意性・政治性さえ感じとれる。

2　たとえば、男性のスカート着用は、法的に禁止されておらず、物理的にも経済的にも充分実践可能なファッションであるが、ひがさ以上にタブー視されていることだろう（ましこ 2012: 13-4）。スカートが現代社会のおおくでフェミニンなファッションとされ（西欧近代に発生したジェンダー意識の一種にすぎないのだが）、女性美を強調するとされる一方、総体的に劣位な女性の象徴でもあるからだ。

装」は「異様」ではないし、着心地から着用している人もいる)。「おネエことば」も、「劣位」を象徴する「あたし」や、「女性文末詞」、「女性的イントネーション」などが男性的外見と衝突するからこそ異端視されるし、異化作用で逆説的におもしろがられたりするわけだ。

そもそも女性の言語上の劣位性は、「女性文末詞」など「女性特有」とみなされる要素からだけで構成されてはいない。たとえば、ある社会学者は性的暴力に抵抗しようとする女性にまで「やめて」など、「おねがい」文体をとらせる規範意識が実在することを指摘する（むた 2001: 126）[3]。危機に際して被害をさけたいという必死さが、劣位性の強調をもって攻撃抑止を懇願する戦術をとるほかない現実は、屈辱以外のなにものでもなかろう。そして、こういった「男女差の構築」に距離をおいた対象化・教化を実践するどころか、むしろ「敬語」等、規範主義を助長してきたのが国語科など学校文化であった（ましこ 2002b: 12）。

そもそも、同性愛者やトランスジェンダー層の被差別性は、その異性愛規範からの外部性ないし境界侵犯的な本質が、セクシスト的秩序（異性愛至上主義者＝多数派男女が自明視し立脚する）の攪乱（かくらん）者であることに起因する。異性愛至上主義は女性の劣位を前提にしているが、ゲイ男性は、「ネコ」であるときに「女性」性をおびる（あくまで、「女性」性＝受動性／被虐性といった、セクシスト的幻想の産物にすぎないが）ことで、男性の優位性原理を侵犯する。いわゆる「おかま」差別などは、男性によって「女性文末詞」や「女性的イントネーション」などが援用されるがゆえに、「女装」同様、男性の優位性原理を侵犯するのだ[4]。たとえばフィクションと

3　言語研究者では、宇佐美まゆみが、女性的な文末や文体について、つぎのようにのべている。「女性の言葉らしくするには、断定の助動詞〈だ〉を取ればいい」「女性は、断定などしてはいけないという価値観が言葉に反映されていると捉えることができる」「例えば、親しい間柄で多少イライラしながら「早く来い」ということが言いたいとき、男性は「早く来いよ」と命令形を使うのに、女性は「早く来てよ」と、依頼形を使う。実質的には命令したいようなときにも、女性はご依頼しないといけない、というように言語形式はなっている。〔……〕いわゆる女言葉というものが、社会がこれまで女性に期待してきたことを如実に反映しており、それが知らず知らずのうちに女性に対する制約にさえなっている」（うさみ 1997: 26-27）。

4　外見上の「女装」とはことなるが、「女性名」という記号性も無視できない。「大正・昭和期」に支配的だった「〜子」という命名、現在も「女性名」の無視できない要素としてのこっている、「〜え／〜み／〜よ」といった女性的要素が男児には基本的にさけられるとか、「かおる／かずみ／かつみ／ちあき／なおみ／ひとみ／ひろみ

しての宝塚歌劇団の「男装の麗人」や歌舞伎の「女形」、成人女性によるアニメの少年役ふきかえなどは、男性の優位性原理を侵犯せずに、むしろ異性愛至上主義にもとづく男性優位幻想を強化するだろう。しかし、トランスジェンダーの"FtM"（Female-to-Male:アイデンティティを「男性」とする、もと女性）や、その逆"MtF"（Male-to-Female）、両性具有層は、一部の男性の性的妄想を刺激する一方、おおくの男性のセクシュアリティ幻想をゆさぶりかねない。《セクシュアリティやジェンダーは性染色体決定論に還元できない》という現実が暴露されるからだ。ミソジニーとホモフォビアを基調とするホモソーシャルな男性集団の構成員たちにとって、「生物的に優位にたっている自分たち成人男性」というアイデンティティの基礎をゆさぶられるのは、無意識の次元から恐怖ないし不安をよびおこすだろう。「あいまいさ」が不安をかきたてるように、境界領域や周縁部分は、素朴で本質主義的な二元論にとって、本質的に危険な存在なのだから。ジュディス・バトラーらの「ジェンダー」論（Butler 1990=バトラー 1999）や、イヴ・セジウィックらの「ホモソーシャル」な空間論（Sedgwick 1985=セジウィック 2001）が、成人男性たちに定着していかないのは、本質主義的二元論に疑問をもたないからだけではない。むしろ、疑問を感じたとたんゆらぐ程度しか優位の立脚点がないという、自己欺瞞の自覚の予感があるからこそ、理論への接近を必死に（もちろん無自覚だが）さけているのではないか。

　このようにかんがえたとき、レズビアンやゲイ、トランスセクシュアルなど、いわゆるLGBT周辺にまつわる言語現象は、一見、「迂回路」的にみえるが、ジェンダー規範やセクシュアリティの動態をうきぼりにするとかんがえられる。たとえば、金水敏らが提唱する「役割語」（小説やドラマ等、フィクションや、翻訳テロップなどをおもな舞台とする、ステレオタイプ化した属性特有の語尾など）が、なぜ現代日本語においてひろく定着しているか。そのなかで、「老人語」「方言」「外国人」などを虚構的に表現することとならんで、実態から乖離した「女性語」が多用されるケースは、フィクションのみならず、翻訳テロップなどで、ごく一般的であり、単に

　／みどり」等のユニセックスな命名が、しばしば女性名として誤解されてきたのは、「女性名＝かわいい」といったジェンダー意識が、日本語圏に厳然とあることをうらがきしているといえよう。「かわいい命名」は男児／成人男性とって「女装」的な意味あいをおびてしまうのであろう。
　女子名の変遷についての統計結果の解析については、ほんかわ（2013）。命名のための用字の男女差とその変動については、かわぎし（2013）など。

「ふざけている」とか、本質主義による差別・偏見のたぐいとして、すませるわけにはいくまい[5]。

また、「おネエことば」の利用者は、実はゲイ・コミュニティのなかで典型的な少数派であるが、「性転換」なり「女装」をしないゲイ男性が、ことば上の「女装」をおこなう資源こそ、「役割語」の一種としての「女性語」といえよう。

逆に、乳房切除やホルモン投与などにふみきって、生物上のセクシュアリティをかえた"FtM"（もと女性）などは、「男装」するだけではなく、「女性語」を排除するだろう。たとえば、"MtF"当事者の佐倉智美は、『性同一性障害30人のカミングアウト』（そーま2004）に登場する"FtM"の一人称について、「［僕］と［俺］が合わせて10人、［自分］が2人で、［私］は3人と」「男女を問わないはずの［私］は少数派で、やはり一般に男らしいと思われている［僕］や［俺］が好まれている」（さくら2006: 28）としている[6]。テレビタレントなどとして露出する「おネエ」タレントや風俗店スタッフなどはともかくとして、トランスジェンダーである"FtM"や"MtF"のばあい、日常言語は「フェイク」とはいえず、かれら／かのじょらのジェンダー意識／セクシュアリティとわかちがたく密着しているとおもわれる。

いずれにせよ、金水らが着目するとおり、ジェンダー／年齢を軸にした役割語規範において、明確な差がみてとれるのが人称代名詞と文末表現である（「おねがい」

5　たとえば、日本語以外の話者の発言をどう翻訳するかという現象をとおして、「役割語」がごく自然なものとして疑問をもたれていない現実を指摘したものとして、太田眞希恵「ウサイン・ボルトの"I"は、なぜ「オレ」と訳されるのか」（おーた2011: 93-125）。テレビ放送などで日本人アスリート以外の発言は、「役割語」的に男女がステレオタイプ化してテロップがながされる。

6　「一人称の代名詞のバラエティーにも明らかに男女差がある」としつつ、男性には書記用もふくめて、「僕、俺、わし、私、小生」などのバリエーションがあり、状況に応じて使い分けられるが、女性の場合は地域語の変種を除けば、ほぼ「私」だけである」（たばやし2003）といった記述がある。しかし、現代日本において、「わし」や「小生」がつかえる文脈はおおくないはずだ。公的次元で「私」以外の選択肢を事実上あたえられていないのは成人男性も同様である。また、「地域語の変種を除けば」という限定は、除外しないばあいには多様性が相当あることを含意する。

もちろん、「僕」「俺」が一般に男性的一人称としてうけとめられていること、特に「俺」は、成人男性が周囲に上位者が不在のときにつかうだろうことを「期待」されている（女性はもちろん、年少男性が年長者にむかってつかうのも不適当とされる）という文脈が支配的というのは事実だろう。性自認と一人称の関連性については、なかむら（2014）参照。

表現や、「断定」をさけるといった話法、文末の「上昇調」などもふくめて）ことは事実だろう（きんすい 2003: 134-46）。一方、トランスジェンダーや翻訳テロップにおいては、もはやフィクション性でかたることの意味が事実上ない[7]ことをかんがえると、「わたし／あなた」など人称代名詞と、文意・文脈を特徴づける文末表現は、「社会的事実」として機能する規範意識というべき段階にあるといえよう。

たとえば「現実の言語実態において、想像以上に男女差がちいさい」という調査結果をつきつけられた読者が、意外におもうとしたら、読者を本質主義的ステレオタイプが拘束していることをしめしている。一方、たとえば性的暴力を拒絶する表現が命令形の「やめろ」などであるべき[8]だろうに、それに「不自然さ」「乱暴さ」を読者が感じるとしたら、社会学者や言語学者が指摘してきたとおり、女性の言動が、おだやかで、受動的で、従順であれ……、といった、抑圧な規範意識が実在すると推定できる。さらに、「やめろ」といえない女性が現実にすくなくないなら、内面化された規範意識が言動を現に抑圧していることになる。想像以上に性差がちいさい領域も、性差が「想像どおり」である領域も、社会を構成する男女が無自覚に共有する規範意識が、現実認識をゆがめたり、正当な言動をおさえこんだりするわけだ。だとすれば、これら本質主義的ステレオタイプは、もはや単に共同幻想とか、フィクションをたのしむ文化資本である、といった位置づけではすまされない。

7　役割語研究者自身、実はフィクションの世界と現実世界とをさほど峻別せずにデータとしてあつかっていることは、「軍隊語」をあつかった論考で、実在のプロレスラーが自称詞として「自分」となのっているインタビュー記事をとりあげていることでもわかる。「自分」という自称詞は、男性語とはいいきれないだろうが、それはフィクションの世界に限定されたステレオタイプというよりは、「体育会系」を事実上おおった現実の自称詞といえるだろう（きぬはた／ヤン 2007: 186）。

　また、『風の谷のナウシカ』におけるジェンダー意識を分析した論考でも、最終部分では、現実社会で実在する清掃会社や自衛隊での女性幹部職員が命令する際の男性的口調を指摘したり、「母親的トーンで円滑な上下関係を築く」ことを選択するホワイトカラー層を対比させたりするなど、「上演後20年を経たいま、すでに物語のなかだけの問題ではなくなっている」と議論をしめくくっている（こめい 2011: 179）。「ナウシカ」など虚構作品からの影響がどうであるかは議論をのこすだろうが、「役割語」研究者が主張しているほど、虚構と現実にミゾがあるわけではない。すくなくとも、役職（職務・職位）にふさわしい表現は、「役割語」規範とかなり近接するだろう。

8　関西地域なら「やめ～」といった命令形をとるなど、地域差、階層差などがあるはずだが。

それは、もはや実在する規範意識の力学の矮小化といえよう。

　性的指向を男性に限定しているゲイ男性（バイセクシュアルでなければ、基本はそうなるはずだ）が、受動性をこのむのか、能動性をこのむのか、対象次第でかわるのか、といったセクシュアリティと、言語行動はどうかかわるのか。フィクションをとおしてみたそうとするだろう性的妄想・願望と言語イメージとは、どのような関係性をもつのか。今回の特集では、その一端をかいまみさせる論考をおさめることができたが、もちろん、セクシュアリティ／ジェンダーと現代日本語との関係性にかぎってさえ、網羅的にとりあげることには成功していない。たとえば、トランスジェンダーや両性具有的空間における論考は掲載できていない。そこで、補足的にのべるなら、"MtF" 当事者の三橋順子は、女装者コミュニティでは「おねぇ言葉」を「女性性を過剰に誇張した」「不自然さ」としてとらえ、使わないと断言している（みつはし 2008: 286-8）。

〔……〕彼女には、女装の人といえばべたべたの「おねぇ言葉」というイメージがあったので、そうではない私のしゃべり方が不思議だったのでしょう。私よりももっと男の子っぽいしゃべり方をする女装者もけっこういます。現代の若い女性の言葉は、男性との差が小さくなっていますから、女装者が男っぽいしゃべり方を残していても、以前ほど不自然に感じなくなりました。（同上：287）

習得という点では、「おねぇ言葉」がノンケの男性と差異化するためのゲイ・コミュニティの共通言語として先輩から後輩へと継承されるのに対して、女装世界の言葉使いは、その女装者の周囲の本物の女性（純女(じゅんめ)）のしゃべり方がお手本になります。私の場合は、母親が使っていた東京山の手（武家）の女言葉がベースで、それに少し歳下の女友達のしゃべり方の影響が入っているようです。ここにも女装世界の女性模倣・同化的性格が表れています。（同上：288）[9]

---

[9]　したがって、「現代の「女ことば」を考えた際、私にとっても、学生にとっても、現代もっとも女らしい女ことばを使う人と言えば、「ニューハーフ」という結論に達した」（こばやし 2007: 279）といった見解には賛同できない。「そういった本質主義的錯

つまり、ゲイ・コミュニティが男性性を維持するか、非同性愛男性との差異化戦略で虚構的な女性性を演出するのに対して、女装世界では、日常言語にせよ男性客などとの会話にせよ、ことさらに言語上の「女性化」戦略をとらないということだろう。女装世界は、「身体の脱男性化」（女性ホルモンや脱毛など化学的・物理的な身体加工）までが自明視されているし、姿勢の維持や重心のとりかた、あしのくみかたなど、「女性的なしぐさ」のノウハウの継承が「江戸歌舞伎の女形」以来の伝統として文化資本化している（みつはし 2008: 285-6）。さらに、「身にまとった女性の服飾がはがされ、身体の男性的な形態があらわになり、「女」としての擬態が崩れ、男になってしまうことを恐れ嫌います」[10]（同上: 279）としている。したがって、女装世界におけるヘテロセクシュアルな関係性維持のためには、ハビトゥスをふくめた身体的、かつ可視的な要素こそ第一であり、言語的二元論などは、当事者の一部にあてはまることはあっても、おおきな要素をしめないのかもしれない。ただ、おそらく複雑な現実がよこたわっているはずなので、速断はひかえておこう[11]。

　　　覚が言語研究者もふくめて一般的だ」という社会言語学的データには、もちろんなるが。
　　　なお、「純女（じゅんめ）」の起源は「純綿（じゅんめん）」であるといった、語感をふくめた経緯については、三橋の記述参照（みつはし 2010: 407-12）。

10　「女装者が性行為のために全裸になることはまずありえず、必ず何か女性のジェンダー記号を残そうとします。私の場合、ウェストニッパー、ガーターベルト＆ストッキングは絶対にとりませんでした」ともある（みつはし 2008: 279）。「彼女」らを愛好する男性も、「基本的にヘテロセクシュアルな意識をもっている男性として、女装者の身体の男性的な部分を目にすることにより、男と「女」という疑似ヘテロセクシュアルな共同幻想が崩壊し、男同士のホモセクシュアル・イメージが喚起されることを恐れる」と（同上）。

11　ちなみに三橋は、「疑似ヘテロセクシュアル」な共同幻想を維持できるよう「女性のジェンダー記号をできるだけ身にまとう」さまざまな操作として、視覚的な記号要素だけではなく、香水など嗅覚的なものなど、視覚的・嗅覚的・聴覚的な要素が総動員されているとする。しかし、三橋があげる「聴覚」的要素とは「性行為時の発声」だけであり、「女ことば」はふくまれていない（みつはし 2008: 315-6）。
　　　ところで、「おねぇ言葉」を「女性性を過剰に誇張した」「不自然さ」としてとらえる三橋は、同時に「ヘテロセクシュアルな男性の性衝動を刺激するに十分な女性ジェンダー・イメージを表現する」ために、「ジェンダー記号の積み重ね」が「過剰演出」になるとする。さらには「現実にはそんな女性はほとんど存在」しないような「過剰な女」「だからこそ、男性の性幻想を強烈に喚起するとも言える」と主張する（同上: 316）。もし「過剰」な存在である女装者たちが、逆説的に実在の女性たち以

3. 特集論文の含意

　具体的に、特集掲載論文の理論的含意に簡単にふれておこう。
　中村桃子論文（「ことばとセクシュアリティ――日本語研究への招待」）（なかむら 2014）は、表題・副題からはうかがいしれないが、クィア理論から異性愛規範を再検討する論考といえる（論考の前半は、表題・副題どおり、フェミニズム運動と言語研究のであいが、クィア言語学へとつらなる学史的整理であるが）。同性愛者やトランスジェンダーの話者たちが体験した自称詞についての違和感などは、異性愛規範に無自覚な層にとって、みずからの権力性にきづかせる格好の素材となるだろう。一方、異性愛男性の性的指向を前提にしたスパムメールの文面は、作為的なフィッシング広告であり、まさに「役割語」そのものであるが、男性体験者をかたる文面も、交際希望女性をかたる文面も、自称詞をはじめとして特徴的なセクシュアリティ意識――女性を異性愛関係において性的に搾取される劣位な存在とする――をうきぼりにする。スパムメールの作文者（業者）が男性であることを承知のうえでクリックする男性たちはともかく、つられる層（おそらく大多数）は「役割語」の産物としての「ネカマ・メール」を虚構とはうけとっていないはずである。そうかんがえると、「女性らしさ」の演出は、虚構の次元ではなく、現実の性役割として機能していることを意味する。他方、「女ことば」と似て非なる「おネエ言葉」は異性愛規範をゆるがす異分子的存在といえる一方、メディアが動員するクィアな存在は、

> 上に「男性の性幻想を強烈に喚起する」としたら、「記号」としての「女性ジェンダー・イメージ」の幻想性／構築性をうらがきする証拠であろう。さらにいえば、女装者たちは、「聴覚」を刺激する際に「発声」だけではない「記号」を援用していることに無自覚かもしれない。あくまで憶測でしかないが、「ヘテロセクシュアルな男性の性衝動を刺激するに十分な女性ジェンダー・イメージを表現する」ために、虚構的な「おねぇ言葉」とはあきらかに異質ではありながらも、あきらかに「女性」という「記号」となる言語要素を動員しているのではないだろうか。たとえば「女装者の周囲の本物の女性（純女）のしゃべり方がお手本」であり、それが実態として、一見「女性的」にみえないのであれば、かえって、ポルノ女優の演技など「過剰な女」を「お手本」として、「男性の性幻想を強烈に喚起する」発声のみならず「話術」も身体化し演出すると推定するのは邪推だろうか。「男性の性幻想を強烈に喚起する」ために、下着や発声などの演出が活用されながら、言語的要素での「女装」だけが動員されないというのは、むしろ不自然だ。

逆説的にジェンダー規範をつよめているという問題も浮上する。いずれにせよ「クィア言語学」といったキーワードが初見であるといった読者、性的少数派についての基礎知識が不足していると感じる読者は、中村論文を導入部分として最初にあたることをすすめたい。

ところで、メディアが動員するクィアな存在が、ジェンダー規範を強化するという逆説について、テロップなど多様なモードの動員される「メイクオーバー・メディア」を実際にテキスト分析したものが、クレア・マリィ論文（「「変身したいです」──テロップを通して画面に書き込まれる欲望とアイデンティティ」）（マリィ 2014）である。クィアなメイクアップアーティストが、女性アスリートなどを、異性愛男性に好感をもたれる容姿へと変身させるという過程をショーとして商品化した『おネエMANS』の詳細な分析は、クィアな存在が異性愛規範／ジェンダー規範を強化するという逆説をふかい次元で理解するたすけになるであろう。

一方、ゲイ男性がもちいるタチ／ネコ、ないしタチ／ウケという用語[12]がしめす同性愛内部でのセクシュアリティを、ゲイ男性むけポルノDVDのテキスト分析で解析したのが、森山至貴論文（「言語実践に着目したセクシュアリティ研究に向けて──ゲイ男性が用いるタチ／ネコ、タチ／ウケという用語系に着目して」）（もりやま 2014）である。中村論文／マリィ論文があつかう文脈とは一部通底するが、異性愛規範の外部にあるゲイ男性たちのセクシュアリティ意識の言語分析・文脈分析は、上記二論文とは別種の、異化作用をもたらすだろう。タチ／ネコ、ないしタチ／ウケという関係性を商品の具体的分析のなかで確認することで、かれらの性的指向が固定的なものではなくて、関係性のなかで流動する点が浮上する。さらには、異性愛男性に対する性的欲望が商品化されているという、意外な事実も確認できる[13]。

---

12 タチ／ネコ、ないしタチ／ウケという関係性とかさなる用語系として、「攻／受」という対立概念を解説したものとしては、いしだ（2010: 384-90）がある。

13 ただし、異性愛男性がゲイ男性むけのポルノビデオに出演しているという構造の政治性を少々矮小化している印象がぬぐえない。異性愛男性むけポルノビデオでは、女優が経済的理由や性暴力被害など、複雑な出自をかかえているという調査結果は複数ある。非同性愛男性が、同性愛男性むけに動員され、利用者がそういった特殊な構図に性的興奮をおぼえているとしたら、第三者にとっては、かなりグロテスクにうつるのが普通ではないか。著者がいうとおり「鑑賞者たるゲイ男性はゲイ男性向けアダルトDVDを見ることでそのような男性に欲情するように学習していく」とか、「現在のアダルトDVD産業の構造を支えうるような欲望の形を作品視聴を通じて

さて、前述した中村論文にも学史的な整理もふくまれているが、概観にとどまらない学史的整理とあわせて、難民の入国申請という政治的に微妙な問題を性的少数派の視座からとらえなおしたのが工藤晴子論文（「クィアとしての難民とことば」）（くどー 2014）である。性的少数派は、「国内」的な次元で差別・排除をうけるばかりでなく、難民認定申請の際にも、そのセクシュアリティが問題化するのである。難民にして性的少数派という究極の少数派は、上野千鶴子らのいう「複合差別」の典型的標的のひとつといえよう。公権力による人権侵害という非常に政治性のたかい現実を、社会言語学的、かつクィア言語学としてとらえなおすだけでなく、本特集のおおきなきっかけとなった、デボラ・キャメロン／ドン・クーリックの『ことばとセクシュアリティ』(キャメロン ほか＝中村桃子ほか訳2009) などが誕生するにいたった80年代後半以降の思潮と2000年代、2010年代の英語圏の動向をおさえつつ、性的少数派がくぐりぬけようとする本質主義的なポリティクス（政治性と幻想性）、その動態が詳細にあきらかにされる。強制される異性愛至上主義という、支配的な規範意識のもと、既存の結婚概念の外部にある層が、どんな体験と認識をもっているのか。工藤論文には、「クィアな時間と空間とは、ハルバーシュタムが示した、（異性愛的）家族形成や再生産を軸とした規範的で「きちんとした (respectable)」時間の流れとは異なる、クィアな時間性 (queer temporality) の領域である (Halberstam 2005)」という印象的な指摘がある。ピーター・L・バーガーは、すくなくとも西欧社会では"respectable"な（「きちんとした」）空間と"unrespectable"な（「ヤクザな」）空間とにわけられるとのべた (Berger 1963: 43)。そして、社会学者たるもの、私生活上どんなに保守的な人物であろうと、後者の空間へとよびよせられるとした (Ibid.:

再生産させられている」のだとすれば、動員／含意の政治性はかなり深刻におもえる。なぜなら、異性愛女性のほとんどはアダルトDVDを通じた学習で性愛の形式を予習するわけではないだろうし、異性愛男性も、「虚構」としてのアダルトDVDを「まにうけない」意識こそ、女性からいやがられない要件だろうからだ。

　この次元では、ポルノ産業が一般的にかかえる経済的・セクシスト的な搾取性はおくとして、出演経緯での「強制」やストーリー上の「暴力」性の有無は二義的だ。もちろん、ポルノグラフィ全般が全否定されるべきジャンルとはいいがたい。しかし実写ビデオのばあい、（児童ポルノなどは論外としても）出演しているという現実自体が、何らかの事情（制作者が動員可能な）を背景にもっていることの証拠であり、作品が「社会的弱者」に構造的に立脚しているという政治性を過小評価すべきではないだろう。

47)。社会学的センスをもつ読者なら、日本列島はもちろん、世界中に異性愛的「常識」とは異質な時空が実はたくさん伏在する可能性を否定しないだろう。異性愛的「常識」とは（支配的な社会規範が再生産してきた）あくまで「最頻値」にすぎない。ホモフォビアなど強制的異性愛イデオロギーが、実態や可能性を抑圧しているきらいにおもいをよせるなら、ドラマやDVDなどが演出する世界は、異性愛至上主義への同化主義的な幻影でしかなく、支配的作品の大半は「イデオロギー装置」かもしれない。

　これまでも、「ことばと社会」の関係性を複眼的に観察することで、世界中は多様性にみちていることがたしかめられてきた。異性愛的「常識」をこえた世界像にふれることは一挙に"unrespectable"な多様性をひろげるだろう。

第6章

現代日本における、いわゆる「デジタルネイティブ」
言語／身体論としての「デジタルネイティブ」論再考

【本章のあらすじ】
　スマートフォンに代表される携帯端末やネット空間の大衆的普及によって、情報環境はもちろん、対人的な関係性自体が変容しはじめていることは、明白である。そのなかでマーケティング関係者や社会学者などから、「デジタルネイティブ」という世代論がさかんに提起されるようになった。いわく、携帯端末やノートパソコンなどネット空間を前提としたICT社会を児童期から体感して成長した世代と、紙媒体など非ネット空間のアナログ情報で社会化されたうえでネット空間／デジタル文化に習熟した世代とでは、あきらかに情報処理の感覚、対人関係などが異質なのだという議論である。かれら論者によれば、あたらしい世代は「デジタルネイティブ」、旧世代は「デジタルイミグラント」だというのである。たしかに、てがきで卒業論文をかいた世代と、卒論さえもスマートフォン等で作成しそうな世代とでは、リテラシーの含意に断絶があるだろう。また、「ネットがなかった時代、情報収集はどのようになされていたのか？」といったソボクな疑問をもつ世代と、「ネットのおかげで、魔法のように便利な時代になった」と時代の推移を体感する世代とでは、「情報」というリアリティに断絶があるのは当然だ。
　ダナ・ボイドのように「デジタルネイティブ」という世代論を否定する研究者もいるし、実際、「デジタルネイティブ」論は電化／ICT化を前提とした都市部大衆以外をみない議論にすぎない点で本質主義的色彩が否定できない。しかし同時に、世界中で都市化／ICT化が急速にすすんでいる状況をみれば、あらたな世代が出現という現実は明白だろう。毛筆が現代東アジアでほぼ非日常化したように、情報処理やコミュニケーションをデジタル空間に依存することが常態化し、肉筆や対面状況を苦手とする世代は現実化しているとみるべきだ。かりに、SNS依存がメカニズムに対する依存症ではなく対人関係への耽溺であるにせよ、それもまた、あらたなコミュニケーション空間を前提とする世代の出現を意味するのだから。

1. はじめに

　日本では、いわゆる「ネット世代」を「76世代」「86世代」など生年による10年きざみの世代論がある[1]一方、1980年前後うまれ以降の世代を、より詳細かつ不均等間隔で分類する実態調査が提出されるなど、「デジタルネイティブ」論[2]に呼応する議論が蓄積されてきた。いずれにせよ、90年代[3]世代が1970年代以前にうまれた世代（デジタル空間への「移民」）とはあきらかに異質な集団で、同時に今後のデジタル空間とのつきあいかたを支配していく層であるという認識（断絶論）は、識者のあいだで認識の一致をみているとおもわれる。

　かれらは10代なかばには携帯端末が準身体化し、SNSなどネット環境を前提にした新型サービスをあたりまえに利用している世代である。もちろん、あくまで経済格差／地域格差等を度外視した都市部中間層を前提にした議論にすぎないが[4]。

　これら世代間の断絶は、電子メールの普及とともに、既存の郵便が、物流という物理的基盤ゆえに"snail mail"と揶揄された時代をすでに過去化する事態といえる。

1　「IT業界では「76世代」という言葉がよく使われる。インターネット関連の企業家に1976年前後の生まれが多いからである」「広告業界などでは、76世代にならって10年ごとの世代コーホート（同時期に生まれた集団）を「86世代」「96世代」と呼ぶこともある」（はしもと 2011: 146）。
　　ちなみに、2016年現在30代である「76世代」は、「ポスト団塊ジュニア」世代の典型層として位置づけられるだけでなく、公教育体制のなかでの位置づけとして「ゆとり世代」として、あるいは戦後日本独自の慣習である新卒一括採用制における「就職氷河期時代」経験層としても、位置づけられている。
2　マーク・プレンスキー（Marc Prensky, 1946-）が"Digital Natives, Digital Immigrants"（2001）で提起した概念で、うまれながらにICT環境にとりかこまれている世代を"Native"、それ以前の時代にそだち、学習行動によってICT環境に適応した世代を"Immigrant"と対比させる議論。
3　ちなみに、日本と中国では、欧米社会などとことなり、たとえば「90年代」とは、1990〜1999年をさし、"90's"の1991〜2000年とはわずかだがズレがある。
4　社会学者の高橋利枝は、つぎのようにのべている。
　　　もちろん、現代の高度情報化社会を生きる全ての人たちが、メディア環境の変化の影響を同じように一様に受けているわけではありません。本人の年齢、学歴、階級、文化資本、親の学歴・職業など様々な要因によって、新しい情報技術へのアクセシビリティや適応力、自己呈示や他者との相互作用の在り方は異なるでしょう。
　　　　　　　　　　　　　　　　　　　　　　　　　（たかはし・としえ 2014: 52-3）

第一に「ネオ・デジタルネイティブ」とか「デジタルネイティブ第4世代」などとよばれる世代は「第二の身体」と化した携帯端末を介することで身体感覚が肥大した層である。かれらは、ことさら意識することなく、ゆびと音声で情報処理をこなし、キーボード入力自体「原始的」に感じる心理を共有している[5]。

　第二に、新世代にとっては、データは視聴覚をとわず重量を感じさせない流動体で、必要なときだけ発生し不要化すれば消失する、明滅をくりかえす情報にすぎない。「即レス」など時空をとわず短時間で短文を送受信、終了後はやりとりをすぐにわすれるようなコミュニケーションが支配的となり、「軽薄短小」と称される方向性が徹底している。データ取得記録や記憶は、紙面・脳内から端末内の記録媒体かウェブ上へときりかわった。

　つまり、70年代以前の世代と90年代以降の世代とでは、わずか十数年程度の時代差しかないにもかかわらず、(1) 紙媒体への肉筆文書の記入と物理的輸送→ (2) デジタル文書のローコスト化とデータの高速大量伝送→ (3) モバイルでバブルな逐次送受信の普遍化という、まったく異質な時代の変遷を意味するのだ。

　これらの現実は、北米や韓国などデジタル空間の急速な定着をみた空間と共通している点もあれば、ブロードバンドなどデータ通信のコスト／効率の発達の速度などで、日本列島が独自の展開をしめした点や日本語表記の独自性にからんだ点があげられる。本章では、それら双方をとりあげることになるだろう。

2. 技術革新と大衆化を軸にした世代論

　いわゆる日本社会に即した「ネット世代」論としては、橋元良明らによる「76世代」「86世代」「96世代」など生年による10年きざみの世代論が展開されてきた（はしもと ほか 2010、はしもと 2011）。一方、実態調査にもとづき、①1980年前後〜82年うまれ、②1983年〜87年うまれ、③1988年〜90年うまれ、④1991年うまれ以降、とデジタルネイティブをより精密に分割しようという「4世代区分」もある（きむら

---

[5] 岡嶋裕史は、「キーボード、マウス、ディスプレイからの解放」として、PCなどでのインタフェースが心身に対する負荷として忌避される感覚に対応する技術革新を指摘している（おかじま 2010: 53-95）。

・ただまさ 2012: 20, 83-141)[6]。

ここでは、「4世代区分」モデルが、「日本社会における対人関係、コミュニケーションに関する特性」について「世代間の断絶を意味するものではない」とされ、また「デジタルネイティブと移民、デジタルネイティブ内各世代の断絶ではなく連続として」とらえるという姿勢を評価して、以下本章の世代論とする[7]。日本の「20年間」がグラデーションをなして変容した時空として認識するということである。

まず、70年代前半以前の世代（現在40歳代以上）のばあい、初期のPCにふれていた先進層、あるいは「パソコン通信」時代からのマニア層であっても、たとえば「ネオ・デジタルネイティブ」とは異質な感覚をのこしている（「デジタル・イミグランツ」）。なぜなら、周囲にICTがみちあふれている空間にいきてきたにせよ、10代20代をすごした学校やオフィスをおおっていたメディアは、基本アナログな性格によっていたからだ。その意味で（70年代後半うまれの部分の位置づけはむずかしいが）80年代初頭うまれの「デジタルネイティブ第1世代」と位置づけられる層とは、メディア感覚で断絶がみられるといってよかろう。40歳代以上がどんなにICTに習熟しようとも「デジタル・イミグランツ」と位置づけられるのは、動物行動学でいう「すりこみ（imprinting）」と同様、まずはアナログメディアにかこまれ、ICT駆使が意識的な学習によってかちえた技能であり、すくなくとも最初は非日常的空間へと参入するという経験としてはじまっているからだ。その点、90年代以降にティーンエイジをむかえた層は、（大都市部／近郊にそだち貧困層ではないという条件つきだが）デジタル化したモバイル端末とインターネット空間が自明のものとなっていた。

橋元良明らによれば、76世代と86世代の異質さは、PCベースなのか、ケータイがメインなのかなのだという（はしもと ほか 2010: 53-9）。76世代は情報収集／情報処理の中心がPCにあり、外出時のケータイ活用というつかいわけにあるが、86世代は、ネット上でのかきこみがケータイであることはもちろん、大学の宿題レポートの作

6　木村忠正は、1980年前後〜82年うまれとしながらも、それは研究の便宜上の区分にすぎず、「70年代後半から82年生まれくらいまでは、一つの世代として」とらえているとする（きむら・ただまさ 2012: 103）。
7　後発の木村忠正による「4世代区分」モデルが橋元らの議論よりも妥当という判断からではない。

文さえもケータイでこなすことが例外的ではなくなっているとされる。86世代は、ケータイのテンキーを超高速でうちこなす一方、PCのキーボードはほとんど未経験で、大学やオフィスでしいられないかぎり駆使できないままだったりする。この分類が妥当だとすると、「ポスト団塊ジュニア」(1975〜84年うまれ)が「デジタル・イミグランツ」世代と、「ネオ・デジタルネイティブ」などとよばれる世代をつなぐ、移行世代だったといえそうである。90年代以降にうまれた世代は、おや世代など年長者のモバイル利用を幼少期から体験し、ティーンエイジャーになるのと並行してモバイルユーザーとして成長していく。

そして、「ポスト団塊ジュニア」(1975〜84年うまれ)は、木村忠正による「4世代区分」モデルでいう、「デジタルネイティブ」第一世代(1970年代後半〜82年うまれ)と、第二世代(1983年〜87年うまれ)の半分があてはまるといえる。木村によれば、前者は、「ポケベル世代」「ピッチ世代」として特徴づけられる(きむら・ただまさ 2012: 103)。また「学生時代からネットに触れて育ったという意味で、日本における「ネットジェネレーション」第1世代といってよい」とされる(同上: 105-7)。木村は、対面調査の結果から、「オフラインの生活が基盤としてあり、オンラインはオフラインに従属的な空間だといってよい」とし、「第1世代は「デジタルネイティブ」よりも「デジタル移民」の要素を強くもっているといってよい」と結論づけている(同上:110)。

つづく「デジタルネイティブ第2世代」(1983〜87年うまれ)は、「高校で初めからモバイルネット対応携帯を利用する場合が多い」という(同上: 110)。ただし、通信コストの問題から、利用料金を気にしながら「高校時代は、友達とのメールが主」といった世代にあたる。インターネットも個人宅など、まだ通信費が気になる時代であった(同上: 110-1)。第1世代と異質なのは、「オフラインの人間関係を基盤にしている」とはいえ、大学在学時に、ミクシィなどSNSに接しており、「情報ネットワーク行動」が変化した点だ。ただ、「オンラインのみの知人」は、ひろがっていなかった(同上: 114)。

以上のような第1世代、第2世代とくらべて第3世代(1988〜90年うまれ)は、本格的な「デジタルネイティブ」世代であるようだ。「パケット定額制」など通信費がおさえられるようになったこともあり、おそくとも高校生活開始時からメール利用がさかんになった。また、2010年代には「ケータイブログ」など女子中高生を中

心とした（ファッションなど）情報交換空間が形成されたり、ネット空間へのコメント／アクセスが急増したりしていった（きむら・ただまさ2012: 115-6）。中学校の技術家庭科にPC利用の学習項目が必修化されたり、インターネットも日常化し、個人HPの作成、チャットなどオンライン上の友人がふえていったりする（同上: 117-8）。モバイルSNSも急伸するし、オフラインを基盤としたオンライン上のつながりだけではなく、オンラインを介しての人脈拡大がすすむ。しかし、先行世代との異質な点は、YouTube、ニコニコ動画などのモバイル利用（ケータイ／ゲーム機）だろう（同上: 115-22）。ただし、これまでの日本の家庭ではPCは家族共用か父親専用が基本であり、中高生が専用PCをもつことは少数例であるようだ。男子生徒がグラビアアイドルなどの画像を享受するのも、PCではなくモバイル端末だという（同上: 122）。

　こういった世代をへて、とうとう「デジタルネイティブ第4世代」が登場する。かれらも2017年現在では、20代なかばに達するものがあり、すでに成人が少数派ではなくなっている。木村忠正は「中学時代から、パケット料金などの制約を気にせず、ケータイブログ、モバイルSNS、ソーシャルゲームを利用することができた世代」として、「浸透するケータイソーシャルメディア」世代とまとめる。さらに「かなりの数の中高生（とくに女子学生）は、自分のポータルサイトを持ち、そこに、プロフ、リアル、SNSへのリンクを貼り、それぞれのメディアを使い分けている」とする。これらの動向は新時代の到来といえよう（同上: 123-5）。同時に、かれら世代を「ブロードバンドネイティブ」とも位置づける。小学生時代からオンラインゲームに没頭したり、オンライン上でしりあった友人とゲームの仮想空間でチャットしたり、YouTubeで動画をたのしむケースなど、先行世代とは利用の質、早熟度がことなる（同上: 125-6）[8]。また、オフラインの人脈と無関係なライン上の人脈がふえ

---

[8]　しかし、この世代論の一部は過度の一般化だろう。なぜなら、オンラインゲームにほかの世代と比較して突出して耽溺しているのが10代という調査結果はないからだ。『平成25年度消費生活に関する意識調査結果報告書──オンラインゲームに関する調査』（しょーひしゃちょー 2014）によれば、「オンラインゲームの利用頻度」「1日当たりの利用時間」のいずれにおいても10代は20～70代をひきはなしてはいない。「高校までにインターネットが普及しており様々なオンラインサービスに慣れ親しんでいる18歳～34歳と、小学生～高校生の頃にファミコンが発売された35歳～49歳の間で、スマートフォンのインターネット利用時間シェアを比較した」「18歳～34歳ではSNS利用時間のシェアが最も高く29%を占め、ゲーム利用時間のシェアは12%だったのに対し、35歳～49歳ではゲーム利用時間のシェアが最も高く20%」とする調

ていくのも、この世代に特徴的とされる（「オンラインの自律性」）（同上: 129-33）。

一方「76世代」「86世代」「96世代」と約10年ごとの世代論を展開した橋元良明らは、以下のように「76世代」「86世代」を比較した（はしもと ほか 2010: 96-7）。

> 「76世代」：テレビは録画ですきなときに視聴。PCは筆記具（アウトプット）であり、同時に、くつろぎ／いやしなどをえたり、世界とつながる装置（インプット）。ケータイは画面がちいさいと感じ、メールの送受や情報取得の道具。
>
> 「86世代」：テレビはケータイで友人とネタにするための素材としてリアルタイムで視聴。PCは筆記具として起動するのが負担であり、ケータイで作成した文書を確認する装置。また家族との共用などプライバシーが気になる。対して、ケータイは筆記具であり、ネット利用、知人とのコミュニケーションツールとして、身体の一部化。

つづく「96世代」（「ネオ・デジタルネイティブ」）は、「モバイルで動画を楽しむ」「生活スタイル」の進展としてとらえられている（同上: 100-2）。これは、木村忠正らの「90年代」うまれの解析とかさなるであろう。橋元らは、「ネオ・デジタルネイティブ」の特徴を、「タイムシフト」と「プレースシフト」の併存である「プラットフォームシフト」ととらえている。「時間軸も移動し空間軸も移動して動画をみる視聴スタイル」だというのである。また、「モバイル機器といっても、ケータイに限らず、ポータブルゲーム機やiPodなどのポータブル音楽プレーヤーなども入ってくるので」「マルチデバイス」「を操るニュージェネレーションと言ってよい」とする（同上: 102-5）。

木村忠正らの調査は詳細で、各世代のこまかな差異／変容のヒダがうきぼりにな

査（Nielsen Company 2014）などをみても、10代だけがスマホをとおして「オンラインゲームに没頭」しているという見解は、ステレオタイプ（俗流わかもの論）といえそうだ。

土井隆義は、「日本の若者や子どもたちが陥りがちなのは」「つながり依存のほう」であり、「小中高の児童生徒たちのネット接続時間の大半は、他者とのコミュニケーションに費やされて」おり、「とりわけリアルな人間関係を円滑に保つために、ネットを駆使する傾向が強い」と指摘する（どい 2014: 20）。

るが、仔細にすぎるきらいがある。たとえば10年ぐらいでのおおきな変容の本質がどこにあるのか、少々みえづらくなる。その点、橋元良明らの世代論は、時代を俯瞰するのに便利である[9]。

ちなみに、橋元・木村らの研究蓄積をうけた高橋利枝は、つぎのように図式化する（たかはし 2014: 52-3）。

〔……〕ここでは世代間と世代内の格差を考慮するため、世代軸とデジタル・ライフスタイル軸（デジタル実践者Live Digitalと非デジタル実践者Non-LiveDigital）によって、現代を生きる人たちを以下のように四つに分類しました（図表1）。

第1に、デジタルネイティブ（Digital Natives）。これは、パソコンや携帯電話などの情報機器や通信機器を日常的に利用し、高度なデジタルリテラシーを習得しながら、社会化の過程を経た若年層世代を意味しています。特に、ソーシャルメディアや、ニコニコ動画やYouTubeといった動画共有サイトを積極的に利用することによって、積極的に情報収集やコミュニケーションをしている若年層世代を指しています。

第2に、デジタル異邦人（Digital Strangers）。これは、高度情報化が実現された社会に生まれながら、社会・経済的格差により日常生活において、パソコンや携帯電話などの情報機器や通信機器を利用することなく生活してきた若年層世代を指します。

---

[9] 関連するとおもわれる点として、「西鉄バスジャック事件」（2000年）や「秋葉原通り魔事件」（2008年）の犯人が1982〜3年ごろうまれた青少年だったことから、「キレる17歳」とか「理由なき犯罪世代」など世代論的にかたられた経緯もとりあげておこう。識者が指摘するとおり、この世代の犯罪率が特段たかいといったデータなどあるはずもなく、世代と事件の関連性が不明なことはいうまでもない。

ただし、かれらが神戸連続児童殺傷事件（1997年）の犯人と同世代であることを意識していた点は無視できず（西鉄バスジャック事件の犯人は神戸連続児童殺傷事件の犯人「酒鬼薔薇聖斗」を崇拝していたとされる）、また「2ちゃんねる」などネット上の掲示板に犯行予告するケースが複数みられ、既存のメディアが少年犯罪への不安をあおりたてた風潮とは別に、犯罪の「コピー」関係が否定できない。ネット掲示板については、小川克彦が「秋葉原通り魔事件」をとりあげ、「ネットいじめ——あいまいなリアルとネットの境界」という指摘をおこなっている（おがわ 2011: 181-3）。

第3に、デジタル定住者（Digital Settlers）。デジタル定住者は、幼少期から家庭や学校などでパソコンや携帯電話などの情報機器や通信機器に接触しながら育ったわけではありませんが、ある程度の社会化の過程を経たあとにデジタル世界に入り、高度なデジタルリタラシーを習得し、日常的にそのような能力を生かした実践をしている人を指します。

　第4に、デジタル移民（Digital Immigrants）。デジタル移民は、これまでの生活のなかで、デジタル世界を経験することがなかった人たちを意味します。

図表1　世代とデジタル利用による四分類

	デジタル世代 Born Digital	非デジタル世代 Non-Born Digital
デジタル実践者 Live Digital	1　デジタルネイティブ Digital Natives	3　デジタル定住者 Digital Settlers
非デジタル実践者 Non-Live Digital	2　デジタル異邦人 Digital Strangers	4　デジタル移民 Digital Immigrants

（高橋利枝他 2008, p.72）

　「デジタルネイティブ（Digital Natives）」／「デジタル移民（Digital Immigrants）」という単純な二項対立的な世代論に対する決定的な批判といえよう。現代日本にかぎらないが、デジタル異邦人（Digital Strangers）が若年層にも実在すること、こういった伏在する多様性／格差を経済先進地域の都市部がかかえこむ相対的貧困問題と関連づけて考慮しておく必要がある。

　ただここでは、既存の議論との混乱を生じさせないよう、デジタル世界を経験することがなかった層をデジタル移民（Digital Immigrants）とする図式はとらないで議論をすすめる。

　それはともかく、各世代が情報ツールに対してどのように対照的な身体感覚なのかを次節で解析してみよう。

3. 「デジタルネイティブ」の実感：身体感覚の世代変動

3.1. 「76世代」から「86世代」への変質

　橋元らのいう「76世代」≒「デジタルネイティブ第1世代／第2世代」は、先行世代と、これから社会の中軸と化していく「96世代」をふくめた「デジタルネイティブ第4世代」とにはさまれた過渡期をつないでいる世代といえる。かれらは、能動的にネット空間とつながるとか文書作成や発信をするためにはPCが不可欠と、とらえる感覚が支配的だった点では旧世代（「デジタル移民」）とつよい連続性をもっている。かれらは、橋元らが指摘するように、ケータイの画面を享受するうえでちいさすぎると感じている点も、キーボードという入力装置を自明視しPCのディスプレイでおちつける／なごめるという点でも、旧世代と同質な身体感覚を共有しているといえよう。

　つぎに、橋元らのいう「86世代」のうち「デジタルネイティブ第3世代」は、ケータイでのモジ入力が苦にならず（日常）、むしろキーボード入力がにがて（非日常）。ケータイ画面がちいさく感じず、PCのディスプレイはあらたまって校正など確認するための大画面（非日常）と感じる。橋元らは、

　　　76世代：PCで書く、ケータイで読む。最低40インチ以上のテレビが大画面
　　　86世代：ケータイで書く、PCで読む。PCの画面が大画面

とまとめた（はしもと ほか 2010: 54-63）。
　また行動様式（メディアの享受）として、それぞれを、

　　　76世代：テレビとPCのダブルウィンドー
　　　　　　　テキストベースの会話によるコミュニケーション
　　　86世代：テレビとケータイのダブルウィンドー
　　　　　　　通話とテキストベースの会話によるコミュニケーション

とまとめている（はしもと ほか 2010: 63-71）。

「ダブルウィンドー」とは、複数のディスプレイを同時並行的にみる視聴スタイルをさすが、両世代がネット空間／知人ネットワークと、なにをベースにつながっているか端的に差が浮上する。これは、橋元らが着目するとおり、「初対面はPCが先？　ケータイが先？」という世代差の産物といえよう。

おなじく、「76世代」は夫婦間でさえ、「相手のしていることを中断させたくない」とか「直接のリアルタイム対話で生じる「ぎこちなさ」を回避したい」といった配慮／無意識がはたらいていると推定される（同上: 70-1）。一方、「86世代」は、「76世代」よりも直接通話をえらんでいるという。経験した通信費を規定する料金体系など時代差の影響らしい（同上: 66-9）。しかし、これも「初対面はPCが先？　ケータイが先？」という世代差の産物であり、移動端末がどの程度身体化しているかの差といえそうだ。「76世代」が家庭内での個人主義的時間をPC中心にすごしているのに対して、「86世代」はケータイ中心に個人主義を謳歌しており、必要に応じてメールや通話をつかいわけているのだろう。

3.2.「ネオ・デジタルネイティブ」の身体感覚／時間感覚

一方「ネオ・デジタルネイティブ」とか「デジタルネイティブ第4世代」などとよばれる世代は、携帯端末が「第二の身体」と化している。目や耳や大脳の延長物として携行される装着物のような感じである。いわば、近視／遠視用の眼鏡や、身体障害者にとっての、くるまイスのような存在か。かれら新世代は、ネット空間を前提にしたコンピューターの計算／記憶能力を「身体化」した層であり、身体感覚は「肥大」している。

かれらは同時に、おやゆびと音声で情報処理する行為に過剰適応している存在ともいえる。おそらく、ノートパソコン等キーボードに入力するという行為自体「原始的」に感じる心理を共有しているとおもわれる。かれらにとって、鉛筆などアナログな筆記用具は論外として、キーボード入力さえも、合理性を欠落させたデファクトスタンダードとして、可能なかぎり回避したい操作である。なぜなら、かれらの主体的な情報行動（収集／処理／発信）は、おやゆびと音声（マイク／スピーカー／イヤフォン）で充分であり、PCという「重厚長大」な物体も「お荷物」だから

だ[10]。データ蓄積という前提とか、複数回の編集過程をへた完成文書の作成は、官僚制における文書主義への面従腹背、職業上の「おつきあい」にすぎない。初等教育段階でトレーニングされたアナログ感覚を日常的には忘却しつつある世代、職業上「おつきあい」しているだけの世代といいかえられるだろう。

　また、新世代にとっては、モジ／音声にかぎらず、データは、流動体として重量をもたず、必要なときだけ発生しすぐさま不要化して消失するような、明滅する情報にすぎない。短文でのやりとり[11]、返信までの時間を可能なかぎりみじかく努力する「5分ルール」など、ベッド上、トイレ内、歩道上等、利用空間をほとんどとわず[12]、短時間で短文の送受信をくりかえす。しかもやりとり終了後すぐにわすれるようなコミュニケーションが支配的なのだ。さらにいえば、この「軽薄短小」の行動の蓄積が1日のうちにしめる時間がバカにならない。休日は10代でメール38.7分／SNS 78.3分、20代でメール35.8分／SNS 52.0分というデータもある。これら時間／空間をとわない長時間利用（「スキマ時間」の蓄積もふくむ）は、多分に依存症的と

10　PC操作による腱鞘炎も以前から問題化していたが、ドケルバン病（狭窄性腱鞘炎）、「ストレートネック」、スマホ老眼などが近年話題化しているのは、主婦や学生など非ビジネスパースンに症状が激増しているからであろう。そもそも同様の利用時間のばあい、一覧性がたかいPC画面がケータイより眼精疲労などの酷使をうむはずがない。キーボードも十指を酷使するというよりは、親指に特化した過剰運動をさけている点で相対的にずっと負担がちいさいとさえいえる。問題は1〜2kgと総重量がおおきい点だけか。

11　高橋曉子は「LINEの登場により、コミュニケーションが短文化している。メールなどのように文章でのやりとりではなく、一言単位でのやりとりが繰り返される」「文節で送信されたり、相手の全文を待たずに合間で送信したりすることが多い」「（チャットでも）とりあえず単語単位で送ることで、相手を待たせることなく、ほぼリアルタイムでのやりとりが可能になる」とする。さらには「これまでも絵文字、顔文字、デコメール（静止画像やアニメーション画像なども利用したメールのこと）などが中心だったのが、さらに写真のみ、動画のみでの交流も生まれている。LINEではスタンプだけのやりとりも頻繁だ」と指摘する（たかはし・あきこ 2014: 195-7）。これは、「短文化」というよりも、「文章ばなれ」傾向というべきだろう。端的にいえば、省力化（あらゆる意味でのコミュニケーション・コストの圧縮）が、メディア環境（基本的にはデジタル化による複製技術）の進化にそって急伸中といえよう。

12　ケータイ依存症的利用者に対応するために浴室にもちこめる「防水ケータイ」はもちろん、水中利用を前提にした防水ケースさえも登場している（防水耐衝撃ケース OPTRIX for iPhone6「水深10mまでOKの完全防水、耐衝撃性はUSAミリタリーグレード」）。

いえよう[13]。ほとんどがプライベートな時間利用のなかだからだ。

「プラットフォームシフト」を前提とし、おもには画像（動画／静止画像）を自在に別の時空で享受・共有するという姿勢も、それは《流動体として重量をもたず、必要なときだけ発生しすぐさま不要化して消失するような、明滅する情報》という本質として共通している。それら画像データは、デジタルであるがゆえに、フィルムや画集などのような物理的スペースを要しないし、重量物にもなりようがない。物理学でいう「質点」のように、あたかも体積も重量ももたない「位置」だけのような存在であり[14]、かつ利用者の身体のうごく空間にほぼ自動的に付随して移動可能である点で"wearable"といえる。眼鏡にくみこまれる携帯端末までうりだされる時代がきているのだから、当然といえば当然だろうが[15]。

13　比較的ひまな10代でも、休日の、たかだか2時間弱にすぎないと感じるかもしれないが、統計データはあくまで平均値である。平日をふくめた1日平均で3時間以上のソーシャルメディア利用と回答している層が1割強という調査もあるとおり、実態を軽視はできない（そーむしょー 2014: 161）。「世界24カ国の平均で一人あたりのソーシャルネットワーク（以下SNS）利用時間は一日3.6時間だったが、この調査の対象国における最下位は、なんと日本だったことが判明した」といった記事もあるが（マイナビニュース 2013）、他国との相対化によって、「もっとも短い国は日本とフランスでともに2.3時間だった」という指摘は両国の実態を過小評価しているだけであり、本質の矮小化でしかない。同記事がつたえている「70％以上の人々が日常的にSNSを利用しており、一日平均3.6時間をSNSに費やしている。これは、睡眠時間を除く一日の活動時間の25％以上になる」という世界の大衆の依存症的状況こそ異常というべきだ。

14　ここで物理学の質点になぞらえたのは、動静が変化しつづける利用者の掌中という「位置」以外に、端末の物理的意味が消失するという意味からである。おおくのケータイ端末が100g台であり、利用者の体重・体力、ほかの携行物と比較すれば、存在しないも同然の水準に達したといえるだろう。

　　ケータイ小説（後述）の熱心な読者である女子高生が「自分のパソコンが欲しいと思う？」という質問に対して、「思わない。ケータイで全部できちゃうから。ケータイはメールもできるし、パソコンは持ち運びづらいし、やっぱりケータイ」とこたえているのは、象徴的である（よしだ 2008: 74）。回答者は2007年ごろ16歳前後なので、ネオ・デジタルネイティブ層といえるだろう。

15　この延長線上には、警察・警備関係者などが現在利用しているイヤフォン型のトランシーバーと同様、携帯端末を耳・口にかざさないかたちでの利用とかわり、頭部の一部として重量を意識せず携帯される端末の段階がやってくるだろう。近年、歩行しながらのケータイ利用は、突然の会話の一端の露呈とか、画面に気をとられて視野狭窄な危険な行動などして、逸脱した言動としてうけとめられてきた（日本語版

ここでは、前述した「5分ルール」について、少々補足しておこう。それは、ネオ・デジタルネイティブの一部の時間感覚を象徴しているからである。携帯電話などモバイル端末を共有するなかま同士で、受信したら5分以内に返信することを自明視する、ピアグループ間での規範・圧力のこと。集団によって「3分ルール」「15分ルール」「30分ルール」等、ばらつきがみられる。

　　「5分ルール」とは、友人同士「お互い心配させないために、メールの返信は5分以内にするようにしよう」と子ども同士で決めるルールです。一見お互いのことを思いやるルールですが、実際には相手の生活や行動に配慮せず「返信を強要する」ルールになっています。このため、返信が遅れて仲間外れにされる事例が発生しています。また、具体的にこのようなルールを作らない場合でも、「返信をしないと相手に悪いのではないか」と考えたり、返信の早さややりとりの数に意義を感じて、片時もケータイ・スマホを手放さず風呂に持って入ったり、家族との食事中も常にメールに返信していたりするなどの「依存状態」の子どももいます。なお、最近の無料通話アプリでは、「10秒ルール」と言われるくらい、さらに依存度を増しています。[16]

　「子どものケータイと学校の「裏サイト」対応に関する学会共同調査」(日本子ども社会学会第15回大会 発表資料)[17]のように、こういった規範にそって行動しているのは3分の2程度の生徒にすぎないと、過度の一般化をいましめる報告もある。
　それうけて「若者のケータイ利用においては、電話よりもメールの頻度が多いことを示すデータが多くありますが、それはメールの方が、電話よりも「距離感」をコントロールし易いと捉えられているからです。そのため「時間があるなら早めにレスをした方がいい」「30分メールが返ってこないと、遅いなと思う」という意識はあっても、「絶対に即レスをしなければならない」という強迫を（分単位で！）他

　　ウィキペディア「歩きスマホ」)。しかし、こういった違和感さえも感覚マヒし、ごく
　　通常の行動様式とうけいれられていくのであろうか。
16　「ケータイ・スマホに潜む問題と危険」岡山県『ケータイ・スマホの正しい使い方』
　　http://www.pref.okayama.jp/kikaku/joho/keitai/mondai/gutairei.html
17　http://www.js-cs.jp/wp-content/uploads/pdf/survey2008a.pdf

者に迫るものではありません」と断定する論者もいる[18]。しかし、こういった断言ができない関係性があるからこそ、3分の2もの生徒たちが「すぐに返信する」と回答している（同上）とかんがえられる。たとえば、「返信がすぐ来ないとムカつくか」というといに対して、8わりが「あまり気にならない」と回答しているものの、「とてもムカつく」「少しムカつく」が2わり程度もいる点こそ重要だ。木村忠正は、インタビュー調査により、「デジタルネイティブ第4世代」の中高生時代に「5分ルール」があったとの証言を複数えている（きむら・ただまさ 2012: 128-9)[19]。

松下慶太は、こういった感覚について、「ケータイ・メールを送った側からすると、そもそも電波が届かないとか、電源を入れていない、という状況は現代の日本、特に中高生では考えにくいし、相手がどこにいようが、何をしていようが、返信できないほど忙しいというシチュエーションもあまり考えられないのかも知れない。しかし〔……〕ケータイ・メールのよいところの一つは通話と違って、すぐに応答しなくてもよいというところにあったはずであるが、すぐに返さなくてもよいからこそ、逆説的に早く返すことに価値を見出しているとも言える」としている。また「コミュニケーションの圧力を受け手が感じる一方で、送り手には、返信が来るのだろうか、という不安が広がっている。ケータイにおいて返信欲しさにいろいろな人へメールを送ることは珍しいことではない」（まつした 2012: 48）。

こういった依存症的心理について、ダナ・ボイドは、「ほとんどの強迫性障害とは異なり、ソーシャルメディアにのめり込む場合、ティーンの社会性が欠如しているということはない」「ほとんどのティーンはソーシャルメディア中毒ではない。もし中毒だとしたら、それは友達同士お互いに中毒になっているのだ」とほぼ全否定する。ミハイ・チクセントミハイのいう「フロー」状態にあるだけで、時間感覚

18　「■「学校裏サイト」と「ネットいじめ」の現状〜より豊かな「ケア」のために〜」『荻上式BLOG』2009-09-19（http://d.hatena.ne.jp/seijotcp/20090919/p1）。

19　大学生になると個々人のすごしかたに個人差がおおきくなることもあってか、こういった相互の心理的拘束もいく分かはよわまるようだ。そして、中高生でも個人差はおおきいようだ。たとえば、筆者の授業の受講生のひとり（1995年うまれ）は、「私は携帯時代から返信するのが遅かったせいか"LINE"になっても、2〜3日遅れで返信することもざらです」とこたえている。かのじょは（大量利用の割引が可能となる）「パケット設定をしていなかったので、メール・電話・カメラのみ使っていました」とかたっているので、携帯端末の機能や友人関係に耽溺するヘビーユーザーではなかった側面もおおきいだろう。

がマヒし集中力がたかまる幸福な没入観にすぎないと肯定さえする (ボイド=野中モモ訳 2014: 130)。しかし、松下慶太が「パーソナル・メディアではないが、mixiが普及していった結果、「mixi疲れ」という言葉も登場した。「日記を書いてから5分以上レスがつかないとそわそわします。病気かもしれません」というように、mixiで自分が書いた日記に対してmixiでつながっている他のユーザーからの反応がないと不安になってしまう「mixi依存症」とも言えるユーザーが登場した。」「他の人からのコメントがあると自己を承認してもらったという認知欲求が満たされる。その結果、コメント欲しさに日記を書くという、本来とは逆転した行為となってしまっている」(まつした 2012: 48) という指摘していることは重要だ。ボイドは、かれらが「友達同士お互いに中毒になっている」だけだというが、承認欲求にかわき、承認をえられないのではないかと不安につきうごかされて携帯端末にすがらざるをえないのである。それは、たとえばパートナーなどとの至福の時間に没入しているフロー体験とはことなり、多分に依存症的心理だろう。パーソナルな関係性に一時的に耽溺しているのではなく、なかまから孤立したくないという不安がつきうごかしているのだから。社会学者の土井隆義は「昨今の子どもたちにとって、ケータイ（携帯電話）やスマホ（スマートフォン）などのモバイル機器は、友だちとの人間関係を円滑に維持するために必須のツールとなっている。」「これらのインターネット接続機器がないと、現在では日常の人間関係を維持することすら難しくなっている」(「つながり過剰症候群」) とする (どい 2014: 2)[20]。すでにのべたように、1回ごとの「軽薄短小」なやりとり、終了後しばらくたつとわすれてしまうような情報行動が支配的なのに、消費された総時間がみじかいとはいいがたい点で、軽視できない。

20　ソーシャルメディアを介した知人関係への執着・依存については、「つながりを煽られる」とか「つながりに溺れる」といった把握がなされている (どい 2014, たかはし・あきこ 2014)。ボイドらの見解は、すくなくとも現代日本の10代については楽観的といえそうだ。個人差はおおきいものの、知人関係を維持するために長時間化する利用実態や、「ネットいじめ」問題も深刻だからだ。

3.3. アナログ的空間をしらない世代の身体感覚と心理的距離

　ところで「昭和」という第二次世界大戦をはさむ60年あまりの時代（1926〜89年）のうち、現代の平均的日本人がイメージする時空は、戦前の約20年間を除外した戦後復興期／高度経済成長期／オイルショック／バブル経済期の約40年間である。そして、つづく「平成」期にそだった世代はもちろん、それ以前の「昭和」うまれ世代でも、戦後復興期／高度経済成長期は、ドラマ／アニメーション／テーマパーク等で「学習」するイメージ上の産物にすぎない（「レトロ」とよばれ、たとえば「新横浜ラーメン博物館」[21]などが代表するもの）。

　ダイヤル式の「黒電話」[22]は、アニメ「サザエさん」[23]や「ちびまる子ちゃん」[24]などに登場する家庭の固定電話として接するものだし、手回し式で交換手をよびだす電話機は、たとえばジブリ作品の「となりのトトロ」[25]などで、「むかし」としてイメージされるものである。その意味で、社会学者佐藤健二[26]が指摘しているように、「黒電話」に代表される、一家に一台、玄関さきにおかれた固定電話が、「リビングルーム」[27]へとうつっても、「通話」行為の身体性については、おおきな変質はなかった。佐藤が解析しているとおり、「子機」とよばれる受話器が移動可能なタイプにかわった時点で、個室で家族の干渉を気にせず通話が可能になった点が大転換点であり、つぎに「ケータイ」が大衆化した時点で第二の革命がおきたのだ。これらのプロセスを実体験している世代と、それらの完了後に幼少期をおくった世代とでは、モバイル感覚に質的な断絶があるのは当然だ。現在では、軍や警察・警備関係

21　ウィキペディア「新横浜ラーメン博物館」、新横浜ラーメン博物館公式HP（http://www.raumen.co.jp/）
22　過去の電話については日本語版ウィキペディア「黒電話」、および英語版Wikipedia "Rotary dial"。
23　ウィキペディア「サザエさん（テレビアニメ）」
24　ウィキペディア「ちびまる子ちゃん」
25　「「となりのトトロ」全セリフ集」（http://www.geocities.jp/akutamako/totoro-serifu/totoro-serifu.html）
26　東京大学大学院人文社会研究科文化資源学研究専攻　佐藤健二（http://www.l.u-tokyo.ac.jp/CR/staff/sato_kenji.html）
27　ウィキペディア「居間」

者、船舶・航空機ほか輸送関係者だけが利用しているようにみえる無線機が、ほんの40年ほどまえは、アマチュア無線や市民バンドなど、トランシーバーが先端的にみえていた時代感覚も、わかい世代には理解不能だろう。「音声」や「文書」を遠距離にとどけることのコストがたった数十年で急落したのだ。通信衛星やネットによる世界同時的な情報配信などが自明の現在しかしらない世代には、《なかなかとどかない、もどかしさ》《しばしば、とどかない不安定さ》などは、到底理解不能だろう。

したがって「ネットがなかった時代は、どうやって情報収集していたのですか？」とか、「パソコンが普及していなかった時代は、どうやって情報処理していたのですか？」といった若年世代の素朴な質問も、「発明」後、「普及」後の世代にとっては、いだいて当然の疑問である。「なかった時代」にそだった世代は、「発明」「普及」という段階を理解しているが、「ある時代」にそだった世代は、それこそ前近代を「ドラマ」として理解するのと質的に大差ない。「ググる（検索エンジンGoogleを利用して自力でしらべる）[28]」[29]というインターネットスラングが定着したように、「とりあえずネット空間での情報にあたる」という感覚が10代でみについた世代にとって、「なかった時代」の現実は理解不能である。

少年少女期に、自転車／自動車を運転できるようになり、公共交通機関を利用して遠隔地にいけるようになるにつれて、成人に準じた自由を獲得するように、スマートフォンやPCへのアクセスがゆるされるようになった時点で、幼児期は完全におわりをつげる。「（自分で利用できるツールが）なかった時代」は急速にわすれられ、「ある時代」で呼吸する世代として成長していくのだ。「デジタルネイティブ」世代とは、そういった意味で、「アナログ」しか利用できない空間が基本だった時代が日常周辺から消失した世代といえる。かれらは、ケータイがつながらない山野とか第三世界などにでもいかないかぎり、「アナログ」しか利用できない生活を実体験できないのだ。「ケータイ」をつかわせない学校空間[30]や訓練空間、スポーツなど身

28　https://en.wikipedia.org/wiki/Google_(verb)
29　"gugu-ru"（ググる）
30　日本の小中高校は、授業中の利用はもちろん、学校への持参自体禁止していることがおおい。保護者との連絡用等に持参がゆるされていても、帰宅まで学級担任があずかる規則が普通である。

体運動の最中など以外、わかものたちは、常時「(デジタル的に) つながっている」「すぐにつながれる」空間をいきている。

　ソロバンや計算尺や筆算をせず、計算機をつかって処理する。いやGoogle検索で計算する。メモがきさえせず、ボタンやマイクにむかって入力する。対面状況を要さないだけでなく、肉声での対話さえ必要と感じない。日記などをふくめた記録の蓄積などはめざさず、情報はリアルタイムでタイムライン上を通過し、すぐにわすれられていく（必要だと感じるなら、Facebookなどにライフログとして、画像や音声などふくめデータ蓄積する）。本や雑誌を購入することがないことはもちろん、書店や図書館で情報収集することも可能なかぎりさける（購入するかどうかはともかく、ケータイ端末上で享受する）。……かくして、必要最小限の物財／情報しか周囲にかかえない「ミニマリスト」的生活が自明のこととなっていくだろう。たしかに、災害時／停電時など非日常的な事態にまきこまれないかぎり、必要以上のモノを保管・携帯するのはムダがおおいし（災害時用備蓄等の準備を黙殺すればだが）、当座不要な情報も感覚器をわずらわせない方が雑念も発生せず静謐／平安な精神状態が維持できる。ネット空間を最大活用した宅配サービスを前提に消費生活がおくれ、適切なネット検索による必要最小限の情報が適宜えられるなら、それはムダのない生活だろう。データ消失にそなえバックアップをおこたらないシステムを構築しておけば、場所をとらず／えらばず、そして劣化／焼失／盗難などのリスクもかかえないと、いいことづくめのようにみえる。旧世代のモノ／記憶／情報などへの執着は理解不能だ。なにしろ、モノや情報はあふれるように存在し、適宜提供されるものだし、調達コストはかぎりなく無料にちかいのだから。

　このようにかんがえたとき、身体感覚が異質にならない方が不自然だろう。川本敏郎は、『簡単便利の現代史』という文明批評の副題を「高密度消費・情報社会の行方」とし、高度経済成長期以降の日本社会をきびしく批判したが、その骨子は複製技術などによる大量生産が大量消費を促進する高密度消費社会をもたらし、それを基盤に高密度情報社会が到来して、日本人の心身、特にわかい世代をむしばむという警告だった。ハンバーガーとコンビニおにぎりというファストフードが象徴する簡単便利をよしとする食文化。デジタル的な要素の増大のすえにiモード携帯電話の急激な普及に代表される情報社会の急変が根底的にコミュニケーションプロセスを変質させ、人間関係を平板かつ破壊的なものにかえていくと非難したのである

(かわもと 2005)。10年以上をへて、提出された事実認識と論点をふりかえれば、その大半は「料理上手な母親」を美化するような、ジェンダーバイアスと若年世代差別にみちあふれた「俗流若者論」のたぐいであった（ごとー 2008）[31]。

しかし、川本が着目する「iモード携帯電話」の登場（1999年）から数年での爆発的定着は、たしかに日本人のコミュニケーション生活を一変させ、おそらく身体感覚さえもかえたとおもわれる。Windows95の爆発的普及にもとづくネット社会の定着のうえにさらに生じたデジタル革命といってさしつかえないのである。川本の懸念のおおくが「いまどきのわかものは……」系の非難であり、先行世代による「むかしはよかった」論であるにせよ、「高密度情報社会」の特性としてあげられた要素のうち「距離と空間の無化」「二十四時間疑似接続感覚」という2項目は、現在もふるびていない着眼といえよう。また「おしゃべりの自己目的化」と「人間関係のデータベース化」という関係性／コミュニケーションスタイルの変化は、すくなくとも「ネオ・デジタルネイティブ」世代ではごくあたりまえの現実のはず。

ただし、佐藤健二は「ケータイメール」の特質として、三宅和子らの研究成果を整理するかたちで、適度な親密さと適度な距離のバランスがとれるツールとして、おもに親しい友人間で活用されているとした。しかも、そこでは「同時中継」性など「日常の同期的共有」が追求される一方、「双方向性の留保あるいは引き延ばし」「非同期の自由」といった心理的距離の確保ももくろまれているとする（さとー 2012: 218-21，みやけ 2005: 138-9）。

川本がケータイ利用を冷笑的に評して「離れていても相手と共に居る、生活を共有しているといった錯覚を、自分に信じ込ませようとする。」「それはヴァーチャル的であり、砂上の楼閣のようにいつ崩れるか分からないからこそ、いつでも誰かと繋がっていることを確認せずにいられない。」「便利なケータイを使いこなしているというよりは、ケータイによって拘束されているという倒錯した事態を招いている」とか、「いつでもどこでも繋がっていると信じ込むためには、おしゃべりは欠かせない」などと平板に矮小化してとらえている（かわもと 2005: 193）のとは対照的だ。

したがって、川本の論難する「二十四時間疑似接続感覚」は、病理現象として冷

31　ウィキペディア「後藤和智」参照。

笑的に把握すべき対象ではなく、デジタルネイティブ世代にはごく一般的な生活感覚として定着している現実として再考すべきであろう。共同体的な人間関係を喪失した現代人が喪失感をうめ、空虚感をみたすためにつくりだした（同上）といった解釈は、世代論的には俗流若者論の典型例であり、時代診断的には技術革新を負の側面でしかうけとめられず、単なる心理的反動におちいって現実を誤読しているだけではないか。川本が「肉体の五感よりも、機器を通したヴァーチャルな感覚の方にリアリティを感じるようになる」（同上）などと非難がましくのべていることでもわかるとおり、かれには対面状況以外が疑似コミュニケーションとしかうけとめられないし、「若者のコミュニケーションツールは、書き文字ではなく、メールに変わっている」（同上：188-9）とのべるなど、ICTの介在するやりとりは、すべて不充分で不純な存在として矮小化されてしまう。たとえば、国学上の私淑関係などが、写本など肉筆による継承行為だったにせよ、そもそも毛筆などによる文書の生産／受容という非同期的なコミュニケーション自体が、対面的関係から遊離したものだった。肉筆であろうと、その非同期性ゆえに非対面関係は冷厳とした現実だ。それは録音の再生としてのラジオ放送であれ（放送大学の放送教材や昭和天皇の肉声による「玉音放送」etc.）、YouTubeの再生であれ、時空を共有していないという点では通底する[32]。

　非同期性については、「オンタイム」というキーワードによって同期性を強調する、橋元良明らの議論についても、つけくわえておく。橋元らはツイッター／ニコニコ動画などが日本で流行した原因を、「ネオ・デジタルネイティブ」世代の「情報の随時更新」「間断なき変化による絶え間ない刺激」を貪欲に追求するという性格にもとめている（はしもと ほか 2010: 151-9）。この指摘は市場を巨視的にとらえるばあい妥当だろう。マーケティング関係者がこの方向性で市場を把握することはまちがっていないし、「ネオ・デジタルネイティブ」世代が人口比をまし市場の中心をしめるにつれて、ネット上の「オンタイム」のサービスが肥大化していくとかんがえられる。しかし同時に、「ネオ・デジタルネイティブ」世代全体が、あたかも非同期

32　高密度情報社会を否定的にしか理解できない人物には現実はわからないままだったかもしれない。川本は、末期がん患者として闘病生活をブログで10か月にわたって発信しつづけたが、死後ものこりつづけるブログの非同期性とその意義（公開記録）をどう整理していったか、もはやたしかめるすべがない。

性からとおざかるというみとおしをたてるなら、それは本質主義的な誤解だとおもわれる。すでに、「同時中継」性など「日常の同期的共有」が追求される一方、「双方向性の留保あるいは引き延ばし」「非同期の自由」といった心理的距離の確保ももくろまれているとする佐藤健二の指摘のとおり、「同時中継」性など「日常の同期的共有」が追求されるのは、ツイッターなど「オンタイム」で時間を共有したい気分のときだけだ。

　いや、ツイッターで自分のこれからの行動を配信するときには、ライン上で「同時中継」をしているというより、数分〜数十分後に合流してくれるかもしれない「同志」の募集かもしれないのである。「これから△△にたべにいくよ」とは「△△で食事をともにするひと募集」というメッセージを、アドバルーンとしてライン上になげているのだ。これは「自分がこれから△△の料理を実況中継するぞ」という予告ではない。たとえば「これから△△で一緒にたべるひと募集中」と直接的にさそうことなく、ツイッター上をたまたまみていてフォローしてくれる読者に「これから△△にたべにいくよ」とかたりかける姿勢こそ、ゆるい知人ネットワークにあわい期待をかけたアドバルーンである。数十分後だれも合流してくれず、当初の2〜3名のメンバーだけでおわるかもしれないし、予想外の集団と化してもりあがるかもしれない。前者におわる可能性をみこしているからこそ、「双方向性の留保あるいは引き延ばし」「非同期の自由」というかたちで、読者に配慮するとともに、おもいどおりにならなかったときに、自分たちが不必要にきずついたりしないための心理的距離の確保なのだとおもわれる。ツイッターやニコニコ動画がわかもの世代に流行・定着したからといって、わかもの全体が「非同期の自由」をもとめていないかのような錯覚をしてはならないだろう。

　一方、ケータイ／スマホを不可欠の身体の延長物とみなす心身感覚は、確実に定着し、ひろがっているとおもわれる。それはペットロスほどではないにしろ（ましこ 2012b: 173-6）、たとえば「スマホロス」という新語は、単なる一過性の流行語ではないとおもわれる。たとえば、つぎのような指摘があるように。

　　スマホは、単なる電話機ではありません。アドレス帳、スケジューラ、路線案内、位置情報といった生活に必要な情報に加え、SNSでの友達とのやりとり、思い出の写真など自分の体験をスマホに残しているからです。つまり、

スマホは、自分の分身であり、離れることのできないパートナーといった存在になっているのではないでしょうか？　だから、そんな自分の"分身""パートナー"が故障したり紛失したりすると、この世の終わりともいえるような喪失感にさいなまれます。[33]

　つまり、知人との関係性としては「同期性」「非同期性」のバランスがつねに意識されているが、スマートフォンなど携帯端末を介した外部との接触という意味では「同期性」が基調となる。不可欠の身体の延長物とみなす心身感覚は、ある種依存症的な心理の産物である。その意味では、「外部」との非同期性の確保自体が、実は自身の身体と化した携帯端末を介して維持されるのである。受信したモジ情報に「即レス」するのかどうか、「既読スルー」というかたちで少々放置するのか、そういった返信のタイミングにまつわる心理的距離の確保自体が携帯端末という電子装置によってはじめて発生する現実なのだ。「同期／非同期」のバランスは、常時同期できるかのような体制があったうえで、距離がはなれた各人が各自の主体性をもって判断するものなのだ。

　さらにいえば、現在は、「人々が日常生活において常にネット上の情報を参照しているような状況」が一般化している。富田英典らは「オンライン情報を常時参照しているオフラインをセカンドオフラインと呼ぶ」(とみた 2016: 2)。もはや「オンライン／オフライン」を区別すること自体が無効化し、「同期／非同期」といった軸とは別次元のコミュニケーション空間が肥大化中なのである。ネット空間と同期したオフライン空間（対面コミュニケーションやパーソナルな情報処理）が常態化しているのだから。

---

[33]　石盛丈博「スマホしか持っていない方は要注意！　スマホロスからくる喪失感はハンパないんです!!」(http://pcfan.121ware.com/notice/1540/)

4. 「ガラパゴス化」空間としての日本列島と、日本的「デジタルネイティブ」の今後

4.1.「ガラパゴス化」の一要因としての漢字利用

　日本は、エレクトロニクスの第一線をはしる工業国としてしられてきたにもかかわらず、すくなくとも近年は、ケータイ／PC／家電製品などで世界をリードするどころか、工業先進地域としての存在感をみせることは激減したといってもよい。これらの現実は、ペルーのガラパゴス諸島の孤絶した特異な生態系になぞらえられて、「ガラパゴス化」[34]などと自嘲気味に、あるいは危機感をもってかたられてきた。実際、フィーチャーフォンやノートPCなどICTは、新幹線の運行システムなど同様、「外国市場で必要とされない先端技術」として、問題視されてきたのである。産業ロボットや自動車などの工業製品と対照的に、世界標準とあまりに隔絶した日本市場とそれに特化したメーカーの開発姿勢がそこにあった。数千万人以上という人口規模と消費者の購買能力という意味で、日本のメーカーは、たしかに「地産地消」を前提にした「内需」に特化した姿勢になりがちであった。では日本のフィーチャーフォンやPCが日本人消費層を前提に特化するかたちで洗練化されてきた経緯の背景（日本的事情）は、「デジタルネイティブ」の今後の動向にどう影響をあたえるだろうか？

　まず、日本列島では、漢字／かな混用表記が標準的な正書法の前提とされてきたため、書記日本語をICTのなかで実用化することに巨大な障壁となっていた。日本製のワープロ専用機はもちろん、PCがひきおこしたガラパゴス化も、基本的にはローマ字・アラビア数字を軸としない独自のモジ文化が障害となって発生していたといって過言でない[35]。結局、ワープロ専用機が個人利用として実用化するのは1980

---

[34]　日本語版ウィキペディア「ガラパゴス化」、および英語版 Wikipedia "Galápagos syndrome"。

[35]　周知のとおり、日本列島では、日本語のローマ字表記や、かな表記が運動体や個人によって、ほそぼそとつづけられてきたが、それが有権者をはじめとした識字層にとっての標準的な表記としてうけいれられたことは一度もなかった。あくまで外国人や幼児むけの「配慮の産物」としてのみ位置づけられてきたのである。その結果、一部の先進的な企業がカナタイプを社内文書表記として実用化したり（伊藤忠商事）、

年代なかば[36]、パソコンが大衆化したのは、Windows95の発売などが決定的となった90年代後半であった。実は、本章でとりあげた「デジタルネイティブ」の誕生は、こういった日本語漢字の技術的処理が確立し低コスト化したことと無縁ではない[37]。

　この漢字表記にしがみついた日本語話者たちの伝統主義は、固有名詞表記の維持コストなど、さまざまな障害をもたらしてきたし、現在もかかえこむ基本的要因として、ローマ字圏などと異質な社会的コストとなりつづけているが、ここでは詳述しない。いずれにせよ、漢字表記の維持は、さまざまな文化現象をもたらした。たとえば、幼児教育や初等教育のイントロ期以外、わかちがきしないという風潮が近代に定着してひさしい。わかちがき＝近代的正書法を発達させず、むしろ圧殺してきたのは漢字表記であった。それは、デジタルネイティブ世代でも同様であり、かれらは文節をスペースの駆使をもって分節することはなく、意味上のかたまりを表現するために、漢字を多用することになる。

　また、漢字表記による感覚マヒは、画数のおおい漢字を黙認することで「漢字弱者」（あべ 2006=2012: 153）を構造的にうみだすなど、さまざまな文化障壁／差別を再生産する一方、たとえば、膨大な「顔文字」文化を発達させてきた。!(^^)!　(-_-;)　(T_T)　m(_ _)m　orz[38]などは、アスキーアートや欧米の"smiley"等とは別種の「絵文字」的表現といえる。そこには、漢字の一部に象形文字がふくまれていた経緯が無縁ではない。アルファベットなど表音的な表記ではなく、図形的な構造をセットにするかたちで表意的な表現をくふうさせる文化がコンピューター文化のなかで結

　　　漢字等をあつかえない時代のコンピューターがカタカナによる出力で運転免許証や模擬試験結果（高度経済成長期以降の日本では、高校入試／大学入試準備のための業者によるデモンストレーションが市場化していた）の通知などをおこなった以外、鉄道駅構内の行き先表示や、高速道路等幹線道路の地名表示などでローマ字併記される程度が、関の山であった。

36　個人用パソコンの普及する以前にワープロ専用機が登場したことによって本格的に誕生した、日本列島における「電子文字の文化」の含意＝革命性については、たなか（1991）。

37　もちろん、その基盤としての、計算速度／メモリー量の急伸という「ムーアの法則」周辺の経緯も無視できないが。

38　これは、あくまで代表的なものの数例にすぎないが、それぞれ「おおよろこび（左右の!は「万歳」）」「ひやあせ／あせり（；はショックによる発汗）」「なきがお（Tは目と落涙）」「土下座したいほどの感謝（左右のmは指）」「絶望（oが頭部、rが両腕にささえられた上半身の側面、zが腰部と下肢の側面）」。

実したのである。

　インターネットスラングも日本独特の漢字文化ぬきに日本のネット空間を記述することは不可能である。たとえば、チャットや掲示板がシステム上設定している禁止ワード」（NGワード）を回避するために発生した、「氏ね（「死ね」と同音）」とか、蔑称をことばあそびとして表現した「厨房（「中学生坊主」の略称「中坊」と同音）」とか、「ネ申」（＝神）や「儲」（＝信者）のように表現したい字形を分解したり圧縮したりする手法／意識は、日本語漢字の詳細な知識を要する（外国出身者はもちろん、小学校低学年等も理解できない）。

　デジタルネイティブたちは、これら「顔文字」と「絵文字」とUnicode6.0の携帯電話の絵文字などを、漢字かな混用表記＋アラビア数字にまぜ、アナーキーにつかうことになる[39]。そこに動員される字種の膨大さは、非日本語圏の住民には想像もつかないだろう。

4.2.「ケータイ小説」というサブカルチャー

　漢字文化など字種セットの複数性とはとりあえず無関係だが、日本のケータイ文化のひとつとして、「ケータイ小説／スマホ小説」[40]もあげておこう。「ケータイ小説」とは、フィーチャーフォンを使用して執筆／発表／閲覧がなされる大衆文学であり、2000年ごろから登場し女子高生を中心に流行となった[41]。「スマホ小説」はそ

---

[39] 「顔文字」「絵文字」や「あいまい語」など、ケータイ・メールに特徴的な表現については、おがわ（2011: 170-3）参照。

[40] Wikipedia "Cell phone novel", ウィキペディア「ケータイ小説」, Calvetti (2015)。吉田悟美一は、「最初に携帯端末で書き下ろされ、まず携帯端末で読むことを目的として書かれた小説」と定義している（よしだ 2008: 8）。

[41] 後述するように、ウェブ上で大量の読者を獲得しただけでなく、書籍化もされ、一部はベストセラーとなった。しかし、享受形式の特徴として着目すべきなのは、「通勤・通学の途中で、待ち合わせで待っている時間に、ベッドに入って。ソファに寝転んで。ちょっとした日常のスキマの時間、リラックスした時間に、サクサクッと読む。スナック菓子をつまむように、ふわりとその中に入っていく。小さなケータイの画面の中に、限られた文字だけれど、飾りのない、リアリティのある言葉が流れてくる。それは、友だちから送られてくるメールの文面と印象が変わらない。そのメッセージの近さ」（よしだ 2008: 61）という点にあるだろう。それは、前述したようなケータイ／スマホの物理的かるさゆえの"wearable"な性格と、ケータイ小説

の後スマートフォンの定着によって「ケータイ小説」の延長線上で表現が進化したものをさす。特に、近年の作品は、プロの男性作家などによるマーケティングの結果としての作品ではなく、読者層と同世代のわかい女性が自己実現としてかいているものがおおく、まさにポップカルチャーの典型例とさえいえる。「スマホ文学」は、フィーチャーフォンよりずっと画像の解像度などがたかいことなどから、「ケータイ小説」よりも、よりこった画面づくりがなされているわけだが、いずれも、プロの編集者を介在させずに、しろうとが同世代に等身大で発信できる条件がそろったからこその現象といえる。いわゆる既存の文学などを基準にすれば「完成度」がひくいとみられてきたが、「ケータイ小説の女王」とよばれる内藤みか (1971–) などは、ケータイ小説の代表作のひとつ『いじわるペニス』(2003年12月) を発表するまでに、30点以上の小説、それ以前にゲームのノベライズ作品をかきつづけていたなど10年のキャリアをもつプロ作家であった (よしだ 2008: 47-9)[42]。ケータイ小説は書籍化もされ、発売一週間で100万部突破といった驚異的なベストセラーもふくめて、2007年12月段階で累計1000万部をこえていた (同上: 49-55)。2008年をさかいに「大ブーム終わった「ケータイ小説」　ベストセラーランク登場せず」といった悲観論もあるが、大手書店担当者の「08年は100位圏内に1冊も入っていない」という判断も、「儲かるとわかり大手出版社が参入し」月間10点以上刊行されるようになったことで1冊あたりのベストセラーがへっただけだったようだ。「初版2〜3万部程度なら時間をかければ売れるので、他ジャンルの書籍に比べて返品も少ない」[43]という事実があることはもちろん、そもそもケータイ小説は、書籍化を前提とせず、ウェブ上で享受されるものだったのである。

　たとえば、ケータイ小説サイトのひとつ「野いちご」(2007年5月30日開設) は、2015年時点で「書籍化作品、累計2165万部」「野いちご発のプロ作家は218人」を

のもつ作品の気がるさ（一部は深刻なストーリー展開であるにもかかわらず）とが、かのじょたちをつかんではなさない通底する条件なのである。物理的かるさと文体上のかるさとはおそらく不可分だ。ケータイ小説の享受が象徴するのは、対極としての「(重量上はもちろん操作上も) おもたいPC」と「(文体上だけでなく、ハードカバーなど物理的にも) おもたい小説」である。旧世代は、双方とも、かのじょたちの姿勢を本格的な情報収集とか教養主義からの「逃避」と矮小化したがるだろうが。

42　ウィキペディア「内藤みか」(https://ja.wikipedia.org/wiki/%E5%86%85%E8%97%A4%E3%81%BF%E3%81%8B)

43　J-CASTニュース, 2009/2/3, http://www.j-cast.com/2009/02/03034468.html?p=all

うたい、「月間アクセス数：6億PV」「デイリーユニークユーザー数：14万人／日」「月間ユニークユーザー数：70万人／月」「会員数：72万人」「投稿作品数：約49万作品　毎月約5,000作品ずつ増加」と主張している[44]。ブームがおわったというのは、紙媒体でおおもうけをたくらんだ出版関係者の感覚だけだろう[45]。

　ともあれ、参入（発表／享受）の「しきい」のひくさ、既存の文学がおびていた権威主義からも自由であるという性格は、もちろん近年のICTによるインターネットの大衆化によるものだが、同時に匿名性のたかい日本のブログ、同人誌をふくめたマンガ文化など、戦後日本の大衆文化という土壌あってこその独自な産物といえる。そして、これらの現象をささえる作家／読者層が、世代的に「ネオ・デジタルネイティブ」にあたることはいうまでもない。自己表現と共感のツールとして「ケータイ小説」的なものは、今後も再生産されていくとかんがえられる。権威主義的な漢字表記からとおい位置にある、わかい女性たちが、表記法もふくめて、今後どういった表現をえらんでいくのか[46]。マンガ／アニメなど日本的とされる表現様式と

44　「野いちご2016年1月更新」(https://starts-pub.jp/upload/568db45ed0632.pdf)
　　また、「日本最大級のガールズポータルサービス」をうたう「魔法のiランド」では、「小説 累計読者数ランキング」の上位300位が公表されており、ランキング最下位（300位）でも総合1457067ptとされている（http://novel.maho.jp/rank/reader/ 2016/02/06確認）。「総合ランキング」には、「日間／週間・月間」ランキング（1-10位）も発表されており、2016/02/06時点での月間1位は総合2117382pt、10位は同1071707ptとある。読者が2008年ころで激減したといったイメージは誤解だろう。

45　従来の出版社では拾われなかった作家を発掘してヒットコンテンツを——エブリスタは出版業界とWEB小説をどうみているのか」（Business Journal 2016.01.20 http://biz-journal.jp/2016/01/web_1.html）。

46　ウィキペディア「ケータイ小説」では「文体の特徴」として、次のような指摘がある。
　　・改行が多い／・一文一文が短い／・会話が多い／・横書きである／・情景描写・心理描写が少ない／・顔文字・記号・半音（「ゎ」など）の使用）／主人公の主観的視点・意識の流れの記述〔以上、／は改行をしめす＝引用者注〕
　　「これらの文体上の特徴のうち横書きであったり文章が短いといった部分は携帯電話というデバイスの特性によるものであり、会話ばかりで描写が浅いといった部分は若年の素人の書き手が直接サイト上に投稿するシステムの特性によるものである。」「人気が出た作品は書籍化されることもある。この場合、日本語の出版小説の一般的な体裁（縦書き・右開き）をとらずに、横書きで左開きという特殊な体裁（ノートと同じ）で出版される。ただし、書籍化するときに縦書きに直すことを望む著者もおり、実際、例えば『王様ゲーム』『東京娼女』のように縦書きで書籍化・出版されるケースもある」といった補足説明もふくめて、きわめて低い分析水準に終始

ならんで、「ケータイ小説」的作品が世界に発信されていくことは、まずかんがえられない。しかし、かりに世代とジェンダーが限定されていたにしても興味ぶかい[47]。

4.3.「就活」とモバイル化

　もうひとつ、実に日本的な現実というべき現象をあげておこう。それは、4月〜3月という「年度」を前提とした、「新卒」層の一括採用という戦後日本独自の風習へのデジタル機器／ネット空間の影響である。伝統的に、大学卒業予定者が民間企業の常勤職ポストを獲得しようという一斉のうごきは「就職活動」[48]とよばれてき

している。これらのおおくはコンテンツの物理的形式にすぎず、基本的に「文体」とは無関係な要素といってさしつかえないし、「情景描写・心理描写が少ない」といった特徴を著者の未熟さに還元してしまう矮小化もナンセンスである。
　ちなみに、文体論ではなく、プロの作家からのアドバイスとして、内藤みかは、「タイトルづけの5大原則」のなかに、「10文字以内」「カタカナにすると、ケータイ風になる」「難しい漢字を避ける」といった表記の基準をあげている（ないとー 2008: 80-1）。ケータイ小説というネイティブ文化を「漢字文化など字種セットの複数性とはとりあえず無関係」とのべておいたが、（サンプリングして統計をとらないと断定できないものの）「難しい漢字を避ける」傾向はタイトルだけでなく本文にもあてはまりそうだ。

[47] アニメ／マンガなど画像作品はセリフを翻訳できるからこそグローバル化した。しかしケータイ小説が（非言語的な"Kawaii"文化とはことなり）、現代日本の少女たちになぜ愛好されるのか、その魅力を翻訳しつくすことはできないとおもわれる。「（脚注前項の）会話ばかりで描写が浅い」といった評価をひきおこす諸要素についても、既存の文学との比較にすぎず、十代女子を中心になぜ共感をよぶのかは説明困難である。ケータイ小説における顔文字など言語表現の細部を紹介している論考（Calvetti 2015）にしても、現代日本語文化におけるサブカルチャーとしての要素を指摘しているにとどまっている。
　おそらく、現代日本にいきる十代女子の生活実感／生活リズムへの共感がないかぎり、翻訳しても同様な共感をえることはできないだろう。なにしろ、実感／生活リズムへの共感がもてない日本人男性（＝筆者）も共感できる作品ではないのだから。現代日本の同世代的なジェンダー意識を理解できる人物が読者として日本国外で大量発生することがまず前提。さらに翻訳者もそういった生活実感／生活リズムへの共感力をそなえているという条件。そんな人材のリクルートと市場形成などできるはずがないだろう。

[48] 日本における組織のリクルートの特徴は、採用後3年以内の離職率がひくくないにもかかわらず（大学卒で3割、高校卒で5割など）、労働市場が流動的とはいえず再就職が容易ではない（労働条件が一挙に悪化するなど）点にある。そのため、たとえ

たが、近年は「就活（syûkatu）」と短縮形が定着した[49]。この「就活」について、ときに万単位の志願者をあつめる大企業を中心に、応募用の「エントリーシート」（和製英語 "entry sheet"[50]、後述）提出をウェブ上での入力とする企業が4分の1程度にまでおよぶようになった[51]。当然、大学生たちの行動は、スマートフォンとPCを前提にしたものとなる。採用担当者へのアピールのために、Facebookで学生生活の記録を公開するものも急増した。松下慶太は、つぎのようにのべる。

> 大量の学生からのエントリーに対応するために、企業は選考プロセスのさまざまな部分でコンピュータ、インターネットを活用するようになった。現代では説明会やセミナー、エントリーシートの提出、入社試験など専攻のさまざまなプロセスでオンライン化が進んでいる。また、学生はエントリーや説明会の予約をするためにPCの前に座って待つだけではなく、iPhoneなどスマートフォンを活用して24時間体制で就活に備えている。さらに、Twitterやmixiなどのソーシャルメディア上で飛び交っているさまざまな企業や面接についての情報に目を光らせている。志望動機や自己PRなどを記入して提出するエントリーシートもオンラインで提出できる企業が増えたことで、手書きで何十枚も書く、誤字脱字がないようにチェックしながら下書きと清書を

ば60歳定年まで一社から転職しない「終身雇用」が理想とされたりしてきた。そのため、学生にとっては初職の成否が深刻な問題として、心理的圧迫となる。

49　松下慶太は、「多くの企業が人材の多様化を叫びながらも、説明会・エントリーシート・テスト・面接といったパッケージ化された一連の選考プロセスで、画一化された採用活動」に対応しようとする学生の行動の現状を「就活」とみなしている（まつした 2012: 141-2）。

50　該当する英語表現としては "job application" "entry blank" などが対応するだろう。

51　「2015年新卒採用中間総括調査」結果報告【1】（HR総研『HRpro』）（http://www.hrpro.co.jp/research_detail.php?r_no=90）
　　ただし「Webエントリーシート型が増えてきたと言われるものの、まだまだ紙の郵送型エントリーシートの方が多いようである。どんな字を書く学生なのかを確認することができること〔……〕などが主な利点である」と分析されているとおり、日本の企業社会では、いまだに「書は人なり（書如其人）」（蘇軾）、「書は心画なり（書心畫也）」（楊雄）といった中国の古典に系譜をもつ肉筆幻想が消失していないとおもわれる。肉筆による自己アピールをみれば、応募者の人格が推定できると信じられているのだろう。こういった幻想が、デジタル機器の普及でどう変化するかは、興味ぶかい点である。

繰り返すといった作業から徐々に学生が解放されるようになった。他にもセミナーや説明会をインターネットで動画配信する企業も増えてきた。〔……〕そのため学生は、授業後に、また予約していなくても、〔……〕アクセスすれば説明会の動画を見ることができる。さらに、Ustream, Facebook, mixiのいずれかのアカウントがあれば番組中に、その場で直接出演している担当者に質問することができる。こういった説明会の動画は生放送だけではなく、アーカイブ化されているので好きな時間に、繰り返し視聴することも可能である。こうしたサービスは東京までの交通費がバカにならない地方に住んでいる学生、あるいは説明会の予約が取れなかった学生などに重宝されている。一方で、企業にとってもインターネットで配信することにより、説明会の会場やそれに関わる人件費などのコストを削減できるというメリットがある。また、知名度の高くない中小企業にとっては何度も大規模な説明会は開けないが、こうしたサービスを活用することで広く学生にアピールできる機会にもなっている。

　〔……〕選考のさまざまなプロセスがオンライン化されることにより、時間・空間の制約から解放され、企業は人事・採用に関わるコストを削減できるようになり、より多くの学生に対してエントリーの門戸を広げることになった。
（まつした 2012: 152-3）

　これをみてもわかるように、90年代うまれでは、かれら自身がネット空間を携帯端末等で常時活用するだけでなく、採用担当者によるリクルート業務のまえさばきとして「デジタルネイティブ」の性格が最大活用されていることがわかる。
　また、企業・選考に関する情報流通が、①従来の紙媒体やテレビ、②企業からのHP・説明会を介した情報提供、③具体的な人物を介した情報収集を中心としていたのが、ネットの掲示板やソーシャルメディアへ移行したと、松下は指摘する（同上: 154-6）。しかも、こういった情報流通のルートの変化は、メディア・企業、大学のキャリアセンター[52]からの一方的情報発信を受動的に学生が利用していた構図から、掲示板やTwitterなど情報源の多様化と、学生による直接的な情報収集（企業

52　以前は、「就職課」「就職部」などの名称だった、大学事務局の就職支援組織。

トップや社員から）と情報発信／共有という主体化が発生した点である。この結果、情報爆発が進行し、それは学生が収集し分析しなければならない情報がかつてと比較にならないくらい急増したこと、学生間の情報戦の有利・不利が発生する可能性をうんだと（同上：156）。

松下は、「モバイル化による就活の「密度」の高まり」と題して、スマートフォンの普及と影響についての調査結果を検討している。その結果、パソコンサイトを閲覧できるスマートフォンを入手する圧力が発生したこと、「モバイル機器を活用することで学生が直面するのは、あらゆる時間、場所で行える／行わねばならない、という就活のモバイル化」「就活のリアルタイム化である」とする。待ち時間や移動中などの「スキマ時間」でも就活が可能となったため、情報収集も発信もふくめ、「就活は早期化や長期化によってその期間が増えているだけではなく、その密度もこれまで以上に高まっている。」「学生自体の能力ではなく情報収集や分析、活用のためのメディア環境が就活の成否を握る鍵となる就活デジタルデバイド（情報格差）をスマートフォンが加速させる可能性がある」と注意喚起している（まつした 2012: 157-90）。以前、モバイルワーカーがこなすテレワークの功罪を論じたことがあるが、利便性・機動性の向上は、結局社会的強者にのみ有利にはたらきそうだ（ましこ 2014a）[53]。

ところで、すでに、企業はエントリーシートをオンライン化することにかならずしも積極的ではなく、紙媒体で応募させる傾向がつよく、それは肉筆幻想の産物だろうと指摘しておいた。しかし、企業の採用担当者は、応募者のソーシャルメディアの利用実態から、その特徴をプロファイリングしているのである。TwitterやFacebookの活用で「セルフブランディング」が可能になったと同時に、「就活モードとプライベートモードの境界線が曖昧になっていくこと」などもふくめて、「企業側にとってソーシャルメディアはエントリーしてくる学生がどのような人物か、エントリーシートや面接だけでは見抜けない部分を見る、すなわち学生のスクリーニングのためのツールになりうる」のだ。アメリカですでに進行中の事態は日本でもすすんでいるだろうと。企業がわがリクルート上のリスク回避をはかるためにおこ

---

[53] ギャンブルで基本的勝者がつねに「胴元」であってギャンブラーではないように、テレワークの果実を「収穫」するのはモバイルワーカーに業務を発注する企業家。モバイル就活も勝者は企業がわとなる。

なうプロファイリング／スクリーニング、学生がわが意図的にプロデュースするセルフブランディング相互が「ネガティブな不信のスパイラルを生むことになるかもしれない」という懸念は、まっとうなものだろう（まつした 2012: 163-7)。「モバイル化による就活の「密度」の高まり」が進行し、リクルート上のスクリーニングをめぐるせめぎあいは激化することはあっても、弱化することはなさそうだからである。時空の拘束から解放されてしまった以上、作業コストが急減するのだから、当然といえば当然である。「デジタルネイティブ」をめぐるリクルート合戦とは、一見双方での合理化にみえるが、非合理を多分にふくみ、むしろ激化させる超合理化でしかないのかもしれない。

5. おわりに

　冒頭部で、「デジタルネイティブ」論が現代日本でも共有されつつあるとはいえ、あくまで経済格差／地域格差等を度外視した都市部中間層を前提にした議論にすぎないと、のべておいた。実際、アメリカの複数の州でインタビュー調査をおこなった研究者は、ソーシャルメディア時代の10代の実態をみるかぎり、「デジタルネイティブ」論がイメージするような構図は、現実ばなれしているとする。デジタルリテラシーが充分なわかものばかりではないし、プライバシー感覚やソーシャルメディア中毒といったイメージについても、おとなたちの誤解があるとする（「リテラシー／デジタルネイティヴは、幻想だ。」）(boyd 2014, ボイド＝野中モモ訳 2014)。日本でも、研究者の実証研究はともかくとして、ちまたに流布している「デジタルネイティブ」イメージは、肯定的であれ否定的であれ多分に「俗流若者論」のたぐいであり、実態から遊離した本質主義的一般化といってよかろう。

　それらのおおくは、おそらく広告業界・マーケティング業界関係者などによって流通させられてきたとかんがえられる。いじわるないいかたをすれば、「ひろがるデジタルネイティブ市場」という楽観的みとおしを流通させることで、かりに予想がはずれても短期的には利益をあげられるような業界関係者の過大評価の産物だったのではないか。それは「現在のわかものは確実に変化したのだから、あらたなマーケティングをしないかぎり競争にのりおくれます」という、あおり行為がもたら

した「流行」である。「中年世代が「デジタル移民」として時代の推移にのりおくれている」という不安感をかきたてつつ、ことさら「デジタル原住民の独自性＝理解困難性」を本質主義的に強調し、「未開拓の市場」という妄想を流行させようというたくらみといってもよい。

しかし同時に、日本列島の第二次世界大戦後の都市化傾向、特に若年世代の大半が都市圏にくらし、おおくは大都市圏内・周辺に居住ないし通学・通勤していることをかんがえれば、「平均値」「最頻値」的な部分が「デジタルネイティブ」イメージから縁どおいというのは、逆に現実ばなれしている。ボイドらの指摘は、あくまで本質主義的に世代論をかたることの非現実性／暴力性をえがいているにすぎない[54]。「デジタルネイティブ」イメージを、M.ヴェーバーのといた「理念型」とみな

54　ボイドは、ピエール・ブルデューが『ディスタンクシオン』で論じた、個人的趣味の社会性をとりあげて、若者のあいだで流行したSNSの「マースペース」と「フェイスブック」の分化を説明づけた。エスニシティや階級・階層によるネットワークの分化（オフラインでの社会的布置関係と文化資本／社会資本の分化）がオンライン上でも再生産されるという指摘はそのとおりであろう（ボイド 2014: 272-85）。ボイドが、アメリカでの実態調査をもとに、「デジタルネイティヴは、幻想だ」と断じたのは、こういったアメリカ社会の10代の社会分化の多様性＝実態をうけてのことだろう。「デジタルネイティブ」といった一群が世代＝実体としてあるわけではないと。たしかに「テクノロジーに関するスキルとメディアリテラシーは公平に行き渡ってはいないという事実」はあり、「誰もが一様にデジタル時代に適応しているという誤った若者像」は有害だ（同上: 293-4）。

しかし、「ネイティヴ」と「イミグラント」という対比の問題が、ボイドらの疑問／懸念の含意（植民地主義のメタファーがつかわれてきたことへの反省）とぴったりあっているかは微妙な気がする。なぜなら、旧世代＝中高年は、「ネイティヴ」たちを実際コントロール下におこうとしてきたし、理解できないがゆえの警戒感や蔑視や神秘化など、オリエンタリズムなどと通底する防衛機制をくりかえしてきたではないか？　慎重派の研究者たちの善意があろうとも、それはポストコロニアリズム論と酷似している。「デジタルネイティブ」論の大半は、肯定的にしろ否定的にしろ人類学や民族学の「他者（異文化保持者）との接触」と酷似している。人類学／民族学の「まなざし」が、「野蛮人」ではなく都市生活者たちに照射されたように、マスメディアやマーケティング業界関係者は、「若者の生態」や「少女文化」を発見した。『ハマータウンの野郎ども』や『暴走族のエスノグラフィー』などの劣化コピーとして、無数の疑似エスノグラフィーがかかれてきた既存の伝統の延長線上に、「デジタルネイティブ」論があったといえる（ウィリス 1996、さとー 1984）。皮肉ないいかたをするのなら、ボイドらの批判は俗流若者論を批判した社会学者たちの反応と酷似している。「野蛮人」研究という視座を自己批判することでポストコロニアリズ

すのであれば、新世代が相当広範に共有する本質が理解しやすいはずだ。それは、「メディアはメッセージである」とか「メディアはマッサージである」等、一見奇をてらってみえたM.マクルーハンの指摘が基本的に本質・趨勢をしっかりとらえていたのとにている。アナログな世界が支配的だった時代にそだち、新技術に必死に適応しようとデジタル時代をいきぬいてきた旧世代（デジタル移民）とは、あきらかに異質な世代が誕生しているのだ。アナログ空間という限界にとらわれていた時代をしらず、デジタル空間に適応するというより、それが日常生活空間の基本原理になった時代しか実体験できない世代の誕生だ。将来、紙片／ホワイトボードなどへのメモがきはもちろん、画面に肉筆入力することさえしない世代が早晩やってくるだろう[55]。それは日常空間で「肉筆」をもちいないどころか、「ポップ」「書」などをアート＝非日常としてめにする以外、肉筆が周囲にない空間をいきる世代である。おそらくモジ入力はボタンや画面などであり（キーボードといった物理的装置自体疎遠）、情報入力や出力のおおくが音声とか画像にかわる時代の到来だ。そういった時代に生をうけた世代は、音声とか画像というかたちでアナログ的な情報とふれるが、情報の本質はデジタルにおきかえられたものだけの世界をいきるだろう[56]。

ムが誕生したのと同様に、若年世代への差別的で本質主義的な姿勢をたしなめてきた社会学者たち。しかし、そういった善意の人類学者や社会学者たちは、「イミグラント」ではないのか？　もちろん、ボイドら慎重派の誠意自体なんら疑問の余地もないし、現実に即したニューメディア論によりSNSをふくめたネット文化を正常化し、十代の若者たちがこころならずも被害者／加害者にならないよう具体策を提言するのは妥当な姿勢だろう。しかしボイドらも、自分たちの善意自体がポストコロニアリズムと同形であることへの自覚はよわいとおもわれる。なぜなら、「ネイティブ」たちからみれば、自分たちの状況をあたまごしに議論している「イミグラント」同士の主導権あらそいにしかみえないだろうからだ。

55　現在はまだ、職場でも肉筆メモが主軸であり、すくなくとも学校では、マークシート式の試験以外、徹底的に「てがき」を要求される空間が支配的である。しかし、飲食店の注文とりなど、現在は肉筆がおおくても、すでに注文端末にうちこむ店員、ないしセルフサービスが開始している。それがふえることはあっても、へることはないだろう。学校の肉筆文化がどの程度まで保守主義を維持するか注目される。

56　たとえば、従来のマンガやアニメの作画は典型的なアナログ作業といえたが、人件費削減圧力の限界がくることによって、ロボット作画が人間にとってかわる時代がくるだろう（3DCGといった次元ではなく、かなり自動化された作画が可能となるロボット）。コマ内の「ふきだし」や、アニメの声優のふきこみも、人力によるかきこみ／ふきこみではなく機械化されたデジタル入力が前提となり、「せりふ」がアナログ様音声として出力される時代がきそうな気がする。

固定的な紙だとか黒板だとかいった物理的拘束がなくなり、質量とか空間概念から解放された情報が前提となる、真の意味でのモバイル空間がやってくる。現在日本列島で自明視されている漢字中心の表記のありようも本質的に変化していることだろう。てがきメモを土台にした作文であるとか、そもそもローマ字入力／かな入力を「漢字変換」するといったプロセスをへず、広義の日本語が音声情報としてそのまま処理されるようになれば、権威／文化障壁／差別化装置として機能してきた漢字体系の政治性はもちろん、重層的な「形・音・義」を背景とする記号といったアナログ的含意自体が変質、ないし消失してしまうからだ。

　中華文明の毛筆文化に由来する、たてがき文化も変質するとおもわれる。頑固に「みぎびらき／たてがき」に固執したままなのが国語科など学校文化と出版界だが、数式・欧米語固有名詞を多用する経済学・心理学・社会学などが、欧米標準の「ひだりびらき・よこがき」文化にならった。もちろんオフィスのデジタル化は一挙にビジネス空間を改変した。中央官庁は「公用文作成の基準について」(1949年) から「左横書き」化をすすめてきたし[57]。ケータイ小説の形式を軽侮してきた教育界／出版界も、ひだりびらき・よこがき文化を拒否しきれるのは、さほどながくはつづかないのではないか。

　ボイドら「デジタルネイティブ」概念に否定的な論者が懸念してきた、デジタル世界への不適応とかプライバシーほか諸問題の相当部分も、現状の構造とは一変していくとおもわれる。高齢者をふくむ障害者や、幼児・学童や新来外国人など情報弱者をとりまく環境も変化しているはずだ。市場原理という厄介な障壁がたちはだかる面もあるだろうが、中長期的には技術革新がバリアフリーやユニバーサルデザインを実現していくだろう。それを推進していくのは、もちろん「デジタルネイティブ」世代である。

　しかし同時に、それらの課題をこなしていく作業をかれらに「まるなげ」するのは、世代間での無責任といえよう。たとえば「就活」問題におけるデジタル化による懸念をのべておいたが、『インターネットは「僕ら」を幸せにしたか？』という表題の本による警告は、その構図から脱出できないも同然の「デジタルネイティブ」

57　ウィキペディア「公用文作成の要領」の「左横書き化の導入状況」「左横書き化の現状」参照。

世代を直撃する問題だ[58]。この表題中にふくまれる「僕ら」は著者と同様あきらかに「デジタル・イミグラント」たちにほかならない。もし、このといが単なる反語表現にすぎないのだとしたら、『「僕ら」は「彼ら」を幸せといいかねるインターネット空間に誕生させた』という含意となるほかないからだ。副題の「リスクヘッジ社会」が端的に「合成の誤謬」を含意するなら、たとえば企業の採用担当者とリクルートへの応募者双方が応酬するのは、「リスク」回避合戦ということになる。ひとが「よかれとかんがえて、結局次世代をスポイルする」あやまちをくりかえしてきたのと同様に、善意／改良主義の産物として開発された技術が悪循環をもたらすのなら、それは皮肉にすぎるだろう[59]。高橋利枝が「デジタル定住者（Digital Settlers）」とよぶ層は、「デジタル異邦人（Digital Strangers）」に責任をおっていることはもちろん、隣人たる「デジタルネイティブ（Digital Natives）」とも協力して、「リスクヘッジ社会」の悪循環をくいとめる努力をつづける責務をおうといえよう。

58 　同書は森健『ビッグデータ社会の希望と憂鬱』として改題された増補改訂版がでた（もり 2012）。

59 　「ITとヒトの未来図」との副題をもつ「ポスト・モバイル」社会論の冒頭部は、SF寓話によって「まえがき」がはじまる。そこにえがかれるのは、「基本的にすべての体験を仮想空間で行なうことが義務づけられている」社会であり、「旅行でさえ仮想空間で済まされる。肉体を伴う移動はもはや王侯貴族クラスが享受する贅沢品」と化し、「それが理解できず」「勝手に移動し、罪に問われる人々がぽつぽつ現れる」といった空間とされている。主人公はそういった犯罪者の記憶を確認し、処罰を決定する官僚らしい。「力の源泉たるネットから切り離された生身の人間」は「あまりに脆弱」で、「隔離中の受刑者の半数は発狂し、もう半数は刑期まで生を全うできない」（おかじま 2010: 4-5）。このSFショートショートの世界は、まさにディストピアそのもので、ジョージ・オーウェルの『1984年』やレイ・ブラッドベリの『華氏451度』以上に、うすきみわるい読後感をあたえる。しかし、著者は「前述のシーンは、今後、展開される可能性のある未来図の一つである。大げさなようではあるが、この場面は決してフィクションとは言い切れない」（同上: 6）と、実に不気味な断言をしている。もしこれがリアリティのあるシミュレーションなら、将来『華氏451度』の主人公モンターグよろしく、反逆の徒として行動せねばなるまい。

第**7**章

日本列島上の固有名詞の変動要因再考
漢字／標準語／流動化

【本章のあらすじ】
　グーテンベルクらの技術開発による活版印刷の普及でおきた、モジ媒体の世俗化・大衆化は、ベネディクト・アンダーソンらの指摘する「想像の共同体」をもたらし、一方で国民国家を構築し、他方、英語などの超帝国語を出現させた。第二次世界大戦終結までの西太平洋とは、日本語という帝国語が構築され同化主義がひろがった時代であり、大戦後は国民国家「日本」という「均質的文化空間」を極度にガラパゴス化させていったプロセスとして総括が可能だろう。しかし、そういった歴史的俯瞰のなかでみのがせない要素は、「極東」というユーラシア大陸の周縁部分に成立した独自の漢字文化現象である。伝統的エリート文語であった漢文とは異質であり、かといってハングルやアルファベット化したアジア諸地域とも異質な、多元的かつ恣意的なモジ体系が強固に出版資本主義市場をつくったからである。この歴史的独自性は、当然、地名・人名（あるいは団体／組織名）という固有名詞表記とその音声化にも当然、深刻な刻印をのこし、強力な変動・規定要因となってきた。明白な植民地として編入された旧蝦夷地／小笠原／琉球列島はもちろん、構築された標準語音体系から距離のある諸地域、そして在日コリアンをはじめとする植民地出身者の人名など、無数の言語文化の変容にその動態をみてとることができる。端的にいえば、恣意的な漢字表記・音声化と、標準語体系の合力のうえに作用した同化主義である。
　みのがせない現象としては、いわゆるキラキラネームなどもあげられる。もちろん、それは21世紀に突如登場したのではなく、慣用よみ、という恣意的な漢字文化が継承されてきた歴史的経緯のうえに、個人主義やアナーキズムなどが作用したにすぎない。大衆社会における愚民化現象と過小評価する知識層が支配的だが、（難読地名もふくめた保存運動の無邪気さなどもふくめて）恣意性に極端に「寛容」な日本列島が、近代以降一貫して表記の合理化に失敗しつづけてきた「負の遺産」だという自覚が必要だろう。

1. はじめに:「つづり字発音」など日本語漢字の知識社会学的再検討の含意／射程[1]

　本章では、アイデンティティーをめぐる固有名詞の表現のありよう（よばれかた／かかれかた）という普遍的現象のなかで、日本語漢字が近代においてはたしてきた諸機能を再評価していく。まず史的社会学的な観点から、近代日本がまきこんできた民族的少数派、および日本列島の諸地域の固有名詞の変動の具体例をみていく。そこには、当事者にとって「よそものの発音」、端的には日本語漢字システムがせおった標準語音を、「現地の人に強制してしまう」プロセス、少数文化の独自性の崩壊がうきぼりになるだろう。それは同時に、国民国家形成のかくれた暗部をとらえかえす作業となるはずである。

　この作業＝日本語漢字が近代においてはたしてきた諸機能の再評価は同時に、つぎのような含意ももつ。近現代における日本列島での「つづり字発音」が、アルファベット圏はもちろんのこと、伝統的漢字文化圏でもみあたらない独自の性格をもってきた経緯の再検討である。新大陸やシベリアなど植民地化された地域の先住者文化の変容の経緯を検討すればわかるように、ローマ字などアルファベットも、確実に在来文化に強力な影響をおよぼす。中国大陸など漢字圏での漢族の移住による漢字地名の定着も同様だ（メカニズムはもちろんちがう）。しかし、近代日本における漢字表記は、伝統の変容・抑圧・忘却のメカニズムが、それらいずれとも異質なのである。それは、ソシュールらが着目した言語の恣意性という本質にとって、きわめて独自な作用だ。既存のアルファベットも漢字表記もかかえこんでいなかった（おそらくソシュールらにとって死角にはいっていた）、実質無原則な（アナーキーというべき恣意性）音韻システムがくりかえす再生産メカニズムをときあかすことになるだろう。

---

[1] 本章は、「固有名詞にみる社会変動　近代日本語圏における漢字の潜在的諸機能」『社会学評論』Vol.47, No.2, pp.200-215＝ましこ（1996）に全面的な加除修正をくわえたものである。（https://www.jstage.jst.go.jp/article/jsr1950/47/2/47_2_200/_article/-char/ja/）
　主旨・データについてはなんら変更がないが、第6節の大量の加筆をふくめて、20年をへた年月による位置づけも当然変化したため、単なる再掲ではない別稿として表題もふくめて改変した。

さらに、こういった社会言語学的な問題関心をともなった史的社会学的検証作業は、過去（英語文法でいう「現在完了」的な意味での「刻印」）の再検討にはとどまらない含意がある。それは、新生児の命名行為への日本語漢字の影響である。恣意的な日本語漢字システムがせおった標準語音という、そもそもの固有名詞変動の駆動因にくわえて、きわめて現代的な変動要因が作用しているさま、そしてそのミクロな政治性が浮上するであろう。

2. 漢字という装置の潜在的機能：アイヌ／琉球／在日ほか少数派の言語文化への刻印

　もともと、モジ化自体、正書法の選択をふくめて政治性がつきまとう。くわえて地名／人名など固有名詞のばあい、どのことばをえらぶのか、どのモジでしるすかの選択行為は、宿命的に政治的である。なぜなら、特定の対象（空間／人物／集団）を、よびならわすこと、かきあらわすことが、アイデンティティーをめぐる政治にほかならないからだ。なかでも、地名／人名／集団名をどうかきあらわすかは、地域内外の主体間でのヘゲモニー闘争となる。よばれかた／かかれかたをめぐって、地域内外の資源を最大限「自分の土俵」にまきこもうとする運動として。政治経済的に優位な地域のことば／モジをリードする知識人（文筆業／官僚など）が、出版資本主義や公的諸制度（ビューロークラシー／公教育など）を背景に、諸階層／諸地域をとりこんでいくことは、近代に普遍的にみられる現象ではある。
　そのような構図のなか、「つづり字発音」とは正書法の影響でもともとの発音が変質してしまう現象だが、モジ社会では普遍的に目にするものだ。鈴木孝夫はこの言語学上の概念「綴字発音（spelling pronunciation）」をつぎのように知識社会学的に定義した。

> 　　教育が国民に普及し、文盲が減少するにつれて、表記と発音のずれに関する充分な知識を持たないものが、慣行を無視して、ある特定の言葉の表記を自分の持つ一般的な読解力に従ってし書いてある通りに読み始める現象。
>
> 　　　　　　　　　　　　　　　　　　　　　　　　（すずき 1975: 59）

さらに鈴木は「郵便、鉄道、放送といった全国的な拡がりを持つ、地名を扱う機関が、いわばよそものの発音を、現地の人に強制してしまう例は世界共通である」と、〈社会的事実〉を一般化している（すずき 1975: 61）。

一方、漢字がおもわぬ歴史的機能をはたすことは、たとえば広義の地名研究者たちにとって死活問題であった。たとえば、国語学者鏡味明克は、つぎのように、初学者に注意をうながし、日本語地名として編入されていく過程で、さまざまな文化破壊がすすめられたことをにおわせてもいる[2]。

> 北海道のアイヌ語地名は、アイヌ語という日本語とは異質な言語構造の言語にむりに漢字をあてはめたために、アイヌ語の発音と漢字の音訓とにずれがあって読みにくく、あるいはその漢字によってアイヌ語の本来の発音からずれてしまったものが多い。
>
> 　変形したり、長い地名を下略するなど、アイヌ語の原形をいちじるしく失っている地名が少なくない。たとえば、オペレペレケプ（川尻がいくつにも裂けているところ）→帯広などがそうである。　　　　　（かがみ 1984: 61-2）

ただし、鏡味ら地名研究者がなぜこういった漢字の潜在的機能にこだわるかをこまかに分析していくと、由緒ただしい地名は是が非でも保存すべきであるという文化財保護イデオロギー＝地名研究者の利害からでてきた結論でしかないらしいことが、わかってくる。たとえば「漢字によってアイヌ語の本来の発音からずれてしまったものが多い」との指摘にすぐつづけて、「そのずれを大きくしたのは」北海道へと大量に移住した「東北方言の使用者によって、アイヌ語地名の文字化がかなり行われた」ことだとなげく（同上: 61）のは変だ。もともと、あるアイヌ語地名にたとえばツキサップというかながきをあてたこと（＝標準語音韻を反映した転写）自体、音韻体系の実態をゆがめているわけで、すでに「綴字発音」がはじまっている。音

---

[2]　鈴木孝夫が、アイヌ地名である「ツキサップが初めから一貫して仮名書きであったなら、ツキサムという地名は生じなかった」とみとめていながら、「よそものの発音を、現地の人に強制してしまう例は世界共通」なのだとひらきなおり、おまけに「突然変異型 (mutation)」などと命名／分類している（すずき 1975: 61-2）のとくらべれば、その暴力性への感覚はマヒしていないというべきだろう。

声学の専門家以外、「表記と発音のずれ」について正確な情報はもてない以上、「自分の持つ一般的な」音韻知識「に従って、書いてある通りに読み始め」ているからだ。「東北方言」によって「文字化」がおこなわれた経緯は、漢字の標準語よみをてがかりに語源解読しようとする地名研究者一般にとって、障害になりそうである。しかし地名研究では、本来言語学の厳密な資料批判によって〈本来の音形〉が復元されるべきなのだから、標準語音韻を反映した「かながき転写」自体が批判的対象となるはずだ。アイヌ語／標準語、アイヌ語／東北諸方言のそれぞれの音韻体系の距離は、理論的には本来ひとしいはずで、「東北方言」による「アイヌ語地名の文字化」という歴史的事実は、かならずしも「本来の発音から」の「ずれを大きくした」〈主犯〉として糾弾されるべきものではない[3]。またこうした意識の根底には、地元住民の共時的言語感覚から遊離した〈地名フェティシズム〉がひそんでいるといえる。

そんななか、言語研究者田中克彦は、「漢字の日本占領は」「規範の感覚を伴って法的に登録されてくると、アイヌのような少数民族はもちろん、各地のニッポン現地人の固有名詞、すなわち、かれらの母語の一角を削りとっていく作用をおよぼすことになった」と批判した（たなか 1983=1992: 147)。田中はその変革装置として、「オン・クン二重の読みを内蔵した漢字面であるという通念」を指摘している。そして、「このオン・クン漢字で記されるや否や、いかに隔たった異族の土地でも人間でも、日本語にとって親しい、ときには日本国、日本人そのものか、それに準ずる地位を得ることができる」のであり、それは「異族・異域を、観念において日本語・日本文化の所有物と化すための、不可欠の道具であると規定」した（同上）。すぐにおもいうかべられるのは、戦前東アジア地域に「創氏改名」や地名変更などをおこなった、文化的暴力である[4]。しかし、そういった植民地は帝国主義日本の敗北によって

---

3 そして、社会言語学的観点からすれば、そうした歴史的事実が、どのような実態をなしていたか自体がアカデミックな研究対象のはずである。さらに皮肉なみかたをするなら、鏡味ら地名研究者は、漢字とか「東北方言」という干渉要因が「本来の発音」にたどりつくための障害であるかのようなくちぶりだが、それが本心かどうかも実はあやしい。〈障害〉を高級な知的ゲームとしてたのしんでいる節もみうけられるからである。

4 行政区域名さえ、「洞」[doŋ] を「町」[matʃi] にかえるなど、完全な日本化をはかった。したがって、たとえば「全羅南道」という漢字表記が破壊されなかったことを日本帝国主義の容認ないし伝統重視とみるのは見当ちがいだ。日本の「県」にあたる

「解放」された。地元住民の生活語が実態としていきづいていたからである。

　つまり問題は、戦後も日本人が撤退せず解放されなかった「異域」であり、また「各地のニッポン現地人の固有名詞」なのであった。ところで〈郷にいれば郷にしたがえ〉には限度があるから、〈なまり〉＝現地の固有名詞文化を新顔たちがまねしそこなうことが必然的にうみだされる。こういった固有名詞の〈ピジン（当座の妥協型）化〉までは「世界共通」の〈社会的事実〉だといえよう。ただし、それはあくまで「（外来者による）発音と（地元在来の）発音のずれ」をゆるす、あらたな「慣行」＝〈均衡＝あゆみよりの産物〉にとどまっていた。ところが近代日本のばあいは「月寒」という漢字があてがわれることで、「ツキサム」という「発音」が〈捏造〉されたりした。もはや「よそものの発音」という次元でなく、「よそものの地名」にとってかわられる力学へと変質しているわけだ。つまり標準語文化が戦後も撤退しなかった（あるいは復活した）地域——エゾ地／琉球／小笠原の在来島民——、そして「各地のニッポン現地」における「固有名詞、すなわち、かれらの母語の一角を削りとって」いった過程は、それだけにはとどまらなかった。固有名詞の〈ピジン化〉は、ついで地元住民の日本語化／標準語化（世代交替や準拠集団変動など）によって、〈クレオール（生育語／生活語）化〉へとすすんだからだ。つまりそれは、伝統言語の運用能力／状況の変質・空洞化がすすむことの不吉な〈かげ〉でもあったのである。

3. アイヌ／琉球／小笠原への日本語圧力

　ある歴史研究ハンドブックは領土問題を総括するなかで、「北海道」を「古来からの日本の領土であって疑うものがなく、いわば公理のようなもので、その事実を文書的に証明することもできず、またその必要もない」などと断言した（ももせ

「道」〔do〕がかえられなかったのは、朝鮮語と日本語双方でほぼ同音であり、そして「南海道」など、既存の行政区域名としてなじんでいたからにちがいない。間接的証拠だが「洞」[doŋ]は「ドー」と日本よみすると、行政区画名のなかで同音衝突をひきおこしてしまうから、「町」[matʃi]にかえるしかなかったとおもわれる。全羅南道〔tʃəllanamdo〕が〔zen1anando:〕とよみかえられた以上、漢字を利用して実質をのっとったというべきだ。

1990: 1)。

　しかし、「国際法上」の「実効的支配という規定」によったところで、松前藩による支配領域は海岸部にすぎないのが実態であった。近世期「内陸部」は「依然としてアイヌたちの自由な天地だった」のである。単にロシアとの国境線画定に着手していた幕藩体制をひきつぐかたちで「政府と開拓使はすでに北海道は日本領化したもの」とし、「土地所有権、漁業権などを設定していくことによって、アイヌたちの生活とその領域を奪っていった」にすぎない[5]。「北海道」という名称自体、「蝦夷を「かい」と読み、これに海の字をあて、北陸道に真似て」つくったものにすぎないのに、「五畿七道という古代の行政区分に類似した呼称によってあたかも蝦夷島が歴史的に日本領であるかのような錯覚をうませる効果があった」(たむら 1985: 135-7)。それは「異域」であった空間の「政治理念上での「内国」化を意味しており、伊達藩が宮城県と改称された」ような「本州以南の例とは全く異質」な政治的意義をもっていた(かいほ 1992: 18)[6]。

　そして「北海道」には、屯田兵をふくむ和人入植者たちが大量にながれこんでいった。その現地名は、(1) 和人たちがアイヌ語地名とは無関係になづけたか(シ・コツ＝「大きな窪み」→「死骨」を連想させると、きらわれて、「千歳」や「亀田」などに)、(2) アイヌ語地名に、むりやり漢字をあてがったか(「月寒」のほかにも「オタ・ノシケ(≒砂・中)」→大楽毛、「オタ・シ・ナイ(≒砂・大・川)」→歌志内ほか多数)、(3) アイヌによる現地名を翻訳し、むりやり漢字をあてがったか(オタ・シ・ナイ≒砂・大・川→「砂川」市などほか多数)といった大体3パターンの変質をこうむった(かがみ 1984 ほか)。つまり、漢字が決定的な媒介装置となっていることは、うたがいえない。すでに引用した田中克彦の「このオン・クン漢字で記されるや否や、いかに隔たった異族の土地でも人間でも、日本語にとって親しい、ときには日本国、日本人

5 　「北海道旧土人保護法」(1899年、1937年一部改正、1997年廃止)は「保護」のなのもと、収奪／同化のかぎりをつくした(つねもと 2000)。

6 　さらにそれは南海道／北陸道といった領域認識を延長させる論理の近代的〈発明〉であり、のちに全羅南道など朝鮮語による地名さえその同類とおもわせる力学が、ここにスタートしたといえよう。また、琉球(王国)を、「琉球藩」さらに「沖縄県」とよびかえていったのも、より日本的／伝統的な名称で過去を抹殺する意図がみてとれる。ちなみに、台湾を中軸に沖縄島以南をひとまとまりの行政区とする「南洋道」計画(1908〜9)の浮沈もみのがせない。

そのものか、それに準ずる地位を得ることができ」、それは「異族・異域を、観念において日本語・日本文化の所有物と化すための、不可欠の道具」であるとの指摘が、まさにぴったりあてはまる[7]。

　明治政権による政治的支配は、漢字地名おしつけ＝地理的編成がえには当然とどまらなかった。のちに、琉球ほかアジア植民地全体にあてはめられた、基本原則（天皇の赤子としての「一視同仁」）のあらわれとして、いわゆる壬申戸籍への編入（1872〜74年ごろ）＝人格的支配がはじまる[8]。「日本」式に記載されたのはいうまでもない。そこでも同化装置の道具だての中心は漢字表記だった。(a)「チツロ」というかな転写とともに、「知都櫨」とあてたケースから、(b)「トサンロク」というかな転写をしながらも〈本名〉として「戸桟録平」と漢字をあてがったケースをへて、ついには、(c) 本来のなまえの転写もけしさられ、ただ「登喜良武」という原音が復元できない漢字表記と、「伊藤時蔵」という和人名をあてがう手法へとうつりかわっていく（かいほ 1992: 20）。すでにのべたとおり、外来モジによる転写では現地音を反映しきれない。まして漢字のおしつけは、現地が伝統的に地元民の土地ではないようにみせる魔術をうみ、しかもマジョリティの発音のくせをせおっていることで、致命的な変質をもたらす（段階 (a)）。しかし、帝国日本のやったことは、日本的ななまえを漢字であてがうことだった（段階 (b) (c)）。1876年には「日本式姓氏の使用」＝〈強制〉の「布達」がだされている（同上: 119）。

　つぎに国民国家「日本」の北辺から南辺へと目を転じてみよう。琉球諸島は、天皇制からは自律的な王国として明／清との冊封関係（華夷秩序にもとづいた君臣関係

---

[7]　もちろん、旧「蝦夷地」のようにロシアとの国境問題が生じなかった領域だけが、こうした暴力の対象となったのではない。千島列島とカラフトでは、1855年以前の日露両勢力の進出の度合い、またそれ以降の諸条約によって境界線が激変し、それごとに日系／ロシア系移住民以外の在来民の身分もおおきく変動した。当然、住民登録／地名／公教育など、日常の言語生活にも劇的な変容がもたらされた。

[8]　日本国籍／戸籍への編入は、参政権／保障・補償など個人の権利の保障とひきかえに徴税／軍事動員／「義務」教育というなの同化教育の対象としてからめとられること、そして生活空間に国境線がひかれて自由な往来が制限／禁止されることもともなった。すくなくともマジョリティ日本人以外のひとびとにとって、国籍／戸籍という制度は暴力装置とせなかあわせであることは実感（強制移住／強制連行）だったし、戦後も、その運用原理はきわめて恣意的だった。カラフト・アイヌほか、アイヌ以外の北方少数民族は、北海道アイヌ以上に、日露の国境線のせめぎあいにもみくちゃにされてきたのである（さとー 1981, 1988, かいほ 1992, あきづき 1992）。

で、朝貢貿易をゆるされる）をつづけていた。1609年に薩摩藩によって軍事制圧され、与論島以北の奄美群島は割譲され沖縄島以南も管理下におかれたが、一定の自治をゆるされていたし、文化的独自性は相当維持された。朝貢貿易自体も薩摩藩主導で搾取の対象ではあったが、明／清との君臣関係＝冊封体制には変化がなかった。現段階での琉球史の専門家の主流は「幕藩体制下の〈異国〉」という把握である（琉球国王／将軍の代がわりごとに使節が薩摩藩にともなわれて江戸にむかったことや、キリシタン禁止の徹底など）。ところがそうした「両属」体制は国民国家の編成過程で清算させられ、「沖縄県」として中央集権体制に編入された（「琉球処分」1879年）。それでもなお19世紀すえまで、さまざまな抵抗（清への亡命・嘆願／不服従／旧王族を世襲の知事とする特例要求など）をこころみたが、すべて不発におわると、一転帝国日本の価値秩序に主体的にのみこまれていった。他府県人＝新参者が、「方言」を外国語のようだと問題視し、同時に、地名／人名も〈ヘン〉だと差別する態度も、積極的／消極的にうけいれられていく。

　もとより『難読町村名』はもちろんのこと、そして『全国市町村名の呼び名』といった辞典ができること自体、漢字地名は歴史的であって〈くちだし〉をゆるさない「ひらきなおり」がゆるされてきたことをしめしている。「東海林（ショージ）」といった名字や、「貞知」とのくみあわせを〈ただかず〉とよませるとか、人名も同様である。要するに、「この漢字はこうよませるのだ」と、地域／一族／なづけおや／本人がいいはればとおるという、アナーキズムがまかりとおってきた。ところが沖縄島諸方言にかぎっていえば、短母音が基本的に／アイウ／3音でくみたてられるという、「本土」諸方言とはかなりへだたった音韻体系を独自に展開してきた（薩摩藩支配による人名／地名への圧力とその影響はおく）。その結果、(1) 田島／浜／山田／山口といった、漢字／よみを「本土」と共有するごくわずかなケースもあったが、(2) 読谷山（ユンタンザ）／瑞慶覧（ズィキラン）など、使用漢字／音列／音韻ともに「日本語」とはおもえない、相当〈おかしな〉な地名／人名がすくなくなかった。いや (3) アブ（阿部）、ウィーバル（上原）、ウフタ（大田）など、「本土」でおなじみの字面のものでも、音韻体系のちがいからとてもおなじ漢字のよみとはおもえないものがおおかったし、ほとんどは (4) 屋嘉比（やかび）など、なじみのない漢字列や、タマグスィク（玉城）など、一部はよみが一致するものの、のこりはどこか〈おかしな〉よみをかかえこんでいるのが大半だった。理屈で

は〈この地域では、この漢字はこうよませるのだ〉といいはればとおるはずだったが（みやぎ 1991 など）、じもとは被差別意識からあせり、同化教育でえた知識をもとに、主体的に地名／人名の、改名／よみかえにはしった[9]。

改名はおくとすると、〈よみかえ〉は、規範化した標準語の漢字＝よみ体系に、あわせる／ちかづけるという手法がえらばれたうえの (2) ～ (4) をつぎのようにである。

(2) 読谷山（ユンタンザ）→ヨミタンザ→ヨミタン（読谷）、瑞慶覧（ズィキラン）→ズケラン〔がんばったわりには中途半端で、伝統／「本土」いずれからも違和感〕

(3) ウフタ（大田）→オータ、チシムトゥ（岸本）→キシモト、フッチャー（堀川）→ホリカワ、ウルカ（砂川）→オロカ→スナガワ、ヤマガー（山川）→ヤマカワ、ヤマチ（山内）→ヤマウチ〔これで「本土」と区別がつかなくなった〕

(4) ハンジャ（波平）→ハヒラ→ナミヒラ、フィジャ（比嘉）→ヒガ、ンジ（伊芸）→イゲ→イゲイ（イゲー）、ウンナ（恩納）→オンナ、ヒャーグン（比屋根）→ヒヤゴン→ヒヤネ、ティーラ（照屋）→テルヤ

こうした、よみかえから、おきたことは、つぎのようにまとめられる。

① よみかえは、識者の提言にもかかわらず、あしなみがバラバラだったから、カナグスィク（金城）→カナグスク→カナシロ→カネシロ／キンジョーとか、タマグスィク（玉城）→タマグスク→タマシロ／タマキのように、ふたとおり以上の〈よみ〉が共存するという混乱がおきた（/ʃi/ ではなくて /si/ という音韻が機能していることに注意）。

9　ここでは奄美諸島ははぶき、また姓／地名だけをあつかったが、個人の「なまえ」の変動もはげしかった。短母音5音への音韻体系の激変にとどまらず、(1) こどもへのヤマト風の命名、(2) 本人自身のヤマト風への改名、(3) 士族階級男子の一族が共有していた「ナヌイカシラ（名乗り頭＝漢字2字名の1字目。たとえば屋良朝苗の"朝"）」や、漢字2字名の音読みの風化もすすんだ。おーた (1983)、ひが (1971)、だな (1984, 1986)、たわた (1983)、なか (1983) など参照。

また、フナクシ（富名腰）→フナコシ→（船越）といった、音韻変化によるよみかえをへて、「本土」風の漢字にかえられてしまうとか、アブ（阿部）→**アベ**、ウィーバル（上原）→ウエバル→**ウエハラ**、ウフナー（大庭）→**オーニワ→オーバ**、ガブ（我部）→**ガベ**、フクジ（福地）→**フクチ**のように、「本土」でも通用する〈よみ―**ゴチック**部分〉にもかかわらず、より「本土」風にちかいかたちへとひきずられたりした（「～バル」という地名が九州地方に散在することに注意）。

② 人名は比較的はやく、よみかえがすすんだのに、地名は保守的で戦後までかわりにくかった。そのため、地名にねざすことがおおかった人名が、地名とズレをおこし、混乱がおきた。新城〔アラグスク／アラシロ＝地名〕〔シンジョー＝姓の一般形〕[10]など。

③ 地名も、戦後、標準語にあわせようという意識がはたらき、よみかえがおこった。ところが、これも、人名とおなじく、ふたとおり以上の〈よみ〉が共存し、地域ごとに、くいちがう（浦添市字西原〔ニシハラ〕／具志川市字西原および竹富町字竹富小字西原〔イリバル〕）とか、村とそのなかの字がくいちがう（具志頭〔グシカミ〕村字具志頭〔グシチャン〕）か、字とそのなかの小字がくいちがう（具志頭〔グシカミ〕村字新城〔アラシロ〕小字新城原〔アラグスクバル〕）などの、混乱がうまれた。

これらは、地元でウチナーヤマトゥーグチ（沖縄大和口）とよばれる新方言（伝

10　20年ほどまえの電話帳だが、全県からの新住民があつまる那覇市でも、伝統型の「アラグスク」が1件であるのに対して、ヤマト化した「アラシロ」が24件、一般型の「シンジョー」は461件をしめた（95％。ただし個人名のみ、1994/3/17現在で集計）。「シンジョー」とよませる地名は、管見では鹿児島県沖永良部（おきのえらぶ）島の知名町の字名にみられるだけ（ここは琉球文化圏に属する）。

　ちなみに、那覇市首里では1970年代、地名「金城」の呼称に関して、「カナグシク」派と「キンジョー」派とにわかれて対立がおきた結果、「キンジョー」派がうちかった。武智方寛は、「由緒正しい「かなぐしく」」はバス停のローマ字表記"KINJHO"（ママ）にかてなかったと評し、こういった優劣逆転を「キンジョウ」さんの大発生にあると推定している（たけち 2011: 200-3）。「金城＝キンジョー」と化す県内外各地での家族名変化の経緯についての仮説は、たけち（2011: 186-98）参照。

統方言の音韻／文法などの影響をつよくうけた地域共通語）へと、生活語がきりかわっていった近代化過程と並行しておきた、固有名詞意識の変動である。そこでは、(1) 短母音3音体系が5音体系にひきずられるにともなって、標準語体系にとって、外来語音がはいった現在でも〈異物〉であろう「ティ」「トゥ」などが「テ」「ト」へと変質し、(2)「チャン」など標準語になじまないものがさけられ（ただし、元来「チャン」だった「喜屋武」などは、変化しながらも「キャン」と異質なまま）[11]、(3)「ニシ」というおとから、伝統的な「北」ではなく「西」をイメージする、わかい世代をうみだすなど、革命的といっていい変動がくりひろげられた。そしてそこには、標準語における漢字／オトの対応関係が、いろこく影響をおよぼしてきたといえよう。

このように、旧「琉球王国」地域は旧支配勢力が準拠集団をきりかえ、中央からの同化教育に主体的＝積極的にかかわったことで、旧被支配層の大半も、文化的断絶にねざした異質感をかかえこみながらも「日本人」になろうという志向性を基本的に維持してきた。ヨーロッパ的な国民国家の基準（ことばや生活習慣の連続／非連続）によるならば、別国家が形成されても不思議でない非連続性をもち、また歴史的／政治的経緯からも、十分にその可能性がみてとれた旧琉球王国版図だった。しかし19世紀末の決定的な機会をのがしたあとは、地元住民の主体的な同化志向が大勢をしめ、分離独立運動がおおきなうねりになることはなかった。住民は故郷にとどまりながら、みずからが移民したか、あるいは大量の植民者をうけいれたかのように、地名／人名の日本化をおしすすめたのであった。

また、一般にみのがされている地域として小笠原諸島があげられる。いくつかの文献もあきらかにしているとおり（たとえば、やすおか 1980）、「小笠原」という命名の経緯はともかくとして、(1) 幕末よりまえは、無人島に漁民が漂着するか幕府による巡検／地図作成などがあっただけで、(2) 19世紀になるとヨーロッパの捕鯨船の寄港地になり、最初にすみついた（1830年）のもヨーロッパ人などであり、(3) 幕末には領有をめぐる英米間でのあらそいさえあった。ペリーが遠征したとき「小笠原に住んでいたのは31人。アメリカ人、イギリス人、デンマーク人、イタリア人、ハワイの原住民ペイン人・カナカ人で、日本人はひとりもいなかった。ペリーはこ

---

11 もと国会議員の喜屋武眞榮（きゃん・しんえー、1912-1997）などが、具体例。

こを調査・記録しながら占領しなかった」。結局1875年「明治政府はここに外務省の田辺太一を派遣。日本への服属をとりつけ、翌年、領有を宣言。反対する国がなかったので確定し」、さらに「明治政府はこの島に開拓移民を送り込み、先住の欧米系住民には「退去か帰化か」を迫った」。結局1877〜82年のあいだに、「全員が帰化させられている」(さとー 1988: 155)。

こうした経緯にもかかわらず、「彼等は「帰化人」として差別され、八丈や沖縄、本土からの移民によって本村を追われ、奥村に封じこめられる。彼等が小笠原で自由を得るのは、戦後、アメリカ軍が占領してから」なのだ (同上)。戦時中は、差別されながらも軍事的召集をうけ、召集をうけなかったものは米軍の攻撃目標となった島から疎開させられた。髪・肌色／宗教などが異質であることを理由に、島のなかでさえ差別をうけたのだから、軍隊内／疎開先で差別をうけたのはいうまでもない。日本敗戦によるアメリカ軍統治は、当然「天国のように」うけとめられたし、1968年日本に「返還」されるときには「その不安は計り知れないものがあった」ようだ。「子供たちは統治国アメリカの教育を受けていたために、英語と日本語が混合した会話をし、また、日本語の読み書きがほとんどできなかった」という事情もあったからである (くろす／はっとり 1992: 146-7)。先住者が「帰化人」として新参者に差別されるという構造は、アイヌのばあいと同形であることがわかるであろう。もちろん、欧米系／太平洋系先住者のなまえは非日本的であった。当然いわゆる「創氏改名を強いられた」(同上)。つぎのようにである。

　　　Savory→瀬掘、Webb→上部、Washington→大平／木村／池田

ちなみに、「Webb→上部」は、最初「うえぶ」と発音していたのに、役所のてつづきミスで、「うわべ」となったらしい (同上)。「瀬掘」も、「せぼり」と〈日本化〉をこうむっていることはいうまでもない。原音にちかくあてがわれた漢字を媒介に、より日本的音形に変形されたこうしたプロセス (鈴木孝夫のいう「突然変異」)。ここには、アイヌほか北方少数民族のこうむった社会変動とおなじく、大量の植民者によってとりかこまれ文化的マジョリティに同化吸収をせまられた典型的なすがたがみてとれる。

こうしてみてきたとおり、北方少数民族／琉球列島住民／小笠原在来島民たちは、

地元において少数者であったかどうかは別にして、公教育によって、地元の生活語（民族語／「方言」）がおおやけでは通用しないこと、進学／就職のあしかせにしかならないことをふきこまれた。あたらしい世代ほどきりくずされて、世代間の断絶をふかめていったことは、いうまでもない。マジョリティがあてがった日本的な配字／よみかたによる漢字人名は、はじめは差別を最小限にやりすごす〈保護色〉だったかもしれない（現実の日常的差別はおく）。しかし若年世代の日常生活語は標準日本語の圧倒的な影響力のもと、日本語／在来語によるバイリンガル状況から標準語／新方言によるダイグロッシア（diglossia）状況という、「同一」言語内での相補的な機能的共存（聖／俗、公的／私的、……）へときりかわっていく。よそものむけに、固有名詞を標準語的音韻にできるかぎりちかづけて（＝固有音をなまらせて）発音してみせることが、非日常的〈せのび〉ではなくなったとき、在来の固有名詞文化はもはや半死半生であった在来言語がくりひろげられる空間がせばまりコミュニケーション実態の質／量がおちこむにつれて、在来の人名／地名の語源について一般的知識をそなえたうえで、伝統的音韻による固有名詞を駆使する必要も能力ももたないものが世代の大半をしめる時期がくる。そのときには日本的な人名／地名にカムフラージュするための〈保護色〉だったはずの漢字表記は、もはや〈はずれない仮面〉といえた。

4. 方言地名（現地音）への圧力

さて、以上、近代日本がかかえこんだエスニック・マイノリティの言語文化への同化圧力をみてきたわけだが、そういった力学は「内部」へもはたらいた。

1950年ごろ三重県尾鷲市を「「オワシ」と読むか、「オワセ」と読むか、NHKの放送用語調査委員会で問題になったことがある」という。現地の当時の方言音では「[s] と [ʃ] との中間の音」だったが、「おおまかには [owaʃe] と書いて」もさしつかえない程度の問題だったらしい。「現地音主義をとっている」NHKの原則でいえば「オワシェ」と読むことに」なりそうだが「東京共通語には、[ʃe] という音節はないから」「できない」。それで、「オワシ」／「オワセ」の選択をせまられた。結局「市制を施行したときに公式に「オワセ」と決まり、NHKもそれにならった」ようで

ある（しばた 1958: 77-80）。

柴田武は、それぞれの音韻体系が

  東京 Sa ʃi Su Se So ʃa ʃu ʃo
  尾鷲 Sa ʃi Su ʃe So ʃa ʃu ʃo

と対応しているのだから、「東京共通語としての「尾鷲」の読み方は、「オワシ」よりも「オワセ」の方が妥当だ」、と NHK の判断を肯定している（同上）。1958年当時すでに「老人の層ではまだ「オワシェ」である」が「若い層では「オワセ」の方が優勢になりつつ」（同上）あった動態は、現在後者が圧倒的多数をしめるにいたった。NHK の判断は「現地音主義」をさきどりしたかたちとなった[12]。

1948年 NHK 編集の『全国市町村名の呼び名』では「オワシ（オワセ）」としるされており、地元でもまよいがあったことが反映されていた。また1950年には尾鷲町会が「オワシ」と一旦きめたのに、1954年、尾鷲町から尾鷲市になるときには、「オワセ」と、きりかえられたのである（その後はこれが「正式」な呼び名）。

1958年当時でさえ、「外来者の便を図って、「鷲」を訓の通り読むことにした」ためか、国鉄尾鷲駅はまだ「おわし」であった。国鉄松阪駅には「おわし行き」「おわせ行き」のふたつの掲示さえあったという（同上）。そして、おそくとも1970年代なかごろには「おわせ」にかえられていたらしい（20年以上勤務しているという「尾鷲駅」職員のはなし＝1995年当時の電話インタビュー）。

ここで注意したいのは、『難読町村名』（NHK 1939年）、『郡市町村名便覧』（建設省地理調査所 1948年）、町名（尾鷲町 1950年）、駅名（国鉄尾鷲駅 1958年）などにあらわれる「オワシ」が、当時老人たちが発音していた「現地音」〈オワシェ〉の反映ではなく、よそものが「「鷲」を訓の通り読む」ことの反映であるという点である。標準化された漢字／よみの固定化と「現地音」のズレがここにあらわになっていることがわかる。

---

[12] その後、外来語が大量にながれこんだことで標準語の音韻体系自体にユレがおこり、sa si su se so ʃa ʃi ʃu ʃe ʃo というくみかえが定着し、「共通語には、［ʃe］という音節はない」とはいいきれなくなった。しかし「現地音」の体系自体東京の sa ʃi su se so ʃa ʃu ʃo という音韻体系へとひきずられてしまった。

それに対して、尾鷲市誕生（1954年）以後の「オワセ」は、(1) 標準語音にはない [ʃe]／かながきとして公認されていない「しぇ」をあらわすために、対応する [se]／「せ」をえらんだことの反映であり、(2) それは、「若い層では「オワセ」の方が優勢になりつつある」という地域社会の変動（社会意識／言語意識の変化）の反映なのである。そして、[ʃe]／「しぇ」→ [se]／「せ」という、勢力変化（世代変化）にもかかわらず、駅では「外来者の便を図って、「鷲」を訓の通り読むこと」という、つかいわけがなされていたことは重要である。「鷲」を「わせ」とよませること（ひらきなおり）には抵抗があったことの証拠であり、そこには「鷲」＝「わし」という、標準語を基盤とした漢字／よみ体系の、地域への権威がみてとれるからである。[waʃe] という現地音に、いつごろ「鷲」があてがわれたのか、文献学的／方言学的なあとづけが必要だろうが、いずれにせよ、ひとつの国民国家形成における、漢字／標準語の潜在的機能と「意図せざる結果」だけはみてとれる。そしてこうした圧力は「尾鷲」にはとどまらなかった（それが劇的なケースにしても）[13]。

5. 「在日コリアン」による「日本語人」化傾向と異質化戦略の可能性

さて、朝鮮半島および中国東北部などの地域は、日本の敗戦によって解放され、従来の地名等をとりもどすことができた（国民国家内部での地域差別／民族差別はおく）。しかし、でかせぎのつもりが終戦当時日本国内に生活の根拠をきずいていた層、強制連行から解放されても半島の政治状況や出身地での生活基盤の問題ほか諸事情から帰国をあきらめた層、チェジュドでの白色テロからの避難民など、あわせて数十万人にものぼり、子孫とともに日本語文化にとりかこまれてくらしてきた[14]。

すでに30年以上まえになるが、1984年に実施された神奈川県在住外国人実態調査、そのほぼ10年後の第3次在日本大韓民国青年会意識調査（全国調査）といった大規

13　田中克彦は1960年代後半の藤沢の「地図には、まだ「チヨン」とか「ガル池」など、漢字の侵略にたえていた不思議なカナ書きの地名」がのこっていたのに、70年代後半にはそうした地図がきえたと指摘した（たなか 1983: 149）。

14　それは、食文化や冠婚葬祭などで民族文化を継承・維持してきた実態と矛盾しない。

模調査、また福岡安則らによる「3世」世代のききとり調査でも、「在日コリアン」の大半がいわゆる「通名」をもち、かつもちいて（つかいわけて）いることはあきらかで、わかい世代の日常生活はおもに日本語によっていとなまれていることが確認されていた（きんばら ほか 1986, ふくおか ほか 1991, ふくおか 1993 など）。こうした状況は「在日華人」たちといちじるしい対照をみせており、その歴史的な主要因がどこにあったかについては即断をさけなければならないが、祖国のことばを駆使する能力と日常生活における使用実態が低下してきたことと並行していることだけはうたがいえない。祖国語だけのコミュニケーションしかしない／できないのは、日本そだちの「在日」にはありえないし、祖国語を中心にくらしつづけている層さえ例外的といってよい[15]。そして日本式の「通名」は、「創氏改名」によってうまれ（歴史的経緯）、また差別をやりすごす方便だったという歴史的機能を変質させ、いまや「なじんでいる」とかんじているばあいがすくなくない。それどころか親世代から「通名」でしかよばれたことがないのが大半という世代さえできあがっている。

　したがって、民族名でなければならないとか、民族語をうしなったものは日本人とかわらないといった原則論にこだわるひとびともいるけれども、「社会的事実」として（つまりことの善悪は別にした実態として）「在日コリアン」の言語文化はかなりの「日本」化をすすめていることがたしかめられる。在日二世までのように、差別をのがれるための「保護色」＝「方便」として「本名」とつかいわけるなら別として、三世以下のように、「日本語人」（きょー 1990）として日常生活をいきているばあい、日本的な漢字名はほかのマイノリティと同様に、〈もはやはずれない仮面〉といえよう。たとえば「林英和」という字づらを「実は [(r)im joŋhwa] とよませる」のだという在日一世／二世たちのおもいいれは、結局のところ、三世以下が意識的にバイリンガルになろうとする意欲と、それを可能にする能力／社会環境とがそろ

15　相当以前から「組織の活動は基本的に朝鮮語によっておこなわれる」「総聯」の「専従活動家で」さえ「事務所や学校などの公的な場所を離れると、日本語で話すのはよく見かけることであり、子供たちは下校したあと、同じ朝鮮学校にかよっている近所の子供たちと遊ぶときにも日本語を使う」ようになっていた。「ウリマル（私達の言葉＝朝鮮語）100％運動」など、さまざまなキャンペーンももちいて民族語保存につとめている民族学校でも、1983年の教科書編纂にみられるように、日常語は「日本語であるという現実を踏まえた」方針にきりかえざるをえなかった（キム 1994: 186-9）。

わなければ、みのらないという現実がある。
「林 英和」のばあいなら、

 日本式人名（完全同化型）：(1) [hajaʃi çidekazu]，(2) [hajaʃi e:wa]
 姓にエスニック痕跡（同化移民型）：(3) [riN çidekazu]，(4) [(r)im çidekazu]
 名にエスニック痕跡（結婚／養子等）：(5) [hajaʃi joNhwa]，(6) [hajaʃi joŋhwa]
 日本語音韻によるエスニック人名：(7) [(r)iN e:wa]，(8) [(r)im joNhwa]
 コリア式人名（祖国準拠型）：(9) [(r)im joŋhwa]

といったくみあわせ＝よみかたが想定できる（厳密な音声学表記ではない。以下同様）。一般には、(9) だけが民族的であるというみかた（言語学／民族学や、本国のたちば）か、(3)〜(8) で充分異質性をうちだせるというみかた（三世世代の運動家などのたちば）に対立しているようにみえるが、前者はあまりに理念主義にすぎるし、後者は「林英和」という表記の社会学的文脈／力学を過小評価している。

 まず地域文化自体が歴史的に不変ではありえない。故地自体が、内的展開にくわえて外部との相互交流によって変質していく運命にある。したがって、移住さきでなお、集住等によって故地から出発した当初の文化を純粋に保持しても、かえって故地自体の内的展開／相互交流とのズレがうまれさえする。まして、移住さきのマジョリティ文化の影響をすべて排除することは、ほとんど不可能である。つまり本国文化とは自律した展開をしめすことが自然という、厳然たる「社会的事実」が確認されるべきであろう。

 逆に、さきに紹介した田中克彦のモデルからは、漢字をひきずるかぎり、「訓読み」という装置によってほとんどの漢字が〈日本化〉されるという構造がみちびきだせる。「○○とよませる」という訓よみの恣意的伝統をかりれば「日本的な名前」とあつかうことはかなりの範囲の漢字について可能なのだ。「日本的」か非「日本的」かは、さかいめが意外にあいまいな連続体をなしていることも確認しておこう。

 以上の理由から、クレオールがおかれている社会言語学的劣位が解消されない以上、(9) のかたちをバイリンガルとして実践しないかぎり、故国から純粋に〈民族的〉とみなされることは不可能であろう。また移民さきにとどまりながら母国から

差別をうけないバイリンガルを人為的に再生産する運動は、それ自体不自然であり、絶対的さきぼそりをまぬがれない。まして、多数派日本人とは異質化しようとする意志が大勢としてうしなわれれば、(1)(2) という完全な同化へとおちつくだろう。
　逆に、母国そだちの〈同胞〉がどのように差別しようと、「在日には在日の生活文化がある」とひらきなおり、同時に多数派日本人に脱色されてとけこむのは御免だという意識がのこるかぎり、(3)〜(8) という異質化戦略がとられるだろうし、ある程度成功するだろう。ただし、こうした戦略にとって漢字にたよることは自滅をまねくおそれがある。たとえば（かなり非日本的とうけとめられるだろう）「崔」を、民族名らしく /tʃɛ/ とよませたいとねがっても、「崔」と漢字表記した結果 /sai/ と〈日本語よみ〉されたら、もともこもないからだ（世代交替による自分のこどもたちの意識の〈日本化〉も並行している）。やはり、「チェ」ないし "chæ" といった表記法がのぞましいだろう（ハングルに反映された祖国の標準音韻に義理だてしすぎると、「在日」の実態からかけはなれた〈せのび〉におわるにちがいない）。
　また「李」「朴」といった〈異質〉な家族名なら大丈夫といった楽観もできない。家族名にエスニックな痕跡をのこす同化移民型 (3)(4) は、逆にいえば、かながき／漢字がきで、日本名を自然に感じる文化的同化（語源意識／音韻認識）の進行をうらがきしているわけで、姓にだけはエスニックな痕跡をのこすという戦略が、そのつぎの世代につたえられるか保証のかぎりでないことを指摘しておく。三世以降では、民族名にこだわるひとびとでも、日本的によませても不自然ではない漢字列をえらぶのがすくなくないという実感を耳にしたことがある。これは漢字にたよらない音声イメージ (image acoustique=signifiant) だけで民族語イメージ (concept=signifié) が喚起されるようななづけを彼（女）らがはじめから指向していないことをうかがわせる。姜信子のいう「日本語人」化は、日本語漢字文化の骨肉化でもあり、それをあまくみた異質化戦略は、次世代に〈うらぎられる〉ことだろう。
　こうした大状況／戦略は、ほかのマイノリティについても参考になるはずである。

6. 恣意的でハイコンテクストな固有名詞の肥大のゆくえ

　以上、日本語マジョリティからみた「異質」な固有名詞への圧力——標準語音をせおった日本語漢字文化——の具体例をみてきた[16]。

　漢字＝儒教文化圏は、伝統的に「中華コンプレックス」をひきずってきた。しかし、それは書記システムとしての漢字文化（漢文／漢詩）と儒教倫理／理念についてであって、本国首都圏の支配層の発音（流行）までまねねばならない規範にはしてこなかった。ラテン語や古典ギリシャ語がヨーロッパ各地の知識層の「なまり」にしばりをかけたりしなかったのと、基本は同形である。しかし、ラテン語等アルファベット圏では、ゆるいかたちではあれ表音モジがオトを規制しており、基本的にはなせる共通語でありつづけた（カトリック教会は依然そうである）のと対照的である。しかし近代国家としての「帝国日本」は、「本国」をふくめた漢字文化圏、いやそれ以外にさえ日本的漢字文化（標準語による漢字かなまじり文）を輸出／強制しようとした。はなしことばとしては、相互理解不能な発音差を許容してきた漢字文化圏の伝統＝「筆談文化」を革命的にかえたのだ。

　それは、各地のダイグロッシア状況（領域による、高級言語－日常言語併用状態）を否定し、標準日本語でかんがえ／はなす生活をしいる志向性をはらんでいた。多数者がわが、かりに主体的にこういった「日本化」をえらんだにしても、そこまでおいこんだのが多数派日本人であったことにちがいはない。

　さて、こういった社会言語学的な問題関心をともなった史的社会学的検証作業は、すでに確定ずみでうごかせない歴史的現実のふりかえりにとどまるものではない。たとえば、生命保険会社が例年発表する新生児の命名ランキングで話題になったことは、いくつもある。そのうちのひとつは、近年、急速に人気名が変動してい

---

[16] 本章では、強制主体を特定することはできていない。「郵便、鉄道、放送」など「地名を扱う機関」以外に、公的機関（教育制度／役所などのエージェント／クライアント）および出版市場（地図、辞典類、教科書など出版物の出版社／執筆者／消費者）の具体的記述／分析がのこされている。しかし、漢字および標準語という媒介装置が規定する「強制」構造の一部はすくなくともうきぼりにできただろう。また、「在日」の異質化戦略の可能性・展望も抽象的ながら提示しえたとおもう。

る事実である。そして、それと連動しているとかんがえられているのは、「読みにくい名前」の急増である（さとー 2007）。そこに漢字表記が関与していることは、うたがいない。

たとえば、つぎのランキング表は、明治安田生命の2014年の男児／女児の命名の人気順のベスト10である。

順位	昨年度	名前（男児）	順位	昨年度	名前（女児）
1位	3位	蓮（れん）	1位	4位	陽菜（ひな／ひなた）
2位	4位	大翔（ひろと／はると）	1位	7位	凛（りん）
3位	8位	陽向（ひなた／はるた）	3位	1位	結菜（ゆな／ゆいな）
4位	15位	陽太（ようた／ひなた）	4位	2位	葵（あおい）
5位	1位	悠真（ゆうま）	5位	5位	結愛（ゆあ／ゆいな）
6位	4位	湊（みなと）	6位	21位	愛莉（あいり／めり）
6位	10位	悠人（ゆうと／はると）	6位	33位	美咲（みさき）
6位	44位	陸（りく）	8位	3位	結衣（ゆい）
6位	55位	駿（しゅん／はやと）	9位	71位	桜（さくら／はる）
10位	90位	朝陽（あさひ）	10位	6位	凜（りん）
			10位	15位	心春（こはる）
			10位	27位	杏（あん／あんず）
			10位	31位	愛梨（あいり／えり）

この一例だけで代表させるのは、もちろんいきすぎだが、流行がはげしく変動していることと、上位ランクに「読みにくい名前」が多数はいっているらしいことがうかがわれる。

まず、「心春（こはる）」などは、「読みにくい名前」の典型例といえそうだ。

それだけでなく、「大翔（ひろと／はると）」「陽向（ひなた／はるた）」「結菜（ゆな／ゆいな）」「陽太（ようた／ひなた）」「結愛（ゆあ／ゆいな）」「愛莉（あいり／めり）」「悠人（ゆうと／はると）」「駿（しゅん／はやと）」「桜（さくら／はる）」「杏（あん／あんず）」「愛梨（あいり／えり）」などは、かりに一方が「読みにくい名前」でないにしろ、ユレがある点で、小学校や病院などの児童と日々接する担当者なかせだろう。名簿の「桜」という表記を「さくら」とよみあげて、「はる、とよんでください」と当人や保護者からたのまれるリスクがつねに、つきまとうからである。

国語学者のひとりは、つぎのようにのべた。

　　いつの世でも人の名は読みにくいものである。しかし、近年のよみにくさはどうしたことであろう。これは何も私一個人の感想に留まらない。おそらく、実際の例を目にしたら誰でもそういう実感を抱かざるを得ないと思う。
　　試みに、地方紙に掲載された新生児の名を「解読」してみていただきたい。命名者の意図した読み（＝正解）はその後でカッコに示すことにするが、意図したとおりに第三者に読めるものかどうか。七割程度でも読めたとしたら、あなたは「時代の通」であるといってよい。
　　01祥輝〔……〕03莉暖　04颯太〔……〕06心遥〔……〕09大榛〔……〕12苺子　13知寛〔……〕22湊羽　23萌愛　24愛大　25夏乃〔……〕
　　01よしき〔……〕03りの　04そうた〔……〕06こはる〔……〕09たいしん〔……〕12まいこ　13とものり〔……〕22みう　23もえ　24あいる　25なの〔……〕
　　　　　　　　　　　　　　　　　　　　　　　（さとー2007: 3-5）

この国語学者は、幕藩体制期の武家の命名においても、「命名者の意図したとおりに容易には読めないという事態」をうみだしていたこと指摘（同上: 137）しつつも、戦争直後の「改正戸籍法」(1946年) 第50条が出生届に「情報平易な文字」をもちいるよう義務づけたことで、戦後直後の人名がかなり簡明だったらしいとのべている（同上: 155-9）。しかし、いわゆる「止め字」(個人名のしめくくりの字) が、女児なら「子」や「美」などが定番だったのが、1970年代からは急速に多様化し、こだわりもへり、「歩」のように男女差が消失したものや、わかりづらいものもふえたとする（同上: 160-5）。そして、1990年代後半の傾向を、以下の様にまとめた[17]。

　(1) 漢字本来の音というより、音環境で有声化した音を採用
　　　　　晋司（しんじ）　幸史（こうじ）　森詩（しんじ）
　(2) 漢字本来の音形の一部を用いる
　　　　　祐美子　裕美子　有美子　優美子（以上、ゆみこ）　玲桜（れお）

17　ただし、「(1) (2) は日本語表記の世界では古くから観察できることである」とする。

(3) 漢字のイメージ（意味）を現行の音訓に関係なく採用
　　　　颯（はやて）　瞳里（みさと）
(4) 熟字を現行の音訓を無視して採用
　　　　永遠（とわ）　夢翔（ゆうと）
(5) 漢字と対応する外国語の音形を採用
　　　　月菜（るな）　※この場合「菜」は捨て漢字に相当
(6) 訓の一部を用いる
　　　　萌奈（もな）　渚月（なつ）　希彩（のあ）　　（さとー 2007: 166）

　佐藤稔は、これらのアナーキーな状況の原因のひとつとして、市販されている「名づけ指南書」を推定している。しかも、「ことばを扱う分野の人が執筆したものはほとんど目にする機会がない。」「開運に良しとして進める実例が、このでたらめな音訓の使用に基づいたもの」「初めて子を持つことになった親たちの多くは、辞書を引くという機会もあまり持たないのだろう」と、てきびしい（同上: 167）。たしかに、佐藤のいうとおり、(1) (2) 以外は、最近の現象であり、一挙に「読みにくい名前」急増の原因だろう。辞書もひかず、デタラメな「指南書」だのみの、ある意味無教養を自覚していない夫婦たちは、みのほどしらずの「表現者」「詩人」なのだろう（同上）。
　しかし、(1) (2) 双方だけで、充分「読みにくい名前」は大量生産してしまう。
　また、(4) (5) (6) も、「いつの世でも人の名は読みにくい」というあきらめ＝この列島にはびこってきた異様な風潮（慣用として定着してしまえば規則など無用という「伝統」）の産物にすぎないとおもわれる。漢字1字とオトが全然対応しない、五十嵐（イガラシ）／東海林（ショージ）／長谷（ハセ）／服部（ハットリ）といった固有名詞の「伝統」、明日（アス）／田舎（イナカ）／従兄弟（イトコ）など、あて字／熟字訓を疑問視しない「伝統」である。
　「当用漢字表」（1946年当時）などでは「法令・公用文書・新聞・雑誌および一般社会で、使用する漢字の範囲」（同「まえがき」）「専門用語については、この表を基準として、整理することが望ましい」（同「使用上の注意事項」）といったぐあいに公共空間のほぼ全域におよんで字種数にはどめをかける姿勢が一時期政府にあった（実は戦前も）。しかし、そもそも「当用漢字表」自体、「固有名詞については、法規上

その他に関係するところが大きいので，別に考えることとした」(同「まえがき」)と、人名・地名を事実上の規制対象外とした。だから、戸籍法で「子の名には、常用平易な文字を用いなければならない」「常用平易な文字の範囲は、法務省令でこれを定める」とし(第50条第1項第2項)、同施行規則第60条で「常用漢字表」などの規制をつくろうが、よみを無規制で放置しているのだから、命名の暴走をくいとめることなど、原理的にできようがなかったのである。そもそも、

① 「苺」「雫」などがつかえないのは不当だといった反発におされて「常用平易な文字」の範囲が漸増、約3000まで肥大。
② 「常用平易な文字を用いなければならない」としながら、よみについては無規制。
③ 「常用平易な文字を用いなければならない」としながら、すでに登録された苗字表記にも規制なし。

といった政府公認のアナーキズムこそ戦後の基調だった。「斎藤」と書いて「なかじま」と読ませるような、漢字と読みとに関連性を見出しがたいものがある」(ささはら 2008: 74)にいったっては、もはや「表記」の体をなしていないとおもわれるが、前述したように「東海林(ショージ)／長谷(ハセ)／服部(ハットリ)」のたぐい自体例外的少数ではなかった。

　もちろん、これら混乱が人名表記にとどまるはずがない。いわゆる「難読地名」の放置も大問題だ。恣意性の極致ともいうべき、「表記」の体をなしていない例は、いくらでもある。

① 「一口」(いもあらい)／「人里」(へんぼり) ……　　(ささはら 2008: 74)
「飛鳥」(あすか)／「大和」(やまと)／「太秦」(うずまさ)／「十八女」(さかり)／「薄野」(すすきの) ……　　(ウィキペディア「難読地名」)

など、あて字／熟字訓系のナンセンスな表記

② 「上田」(うえだ／うわだ／こうだ／かみだ／じょうでん)、「神戸」(こう

べ／かんべ／かんど／ごうど／かのと／じんご）など地域差

（いまお 2008: 220-1）

　他方、「愛媛」「岐阜」「大阪」「埼玉」など、有名な地名であるがゆえに、全然一般的でない漢字がもちいられるケース（ウィキペディア「難読地名」）も、あげる必要があるだろう。
　漢字学者が指摘するように、「公簿には、固有名詞は漢字で書かなければ、という一種の強迫観念が抱かれてきた」（ささはら 2006: 162）ことこそ、ある意味「漢字フェチ」的風潮をはびこらせてきたとおもわれる[18]。このようにかんがえてみると、たとえば新生児の命名の問題を、「暴走万葉仮名」とか「DQNネーム」といった侮蔑にみちた非難をもってとらえるのは、それこそ責任転嫁だろう[19]。もちろん「夜露死

18　一方ではこのような認識をもちつつも、漢字文化の多様性を基本的には無批判に受容する研究者は、地名研究者と同様、日本語漢字文化の恣意性、標準語規範の植民地主義的同化圧力などには無関心だとおもわれる。たとえば、「アイヌ語で溢れる川を意味するという「イカンベツ」に、明治になって間もなく「咾別」という2字が当てられた」（ささはら 2013: 224）といった記述には、植民地主義的同化圧力への批判的精神は皆無といえよう。また「首里城跡では、「玉陵（ルビ：たまうどぅん）」「斎場御嶽（ルビ：せーふぁーうたき）」など、読み仮名がひらがなであることが不思議なように感じられる琉球方言によるルビがいくつも施されている。掲示板ではカタカナで読みが示されたものもある。言語は日本語の方言であっても、かつては琉球王国という独立国として中国と日本との間で均衡を保った」（同上: 228）なども、オリエンタリスティックな感覚が随所にあふれているといえよう。「琉球方言によるルビ」など、社会言語学的な感覚の欠落はもちろん、すでにのべたような歴史的経緯についての無感覚が記述全体にあふれている。すでにのべた事例として、おなじ首里において地名「金城」をめぐって「カナグシク」派と「キンジョー」派にわかれたことは、それにさきんじて、家族名が「キンジョー」へとなだれをうった経緯（たけち 2011: 186-98, 200-3）が、植民地主義や同化主義と無関係のはずがない。しかし、この笹原宏之の『方言漢字』という一般むけ啓発書とおぼしき書物には、そういった政治性への配慮は、かけらもみあたらない。無自覚だとしたら著者の博覧強記ぶりとのバランスがとれないし、マーケティングなど計算がはたらいているのなら、「影の学問」（ラミス 1982）というほかなかろう。

19　問題をカムフラージュしているかのようにおもえる「キラキラネーム」という分類も本質は同様だ。
　ちなみに「暴走万葉仮名」は「古くからあった難読姓、難読名ではなく、親などによって「無理読み」で付けられた名前をたとえていう。呉智英（社会評論家）がつくり、また『産経新聞』のコラム「断」で自身が使用することによって知られる

苦（よろしく）」といった暴走族たちの表現感覚や文化資本は、たしかにいたいたしい。しかし問題の本質は、世界に類をみない漢字使用の未清算がもたらした「正書法のない日本語」（こんの 2013）というねづよい風潮、くわえて、それにおされた政府の無作為というアナーキーな風土にこそある。自己責任原則にもとづく個人主義的な自己実現志向（錯覚／迷走）と、伝統的な漢字文化の継承失敗（無知／事実誤認）の交差のもたらした悲喜劇を、冷笑したり責任転嫁してなげいたりする方こそ無責任といえよう。

7.「うちわうけ」文化からの「卒業」

そもそも「DQNネーム」といったネットスラング自体、日本の漢字文化のあしきアナーキーさを象徴しているのではないか？「DQN」は、『目撃！ドキュン』（テレビ朝日、1994〜2002年）に由来するといわれているが、正直「DQN」という表記を当然のように「ドキュン」とよびならわせる感覚が理解しがたい。それはたとえば、"barbecue"→"BBQ"といった、子音字中心の略記のマネなのか？　単純にはそういいきれない気がする。たとえば、つぎのようなムラ社会的な暗黙の了解があるようにおもうが、まちがっているだろうか？

① うちわで了解されている以上、漢字表現等、極限まで圧縮してよい（共＝共産党 etc.）
② 慣用であるかぎり、表現と「よみ」は分離してよい（明日＝「あす」etc.）
③ 賛同者さえでれば数字も駄ジャレ的な語呂あわせでよい（4126＝よいふろ etc.）

「共産党」を投票所で「共」と略記するのはなにも問題ないだろう。しかし、新聞のみだしなどを中心に、とことん「うちわで了解」のふんいきは漏出しているの

ようになった言い方。呉氏は「画数が多く無理読みの漢字を使った名前」は「暴走族のグループ名に多い方式なので」こう名づけたという」（はてなキーワード）。

ではないか？　また、「明日」を「ミョーニチ」とよませるのには「経緯」を感じられるが、「アス」とよませてひらきなおるのは、いきすぎだろう。さらに「4126を「ヨイフロ」とよませるのに、何が問題なのか」といった感覚があるすれば、それは漢字の訓よみや慣用よみの融通無碍さが数字にもちこまれた「語呂あわせ」による感覚マヒというほかない。「4＝ヨ」「1＝イ」「2＝フ」「6＝ロ」と対応させるのは、「ヒーフーミーヨー」「イ（チ）／ニ／サン……ロ（ク）」という、異種のかぞえ体系からのみがってな混用の産物あり、しかも「イ（チ）」「ロ（ク）」という恣意的な省略までかさなっているもので、おそらく現代では、日本だけの現象だろう。

「ローマ字略語／アルファベット略語」(『同人用語の基礎知識』)[20]によれば、「DoQuN」「DoQN」という「経緯」をへて圧縮・短縮されたようだが、「ググれカス」[21]＝「Gu Gu Re Ka Su」＝「ggrks」と同様、変換キー操作を省略したいという経済原則がはたらくなか「うちわで通じればよい」という、まさに「スラング」文脈での産物なのだとおもわれる。

「キラキラネーム」なども、実は「外部の第三者は一読できなくてもよい」という、「うちわ」意識（ハイコンテクスト空間）が作用していると推定できる。「心愛」を「ここあ」とよませる「圧縮」の心理メカニズムも、「泡姫」を「ありえる」とよませるディズニー愛も、「春歌」という漢字をえらんでしまう無知も、夫婦のあいだでの「合意」だけがもたらした現象なのだ。一方、ネットスラングが流通する空間も、異質な文化圏による「編集」「チェック」がいらない、とじた「なかま意識」によるわけだから、外部の第三者を侮蔑できるようなすじあいにはないのだが、もちろん、そういった自覚などないし、自省意識の発生ものぞめない。「DQNネーム」よばわりとは、実は、文化資本上の問題をかかえた集団間での差別現象だったとかんがえてよかろう。「あいつらDQNだから」といった差別表現自体が、実は「日本語漢字の病理的文化と、アメリカの文化的影響の交差として発生している」といった自覚の欠落の産物なのだ。

このようにかんがえてくると、同質な言語感覚や漢字文化（文化資本）を共有したなかまにしか通用しない自分たちの狭量さを自覚せずに、たとえば旧来の固有名

20　http://www.paradisearmy.com/doujin/pasok2rv.htm
21　「ググれカス」は「自分でGoogle検索してでなおせ。無知で空気よめないカス野郎」といった意。

詞（表記）をあたかも「危機言語」であるかのように死守しようという姿勢（いまお 2008）に問題があるのは明白だし、アナーキーに無自覚な文化破壊に暴走するのも大問題だ。双方にかけているのは、「個人や集団、地域のアイデンティティーとはなにか」、「固有名詞をとなえ、しるす行為とはなにか」といった、社会言語学的なモニタリング・検討である。したがって、地名保存運動の論理と「読みにくい名前」をめぐる混乱の再検討は、固有名詞をめぐるポリティクスという普遍的課題のなかで、現代日本がかかえる特殊性をうきぼりにするであろう。そこでは、恣意的な日本語漢字の検討、英語を軸とした欧米文化の無定見な受容・土着化を充分に検討する必要があることは、まちがいない[22]。「正書法のない日本語」といった、一見リベラルにきこえる、実は無責任な保守主義をまかりとおらせては無秩序がはびこり、各所での混乱がやまないだろう。もとめられているのは、「ことばのユニバーサルデザイン」なのだ。

---

[22] 近代日本にも「ジョージ」「マリ」「レオ」「ナオミ」など西欧語起源の人名は「輸入」され、それなりに定着していた（森鷗外／谷崎潤一郎周辺での現実／虚構上の命名 etc.）が、昨今の「キラキラネーム」などの周囲には、恣意的な難読性だけでなく、在来の命名文化からの完全離脱が流行中である。たとえば、「マリナ／マリン」「レオナ／レオン」などは、いわゆる「西欧かぶれ」といわれた近代期の文学者たちの命名感覚などを、はるかに超越した同化主義といえよう。なぜなら、命名者の一部は、女児名など漢字表記をすてたりしているからだ。

おわりに
すこしみじかめの終章

　「はじめに」でのべたように、本書は、言語現象の記述をほとんどしてこなかったかわりに、〈「言語現象の記述」の記述〉は四半世紀以上くりかえしてきた、ねじれたアイデンティティの再確認である。つまり、私的な知的立脚点の哲学的（方法論的）再検討といえる。したがって基本的に自己満足的な編集作業にほかならず、当然のことながら既存の学問領域への積極的貢献といった意図をもたない。実社会に直接やくだつような論考がみあたるはずもない。

　そもそも近年では、研究者であるとの自己規定さえなくなり、ちかしいひとたちには最近つぎのようにかたるようにさえなった。

> 「自分の本分は社会学周辺の教養教育教員。本来高校卒業者がみにつけるべき素養を社会科学がらみで補習的に提供し、知的ストレッチングの手法を提示するのが本務」
>
> 「余業はサイエンスライター。社会言語学や障害学、男性学などもまじえて、社会学周辺の知的動向（「先端」てまえの）を編集し、一般読者や専門外の層に紹介する作業が責務」

　これは、奇をてらっているのでも、もったいをつけているのでもない。ひとえに、50歳前後からわがみをふりかえった結果、自省・整理の産物なのである。そもそも勤務校の担当コマの過半は全学共通教育の「社会学」であり、卒業論文指導をふく

めた演習科目も、専門知識を提供するのが目的ではない。総じて「かんがえるヒント」の提供にほかならないのは勤務開始からかわっていない（非常勤講師時代の担当科目の趣旨も同様だったはず）。

　残念ながら、特論的な形式の科目を介して狭義の関心事周辺の話題を学生に提供する機会も、数年まえからとだえてしまった。そのため、いわゆる「危機言語」の話題であるとか、「英語の「世界語」化」など、言語状況について概論的にふれた社会学テキストの該当箇所に対してでた質問に応答する程度が、学生へのほそぼそとした発信である。

　たとえ使用テキスト（現行の『社会学のまなざし』2012年）を「社会言語学者による社会学の入門書」などといわれようと、全学共通教育の「社会学」教員という日常には、いささかのゆらぎもない。「社会学はなにをみてきた／いるのか」を提起・整理する作業をとおして、現代社会を解析してみせ、それが「君たちはどう生きるか」（吉野源三郎）といった問題提起とつながってくる。なぜわれわれは近現代の特異性に無自覚なのか。グローバル化とはどういった現象なのか。マクドナルド化や情報化でわれわれの心身はどう変質したか。など、自分自身と社会環境をモニタリングする能力をみにつけてもらうこと。それらを10年ぐらいまえから「知の柔軟体操」「知の護身術」などとよんできた。そうした教育実践のなかでは、言語現象は不可欠なトピックではあるが、ふみこんだ言及は本旨からはずれる。実際現代社会を理解するうえで解説不可欠な事項として、非言語的現象はたくさんあるわけだし。かくして、言語現象への言及、言語現象の解析作業を学生にしめすのは、年間に総計1時間前後だろうか（毎週配布するプリント＝テキスト／講義の理解をうながす補足資料＝には相当量の言語論をまぜてはいるが、比率はおおきくない）。

　それでも、学生の一部は、期末レポートの救済課題にあげられた「課題図書の批評」という機会に、『ことばの政治社会学』や『ことば／権力／差別』などをてにとることになる。本書も、大学生協書籍部などでは、そういった位置づけとなるはずだ。

　したがって、本書は第一に、勤務校以外の学生もふくめて、ある種偶然のきっかけからレポート課題などにえらぶことで通読することがイメージされている。同時に、サイエンスライターとして（学界の先端の動向ではないが）広義の言語論（言語研究やテキスト／一般書をふくめて）の動向・問題を紹介・批評する目的をもって

いる。もちろん、言語研究周辺、社会学周辺の「同業者」のみなさん、出版関係の
みなさんが、あまりめにしないだろう視座からの「学界回顧」「学会展望」として、
参考になる箇所が少々はあることを希望する。本書は同時に、あまりメジャーとは
いいがたい「知識社会学」をキーワードとして定着させるための微力ながらの発信
を意図している（「社会言語学」もまだまだマイナーだが）。

　ただ、「知識社会学」の可能性をとうことで、読者諸氏に、なんらかのインスピ
レーションを提供できたらとねがっていることも事実である。

　端的にいえば、「知識社会学」論をいくらくりかえし、それが精緻な体系にな
ろうと、知識社会学自体の結実にはつながらない。そもそも実証科学としての
科学社会学や科学知識の社会学（SSK: Sociology of Scientific Knowledge）およびSTS
（Science,Technology and Society＝科学技術社会論）の対象が、自然科学（理学）とその
応用である工学技術に事実上とどまってきた。そこにかりに医療社会学／医療人類
学や環境社会学などをつけくわえようと、科学概念が極端にせまいことへの疑問・
不満こそが、本書をふくめた筆者の知識社会学論ないし知識社会学的実践につなが
ってきた（ましこ 1997=2003, 2010 ほか）。科学的記述としての行政学はともかく、政策
的意図を前提として体系化がなされてきた法学・経済学・政治学・国際関係論や、
西欧近代主導の国民国家連合体制（国際秩序）を自明視したうえでの下位単位を構
築してきた各国史／関係史や考古学／地理学／人類学、「国民文化」の権威主義的
体系化をはかってきた文学／言語学等は、科学社会学の対象にならないのか？　医
学的臨床が基礎医学などの臨床的応用であって、科学的営為そのものではないとか、
法解釈学が法哲学・法制史・法社会学などを基礎とした官僚制上の運用の体系化で
あって社会科学そのものではないとか、財政学や地政学などが社会科学なのか、そ
ういったといがでることもふくめて、すくなくとも知識社会学の対象にはふくめね
ばならない。もちろん、計量系の経済学／政治学／社会学／社会心理学などを例外
として、人文社会の諸領域が、そもそも「反証可能性」（カール・ポパー）など科学
性を担保できるものではない、疑似科学なのではないか、といった疑念もあるだろ
う。しかし、自然科学周辺の厳密な次元での科学性をみたしていないとみなされる
領域は、みな疑似科学的な学問にすぎなくて、たとえば科学知識の社会学におさめ
るべきではない分野ばかりなのか？

　そもそも、たとえば原子力ムラが、技官だけではなく、法務官僚・財政官僚

などによってもささえられた巨大システムであったように、「科学知識」(Scientific Knowledge)やSTS (Science, Technology and Society＝科学／技術／社会)は、単なる理学や工学の領域だけでおさまるものではない。「科学知識」(Scientific Knowledge)とそれを共有し駆使し特権性を維持する「科学者集団」(scientific community)をとりまくのは、公的な財政であり、国際政治／経済であり、マスメディアと大衆だからである。そして、ソ連や日本の原子力ムラは、一時的であるか長期的構造的であるかはともかく、「ヒューマンエラー」によって、とりかえしのつかない破局をまねきいれた。そこには、疲労といった生理的な限界とか、大地震や津波など天災の過小評価による危機管理／ロジスティクス／予算措置の欠落といった、人的な要素がからんでいたことでわかるように、理学的／工学的な科学性をいくら担保しようと、早晩破綻をまねく宿命をかかえていたとおもわれる。東京電力や経済産業省・科学技術庁、そして原子力工学や建築工学・土木工学などをになってきた東大など有力大学もふくめて、自分たちが巨大な「ヒューマンエラー」の実行者であり、破局をよびこむ「戦犯」であることに無自覚だった。

　筆者は、財務官僚が経済学モデルを恣意的につまみぐいし、各省庁の技官たちがこれまた恣意的に環境アセスメントやらシミュレーションなどをくりかえし権威主義的に財政にたかってきたことを批判し、つづいて沖縄島周辺に異常に偏在する米軍基地（＝特別措置法による違憲状態）を追及した（ましこ2010）。そこに、あきらかな「科学」をふくめた「知識」の悪用があり、政治経済学的な力学が支配をかたちづくってきたからである。その出発点（学位論文）では、学校教科としての「国語科」「社会科／地歴科」と、それをささえる教科教育学と、それら教員養成課程を基礎科学的にささえる文学／言語学の体質を、国民国家のイデオロギー装置として批判した。戦前など独裁体制と無縁な構造ではなく、文教官僚や文教族議員などの策動にとどまらず、大学人などの無自覚な洗脳（たとえば「単一民族／単一言語国家」論や、自明の「日本通史」など「物語」化）がくりかえされてきたと。学校教科の社会学的解析は通常、教育社会学とみなされるだろうが、筆者は「国語科」「社会科／地歴科」の批判的検討を知識社会学と位置づけ、基礎科学として教科教育学をささえる文学／言語学／歴史学の批判的検討を科学社会学の一種と位置づけた（まし

こ 1997=2003)¹。これら既刊2点をかきあげるうえで、当然のことながら、議論の前提として方法論的記述もかきつらねたから、「知識社会学」論を蓄積してきた自負がある。本書は、それらの現段階までの総括であり、かつ知識社会学の実践でもあるわけだ。

　以下、目次／文献表とかさなる部分がすくなくないが、初出など書誌情報をしるす。

【第1部】「言語論」の知識社会学
第1章　知識社会学の一部／社会言語学の一部としての「言語論」論
　　　〔「言語論の知識社会学序説：広義の社会言語学の再確認」（第62回多言語社会研究会東京例会報告 2015/01/31）原稿をもとにした新稿〕
第2章　「漢字テスト」がうきぼりにするイデオロギー（長野県梓川高校放送部「漢字テストのふしぎ」2007年）〔初出『社会言語学』9号, 2009年〕
第3章　標準現代日本語における配慮表現ノート〔かきおろし〕

1　ちなみに、教育社会学⊆知識社会学ではなく、教育社会学⊆知識社会学⊂労働社会学⊂組織社会学⊂家族社会学⊂社会階層論⊂地域社会学……であったりするように、教育現象は、単なる知識現象にとどまらず、労働市場や学校組織、家族・地域社会など、教授・学習空間をとりまく社会的現実ときりはなして論じられない社会的事実として社会学的対象となる。
　おなじように、科学社会学⊆知識社会学ではなく、科学現象は、それをとりまく労働市場としてのアカデミックマーケット（大学・研究所等学術組織をふくめた学界）という「闘技場」はもちろん、一般人むけの啓発活動や公共団体への情報提供、審議会などをふくめた官僚組織への関与、など、あらゆる意味で、科学的知識は、真空中の客観中立的な存在としての知ではなく、「科学」現象は、「知識」現象からつねにハミだす。
　もっとも、知識社会学が対象化する「知」は、そもそも真空中の客観中立的な存在としての知など前提にしないのである。「はじめに」で、「脳内言語学」とはちがう、言語現象を複雑な社会的現実の一種とかんがえる「脳外言語学」という理念型を提起したように。
　科学者集団が共有／分有し、権威主義と競争原理にとりかこまれた「闘技場」とその「観衆」はもちろん、「闘技場」の舞台ウラ、そこに諸資源を提供しつづけ、あるいは「副産物」「排出物」をひきうけて処理・転用などをくりかえす「兵站」（ロジスティクス）など、「科学」に関与する、ありとあらゆる領域をカバーすべきとかんがえる（理想とする）のが、理念型としての知識社会学である。こういった理念上の知識社会学には、科学社会学は包含されるといえるだろう。

【第2部】「言語現象」の知識社会学
第4章　日本語漢字とリテラシー〔初出『ことばと社会』14号，2012年〕
第5章　性的少数派と言語現象をめぐって〔初出『ことばと社会』16号，2014年〕
第6章　現代日本における、いわゆる「デジタルネイティブ」〔かきおろし〕
第7章　日本列島上の固有名詞の変動要因再考——漢字／標準語／流動化
　　　〔初出「固有名詞にみる社会変動：近代日本語圏における漢字の潜在的諸機能」
　　　『社会学評論』47（2），1996年の全面改稿〕

　基本的に『知の政治経済学』第2部（言語編）以降に発表された『社会言語学』誌掲載論文／書評の一部と、特集がらみで寄稿した『ことばと社会』の掲載論文が軸になっているが、近年にはめずらしく、少々分量のある「かきおろし」もおさめた。
　最終章だけが、20年まえの発表であり、『ことばの政治社会学』などにもおさめられずにきたもの（データ／解析の一部は『イデオロギーとしての「日本」』におさめられている）に、ひかりをあててみた。これは、言語現象そのものの記述をした、ほぼ唯一といっていい論考である。それは、言語現象の記述（メタ言語）であるとともに、「ほかの論考が言語現象の記述（メタ言語）ではなく、言語論・論（メタ・メタ言語）だったのだ」と、読者になっとくしてもらうための対照作業の素材でもある。しかし、同時に、この章さえも、言語論・論（メタ・メタ言語）がすくなからずふくまれていることが、わかるであろう。学術論文が、過去の学界における研究蓄積をベースに批判的のりこえをはかるものであり、研究史の整理を必須の作業としてかかえている以上、当然である。既存の議論に相当きびしい批判をくわえている箇所が多数あるが、大相撲でいう「恩がえし」（報恩）にあたるわけである。
　各章には、すでに補足として解題的なものをそえてあるので、ここではくりかえさない。ここでは、全体の構成と各章の位置づけ／関係性だけすこしふりかえろう。
　第1部の冒頭は方法論である。同時にそれは、自分はなにをしてきたかという「自画像」の変遷史の整理でもある。知識社会学をめぐる方法論と、これまでの実践の方法論的位置づけについては、「はじめに」にしるしたとおりである。つづく論文は、『社会言語学』に掲載されたビデオ評／書評（言語論・論）と、近年のヘイト

スピーチ論に触発された研究ノート（かきおろし）である。ビデオ評は、おなじ作品を対象とした、なかの・まき（2009）による「映像評 長野県梓川高校放送部「漢字テストのふしぎ」(2007年)」も参考にされたい。

　第2部は、最終章が特にそうだが、言語論・論も一部ふくむものの、基本的には言語論である。リテラシーという領域における日本語漢字の含意、性的少数者をめぐる言語現象、日本列島周辺での固有名詞の政治的含意、それぞれについて、社会学徒がどうとりくもうとしたか。広義の社会言語学に好意的な部分は、問題なく「社会言語学」のなかにふくめるだろうし、だからこそ『ことばと社会』という媒体にも掲載されるはこびとなったわけだが、古典的な術語でいうなら「言語社会学」というくくりが自然というものだろう。解析わくぐみは、基本的に社会学であり、社会現象の一種としての言語現象を対象化しているのだから。しかし、最終章の前身が社会学の全国誌に掲載される（1996年）までには、「これは言語学ではなく、社会学にほかならない」という事実を、査読委員に理解させるという作業（投稿への再三の無理解・拒絶と、それへの挑戦）がともなっていたことを、もうしのべておこう。当時の社会学者たちの大半にとって、「業界」外のテーマにみえたらしいのである。いまとなっては「わらいばなし」のような事実をふりかえるとき、20年という年月を感じさせる。

　はじめにものべたとおり、これらの議論が読者各層にとってどの程度おもしろいのかは、正直わかりかねる。しかし、言語現象の社会的側面にいくばくかでも関心がある層にとっては、無関係の論考ばかりではなかろう。「窓の学問」（ダグラス・ラミス）の存在にきづいてしまった人間のひとりとして、サイエンスライターとしての責務をはたしたいとおもい、論集としてまとめてみた。

　最後になるが、悪化する一方の出版事情のなか刊行に同意くださった石田社長、細部にわたる表現チェックをいただいた上山さんに、あつく御礼もうしあげる。

　　　在特会（在日特権を許さない市民の会）結成から10年目の日に「日米、97
　　　年にオスプレイ協議　沖縄配備10年まで隠す」（琉球新報）の報にふれて。

（2016/12/2）

参考文献

1. 日本語文献は、50音順。
2. 表音主義かな表記による。

アーシー，イアン 2001『怪しい日本語研究室』毎日新聞社
あきづき・としゆき（秋月俊幸）1992「千島列島の領有と経営」『岩波講座　近代日本と植民地 1』岩波書店
あけど・たかひろ（明戸隆浩）2013「研究ブログ」(researchmap)「ヘイトスピーチ規制文献リスト［国内編］」「ヘイトスピーチ規制文献リスト［国外編］（前回の続き）」
　　(http://researchmap.jp/index.php?page_id=1144064#_1820559)
あけど・たかひろ（明戸隆浩）2015『Anti-Racism Resources　レイシズムとヘイトスピーチを考えるために』(http://antiracismresources.blogspot.jp/)
あさと・わこー（安里和晃）2010「少子高齢社会における移民政策と日本語教育」、田尻英三ほか『言語政策を問う』
あさまつ・あやこ（浅松絢子）2003「現代の敬語使用の特徴と今後の方向」、菊池康人［編］『朝倉日本語講座 8　敬語』朝倉書店
あべ やすし 2002「漢字という障害」『社会言語学』2 号、「社会言語学」刊行会
　　(http://www.tsuyama-ct.ac.jp/kadoya/syakaigengogaku2002.pdf)
あべ・やすし 2003「てがき文字へのまなざし——文字とからだの多様性をめぐって」『社会言語学』3 号、「社会言語学」刊行会
　　(http://www.geocities.jp/syakaigengogaku/syakaigengogaku2003.html)
あべ・やすし 2004「漢字という権威」『社会言語学』4 号
あべ・やすし 2006「漢字という障害」、ましこ・ひでのり［編著］『ことば／権力／差別——言語権からみた情報弱者の解放』三元社
あべ・やすし 2008「人権教育は、ありえない」『hituzi のブログ 無料体験コース』(2008-01-31, http://blog.goo.ne.jp/hituzinosanpo/e/1cd8da334076a8e2fdf33289be43d793)
あべ・やすし 2010a「均質的な文字社会という神話」、かどや・ひでのり／あべ・やすし［編著］『識字の社会言語学』生活書院
あべ・やすし 2010b「識字のユニバーサルデザイン」、かどや／あべ［編著］『識字の社会言語学』

生活書院
あべ・やすし 2011「日本語表記の再検討―情報アクセス権／ユニバーサルデザインの視点から―」『社会言語学』別冊Ⅰ（2008-2010 年度科研費報告書「情報弱者のかかえる諸問題の発見とメディアのユニバーサル・デザインのための基礎研究」）（初出：『社会言語学』10 号）
あべ・やすし 2012「漢字という障害」，ましこ・ひでのり［編著］『ことば／権力／差別――言語権からみた情報弱者の解放』三元社
あべ・やすし 2015『ことばのバリアフリー――情報保障とコミュニケーションの障害学』生活書院
あみの・よしひこ（網野善彦）1993『日本論の視座――列島の社会と国家』小学館
いけだ・くみこ（池田久美子）2011『視写の教育――〈からだ〉に読み書きさせる』東信堂
いしかわ・のりお（石川則夫）／おかだ・さとし（岡田哲）／もろほし・みちなお（諸星美智直）2002『世界一難しい漢字を使う日本人』トランスワールドジャパン
いしだ・ひとし（石田仁）2010「タチ／ネコ，攻／受」，井上章一ほか編『性的なことば』講談社
いといがわ・みき（糸魚川美樹）1998「フェミニズムと言語差別―中村桃子（1994）『ことばとフェミニズム』（勁草書房）を中心に―」『不老町だより』3 号，世界社会言語学会
いのうえ・ふみお（井上史雄）2011『経済言語学論考――言語・方言・敬語の値打ち』明治書院
いのづか・えみこ（猪塚恵美子）2007『字がうまくなる「字配り」のすすめ』新潮社
いまお・けーすけ（今尾恵介）2008『地名の社会学』角川学芸出版
いわた・ゆーこ（岩田祐子）ほか 2013『概説 社会言語学』ひつじ書房
ウィリス，ポール・E. ＝熊沢誠 訳，1996『ハマータウンの野郎ども』筑摩書房（Willis, Paul 1977, *Learning to Labor: How Working Class Kids Get Working Class Jobs*, Columbia University Press）
うさみ・まゆみ（宇佐美まゆみ）1997「「ね」のコミュニケーション機能とディスコース・ポライトネス」，現代日本語研究会編『女性のことば・職場編』ひつじ書房
うさみ・まゆみ（宇佐美まゆみ），2001「ジェンダーとポライトネス―女性は男性よりポライトなのか？―」『日本語とジェンダー』5 号
うさみ・まゆみ（宇佐美まゆみ）2002「ポライトネス理論の展開」(1)～(12)『月刊言語』31 巻 1-5 号，7-13 号，大修館書店
うさみ・まゆみ（宇佐美まゆみ）2002「ポライトネス理論と対人コミュニケーション研究」，国際協力基金『日本語教育通信 日本語・日本語教育を研究する』18 回
　　　（https://www.jpf.go.jp/j/project/japanese/teach/tsushin/reserch/pdf/tushin42_p06-07.pdf）
うちだ・かずひろ（内田かずひろ）1996 ～ 2002『ロダンのココロ』朝日新聞社
うめさお・ただお（梅棹忠夫）1990「日本語表記革命―盲人にも外国人にもわかることばを―」『日本語』3 月号
えんどー・おりえ（遠藤織枝）1997『女のことばの文化史』学陽書房
おーいし・はつたろー（大石初太郎）1983「敬語の構造と将来」，水谷修［編］『話しことばの表現』筑摩書房
おーさわ・としろー（大沢敏郎）2003『生きなおす、ことば――書くことのちから 横浜寿町から』

太郎次郎社エディタス
おーじ・なおや（大路直哉）1998『みえざる左手――ものいわぬ社会制度への提言』三五館
おーた・まきえ（太田眞希恵）2011「ウサイン・ボルトの"I"は、なぜ「オレ」と訳されるのか」、金水敏編『役割語研究の展開』くろしお出版
おーた・りょーはく（太田良博）1983「改姓改名運動」『沖縄大百科事典　上』沖縄タイムス社
おーつか・せーこ（大塚生子）2016「インポライトネスと会話における「期待」」、三牧陽子ほか［編］『インターカルチュラル・コミュニケーションの理論と実践』くろしお出版
おかじま・ゆーし（岡嶋裕史）2010『ポスト・モバイル――ITとヒトの未来図』新潮社
おかもと・しんいちろー（岡本真一郎）2016『悪意の心理学――悪口、嘘、ヘイト・スピーチ』中央公論新社
おかもと・ともちか（岡本智周）2008『歴史教科書にみるアメリカ』学文社
おがわ・かつひこ（小川克彦）2011『つながり進化論――ネット世代はなぜリア充を求めるのか』中央公論新社
かいほ・よーこ（海保洋子）1992『近代北方史――アイヌ民族と女性と』三一書房
かがみ・あきかつ（鏡味明克）1984『地名学入門』大修館書店
かどや・ひでのり 2012「識字／情報のユニバーサルデザインという構想―識字・言語権・障害学―」『ことばと社会』14号、三元社
かどや・ひでのり／あべ・やすし［編著］2010『識字の社会言語学』生活書院
かなざわ・たかゆき（金澤貴之）2013『手話の社会学――教育現場への手話導入における当事者性をめぐって』生活書院
かなざわ・ひろゆき（金澤裕之）2008『留学生の日本語は、未来の日本語――日本語の変化のダイナミズム』ひつじ書房
かばや・ひろし（蒲谷宏）2005「きもち・なかみ・かたち〜三位一体で「大人」の敬語コミュニケーション〜」、早稲田大学学生部『新鐘』72 (Essay［コミュニケーション考現学］)
かばや・ひろし（蒲谷宏）／さかもと・めぐみ（坂本恵）1991「待遇表現教育の構想」『早稲田大学日本語研究教育センター紀要』第3号
かばや・ひろし（蒲谷宏）／かわぐち・よしかず（川口義一）／さかもと・めぐみ（坂本恵）1998『敬語表現』大修館書店
かばや・ひろし（蒲谷宏）ほか 2010『敬語コミュニケーション』朝倉書店
かわぎし・かつみ（川岸克己）2013「人名における漢字使用の変化とその誘因」『安田女子大学紀要』41（http://lib.jimu.yasuda-u.ac.jp/library/reposit/bulletin/02896494041001.pdf）
かわもと・としろー（川本敏郎）2005『簡単便利の現代史――高密度消費・情報社会の行方』現代書館
かんさいしゅわかれっじ（関西手話カレッジ）2009『ろう者のトリセツ聴者のトリセツ――ろう者と聴者の言葉のズレ』星湖舎
かんばやし・のぶゆき（神林信之）2008「リテラシーの内包と多義性」、新潟大学大学院『現代社会文化研究科紀要』41
きくち・きゅーいち（菊池久一）2003「〈構成する活動〉としてのリテラシー」『教育学研究』70

(3)、日本教育学会
きくち・やすと（菊地康人）1994『敬語』角川書店
きくち・やすと（菊地康人）1996『敬語再入門』丸善株式会社
きくち・やすと（菊地康人）1997『敬語』講談社
きたざわ・たけふみ（北澤健文）2008「ヘルスリテラシーの動向」『病院』Vol.67 No.5, 医学書院
きぬはた・ともひで（衣畑智秀）／ヤン・チャンス（楊昌珠）2007「役割語としての「軍隊語」の成立」, 金水敏［編］『役割語研究の地平』くろしお出版
キャメロン, D.／クーリック, D.＝中村桃子ほか訳, 2009『ことばとセクシュアリティ』三元社
キム, アラン・ヒョンオク 2014『メタファー体系としての敬語——日本におけるその支配原理』明石書店
キム, イリーナ, 1994「朝鮮総聯の朝鮮語教育」, マーハ, J.C.／本名信行［編著］『新しい日本観・世界観に向かって』国際書院
キム・イルミョン（金一勉）1978『朝鮮人がなぜ「日本名」を名のるのか』三一書房
きむら・ただまさ（木村忠正）2012『デジタルネイティブの時代——なぜメールをせずに「つぶやく」のか』平凡社
きむら・はるみ（木村晴美）2007『日本手話とろう文化——ろう者はストレンジャー』生活書院
きむら・はるみ（木村晴美）2009『ろう者の世界——続・日本手話とろう文化』生活書院
きむら・はるみ（木村晴美）2011『日本手話と日本語対応手話（手指日本語）——間にある「深い谷」』生活書院
きむら・はるみ（木村晴美）2012『ろう者が見る夢——続々・日本手話とろう文化』生活書院
きょー・のぶこ（姜信子）1990『ごく普通の在日韓国人』朝日新聞社
きんすい・さとし（金水敏）2003『ヴァーチャル日本語——役割語の謎』岩波書店
きんばら・さもん（金原左門）ほか 1986『日本のなかの韓国・朝鮮人、中国人』明石書店
グールドナー, アーヴィン・W＝岡田直之ほか訳, 1974-8『社会学の再生を求めて』新曜社
くどー・はるこ（工藤晴子）2014「クィアとしての難民とことば」『ことばと社会』16号, 三元社
くまい・ひろこ（熊井浩子）2009「日本語の Politeness と対人行動に関する一考察」『静岡大学国際交流センター紀要』3号
くらもと・ともあき（倉本智明）2000「障害学と文化の視点」, 倉本智明／長瀬修［編著］『障害学を語る』エンパワメント研究所
クリストフ, アゴタ＝堀茂樹訳, 2006『文盲——アゴタ・クリストフ自伝』白水社
くろす・のぶゆき（黒須伸之）／はっとり・よしのぶ（服部慶亘）1992「小笠原の在来島民 (European-Japanese) 研究（その 1）」『解放社会学研究』6, 日本解放社会学会
げんだいにほんごけんきゅーかい（現代日本語研究会）［編］2011『合本　女性のことば・男性のことば（職場編）』ひつじ書房
こーきょーとしょかんではたらくしかくしょーがいしょくいんのかい／なごやかい（公共図書館で働く視覚障害職員の会）（なごや会）2009『見えない・見えにくい人も「読める」図書館』

読書工房

ここま・かつみ（小駒勝美）2008『漢字は日本語である』新潮社

コセリウ，エウジェニオ＝田中克彦訳，2014『言語変化という問題――共時態、通時態、歴史』岩波書店

ごとー・いわな（後藤岩奈）2000「阿城「該子王」(子供たちの王様)―原作小説と映画化作品とを比較する―」『県立新潟女子短期大学研究紀要』第 37 号
（http://nirr.lib.niigata-u.ac.jp/bitstream/10623/17794/1/09_37_0017.pdf）

ごとー・かずとも（後藤和智）2008『「若者論」を疑え！』宝島社

こばやし・ちぐさ（小林千草）2007『女ことばはどこへ消えたか？』光文社

こめい・りきや（米井力也）2011「『風の谷のナウシカ』と役割語」，金水敏［編］『役割語研究の展開』くろしお出版

こやなぎ・まさし（小柳正司）2010『リテラシーの地平――読み書き能力の教育哲学』大学教育出版

こんの・しんじ（今野真二）2013『正書法のない日本語』岩波書店

さいとー・みなこ（斉藤美奈子）2004『物は言いよう』平凡社

ざいにほんだいかんみんこくせーねんかい（在日本大韓民国青年会）1994『第 3 次在日韓国人青年意識調査中間報告書』

さかきばら・よーいち（榊原洋一）2009『「脳科学」の壁――脳機能イメージングで何が分かったのか』講談社

さかた・かよこ（坂田加代子）ほか／かんさいしゅわかれっじ（関西手話カレッジ）［編］2008『驚きの手話「パ」「ポ」翻訳――翻訳で変わる日本語と手話の関係』星湖舎

さかもと・めぐみ（坂本恵）2006「「敬語表現教育」における「誤解」をどのように考えるか」，蒲谷宏ほか『敬語表現教育の方法』大修館書店

さくら・ともみ（佐倉智美）2006『性同一性障害の社会学』現代書館

ささはら・ひろゆき（笹原宏之）2006『日本の漢字』岩波書店

ささはら・ひろゆき（笹原宏之）2008『訓読みのはなし――漢字文化圏の中の日本語』光文社

ささはら・ひろゆき（笹原宏之）2013『方言漢字』角川学芸出版

さとー・いくや（佐藤郁哉）1984『暴走族のエスノグラフィー――モードの叛乱と文化の呪縛』新曜社

さとー・けんじ（佐藤健二）2012『ケータイ化する日本語――モバイル時代の"感じる""伝える""考える"』大修館書店

さとー・ぶんめー（佐藤文明）1981『戸籍』現代書館

さとー・ぶんめー（佐藤文明）1988『戸籍うらがえ史考』明石書店

さとー・みのる（佐藤稔）2007『読みにくい名前はなぜ増えたか』吉川弘文館

しおた・たけひろ（塩田雄大）2012「現代人の言語行動における"配慮表現"～「言語行動に関する調査」から～」『放送研究と調査』2012 年 7 月
（https://www.nhk.or.jp/bunken/summary/research/report/2012_07/20120704.pdf）

しばた・たけし（柴田武）1958『日本の方言』岩波書店

じゅがく・あきこ（寿岳章子）1979『日本語と女』中央公論社
しょーひしゃちょー（消費者庁）2014『平成 25 年度消費生活に関する意識調査結果報告書―オンラインゲームに関する調査―』(http://www.caa.go.jp/information/pdf/h25_mar_cyousa3.pdf)
すがい・かずみ（菅井三実）2002「第 1 章：社会の基礎からことばの基礎まで」『教養のための文献案内 2002』兵庫教育大学
すぎうら・ゆみこ（杉浦由美子）2008『ケータイ小説のリアル』中央公論新社
すぎむら なおみ 2009「書評：LL ブックを学校へ！ 藤澤和子・服部敦司編『LL ブックを届ける　やさしく読める本を知的障害・自閉症のある読者へ』（読書工房、2009）」『社会言語学』9 号
すぎむら なおみ／「しーとん」2010『発達障害チェックシートできました――がっこうのまいにちをゆらす・ずらす・つくる』生活書院
すけがわ・こーいちろー（助川幸逸郎）2011「サバイバルのための文学教育―情報リテラシーの養成と文学教育―」
すけがわ・こーいちろー（助川幸逸郎）／あいざわ・たけひこ（相沢毅彦）［編］2011『可能性としてのリテラシー教育』ひつじ書房
すずき・たかお（鈴木孝夫）1975『閉された言語・日本語の世界』新潮社
すずき・むつみ（鈴木睦）1989「いわゆる女性語における女性像」『近代』67 号, 神戸大学『近代』発行会
すずき・りえ（鈴木理恵）2010「近世後期における読み書き能力の効用」, かどや／あべ［編著］『識字の社会言語学』生活書院
すみ・ともゆき（角 知行）2004「イデオロギーとしての「漢字」―識字（リテラシー）の観点から―」『天理大学人権問題研究室紀要』第 7 号
すみ・ともゆき（角 知行）2006「漢字イデオロギーの構造―リテラシーの観点から―」『社会言語学』6 号
すみ・ともゆき（角 知行）2009「教科日本語における漢字のカベ」『社会言語学』9 号
すみ・ともゆき（角 知行）2010「識字率の神話―「日本人の読み書き能力調査」(1948) の再検証―」, かどや・あべ［編著］『識字の社会言語学』
セジウィック, イヴ・K. ＝上原早苗・亀澤美由紀訳, 2001『男同士の絆――イギリス文学とホモソーシャルな欲望』名古屋大学出版会
ぜんこくろーじおもつおやのかい（全国ろう児をもつ親の会）2003『ぼくたちのことばを奪わないで～ろう児の人権宣言～』明石書店
ぜんこくろーじおもつおやのかい（全国ろう児をもつ親の会）2004『ろう教育と言語権～ろう児の人権救済申立の全容～』（小嶋勇監修）明石書店
ぜんこくろーじおもつおやのかい（全国ろう児をもつ親の会）2005『ようこそ　ろうの赤ちゃん』（小嶋勇監修）三省堂
ぜんこくろーじおもつおやのかい（全国ろう児をもつ親の会）2006『ろう教育が変わる！――日弁連「意見書」とバイリンガル教育への提言』（小嶋勇監修）明石書店
ぜんこくろーじおもつおやのかい（全国ろう児をもつ親の会）2008『バイリンガルでろう児は育

つ：日本手話プラス書記日本語で教育を！』（佐々木倫子監修）生活書院
そ・あき（徐 阿貴）2012『在日朝鮮人女性による「下位の対抗的な公共圏」の形成――大阪の夜間中学を核とした運動』御茶の水書房
そーま・さえこ（相馬佐江子）2004『性同一性障害30人のカミングアウト』双葉社
そーむしょー（総務省）情報通信政策研究所，2014「平成25年度　情報通信メディアの利用時間と情報行動に関する調査」総務省（http://www.soumu.go.jp/iicp/chousakenkyu/data/research/survey/telecom/2014/h25mediariyou_1sokuhou.pdf）
たかしま・としお（高島俊男）2001『漢字と日本人』文藝春秋
たかはし・あきこ（高橋暁子）2014『ソーシャルメディア中毒――つながりに溺れる人たち』幻冬舎
たかはし・としえ（高橋利枝）2014「デジタルネイティブを越えて」"Nextcom", Vol.18, KDDI総研（https://blogs.harvard.edu/toshietakahashijp/archives/822）
たきうら・まさと（滝浦真人）2005『日本の敬語論――ポライトネス理論からの再検討』大修館書店
たきうら・まさと（滝浦真人）2008『ポライトネス入門』研究社
たきうら・まさと（滝浦真人）2013『日本語は親しさを伝えられるか』岩波書店
たきうら・まさと（滝浦真人）2016「第10章「ゴフマンと言語研究―ポライトネスをめぐって」に対する批判に対する応答―」『社会言語学』16号
たけち・みちひろ（武智方寛）2011『オキナワ苗字のヒミツ』ボーダーインク
だな・まさゆき（田名真之）1984『南島地名考』ひるぎ社
だな・まさゆき（田名真之）1986「地名の特質」「地名と苗字」『角川日本地名大辞典47　沖縄県』
たなか・かつひこ（田中克彦）1978『言語からみた民族と国家』岩波書店
たなか・かつひこ（田中克彦）1983『法廷にたつ言語』恒文社＝1992『ことばの自由をもとめて』福武書店
たなか・かつひこ（田中克彦）2009『ことばとは何か――言語学という冒険』講談社
たなだ・よーへー（棚田洋平）2011「日本の識字学級の現状と課題」『部落解放研究』No.192, 部落解放・人権研究所
たなか・りな（田中里奈）／せがわ・はづき（牲川波都季）2003「識字教育と日本語教育を結ぶための文献紹介」『WEB版リテラシーズ』第1巻1号，くろしお出版（http://literacies.9640.jp/dat/Litera1-1-4.pdf）
たなか・りょーた（田中良太）1991『ワープロが社会を変える』中央公論社
たばやし・よー（田林葉）2003「ジェンダー、地域、年齢などによる差異と「正しい」日本語の規範」『政策科学』10巻3号，立命館大学政策科学会（http://www.ps.ritsumei.ac.jp/assoc/policy_science/103/103_08_tabayashi.pdf）
たむら・さだお（田村貞雄）1985『日本史をみなおす地域から撃つ国家の幻想』青木書店
たわた・しんすけ（多和田真助）1983『沖縄姓名と風土』沖縄タイムス社
ちり・ゆきえ（知里幸恵）1978『アイヌ神謡集』岩波書店（青空文庫，http://www.aozora.gr.jp/cards/001529/files/44909_29558.html）

つねもと・てるき（常本照樹）2000『アイヌ民族をめぐる法の変遷――旧土人保護法から「アイヌ文化振興法」へ』さっぽろ自由学校「遊」
つのだ・ぶんえー（角田文衞）1988『日本の女性名（下）――歴史的展望』教育社
どい・たかよし（土井隆義）2014『つながりを煽られる子どもたち――ネット依存といじめ問題を考える』岩波書店
ドーキンス，リチャード＝日高敏隆訳，2006『利己的な遺伝子』（増補新装版）紀伊國屋書店
どくしょけんほしょーきょーぎかい（読書権保障協議会）［編］2012『高齢者と障害者のための読み書き〈代読・代筆〉情報支援員入門』小学館
とみた・ひでのり（富田英典）2016「メディア状況の概観とセカンドオフライン」，富田英典［編］『ポスト・モバイル社会――セカンドオフラインの時代』世界思想社
ないかく 1952『公用文作成の要領』（内閣閣甲 16 号，昭和 27 年 4 月 4 日）
　（http://www.bunka.go.jp/seisaku/bunkashingikai/kokugo/kento/kento_03/pdf/sanko_2.pdf）
ないとー・みか（内藤みか）2008『ケータイ小説書こう』中経出版
なか・じゅんいち（名嘉順一）1983「沖縄の人名」「沖縄の地名」『沖縄大百科事典 上』沖縄タイムス社
なかやま・あきこ（中山晶子）2003『くろしお x ブックス 6　親しさのコミュニケーション』くろしお出版
なかの・まき 2008「左手書字をめぐる問題」『社会言語学』8 号
なかの・まき 2009「長野県梓川高校放送部「漢字テストのふしぎ」（2007 年）」『社会言語学』9 号
なかの まき，2010「書字教育と書写教育―書写・書道教育の社会言語学序説―」『社会言語学』10 号
なかの・まき，2013「だれのための「ビジネス日本語」か―言語教育教材としての「ビジネス日本語マナー教材」にみられる同化主義―」『社会言語学』13 号
なかの・まき（中野真樹），2014「日本語点字資料の語種的特徴」『第 6 回コーパス日本語学ワークショップ予稿集』http://www.ninjal.ac.jp/event/specialists/project-meeting/files/JCLWorkshop_no6_papers/JCLWorkshop_No6_17.pdf
なかの・まき 2015a『日本語点字のかなづかいの歴史的研究』三元社
なかの・まき 2015b「日本語点字の表記論―漢字をつかわない日本語文字としての日本語点字―」『ことばと文字』4 号，くろしお出版
なかむら・ももこ（中村桃子）2006「言語イデオロギーとしての「女ことば」―明治期「女学生ことば」の成立―」，日本語ジェンダー学会編『日本語とジェンダー』ひつじ書房
なかむら・ももこ（中村桃子）2007『「女ことば」はつくられる』ひつじ書房
なかむら・ももこ（中村桃子）2014「ことばとセクシュアリティ―日本語研究への招待―」『ことばと社会』16 号
なかやま・かずひろ（中山和弘）2008「ヘルスリテラシーとヘルスコミュニケーション」『病院』Vol.67 No.5，医学書院
なす・けーこ（奈須恵子）／へんみ・としろー（逸見敏郎）［編著］2012『学校・教師の時空間

──中学校・高等学校の教師をめざすあなたに』三元社
にしお・じゅんじ（西尾純二）2015『マイナスの待遇表現行動──対象を低く悪く扱う表現への規制と配慮』くろしお出版
にしだ・みなこ（西田美奈子）2011「日本の識字問題の展開─図書館との関わりの可能性─」三田図書館・情報学会 2011 年度研究大会
にほんごきじゅつぶんぽーけんきゅーかい（日本語記述文法研究会）[編] 2009『現代日本語文法 7　第 12 部 談話／第 13 部 待遇表現』くろしお出版
にほんごじぇんだーがっかい（日本語ジェンダー学会）[編] 2006『日本語とジェンダー』ひつじ書房
にむら・あきら（二村 晃）2010『耳で読む読書の世界──音訳者とともに歩む』東方出版
ネトル、ダニエル／ロメイン、スザンヌ＝島村宣男訳、2001『消えゆく言語たち──失われることば、失われる世界』新曜社
のむら・まさあき（野村雅昭）1988『漢字の未来』筑摩書房
のむら・まさあき（野村雅昭）2008『漢字の未来（新版）』三元社
のもと・きくお（野元菊雄）1987『敬語を使いこなす』講談社
のろ・かよこ（野呂香代子）／やました・ひとし（山下仁）[編著] 2001『「正しさ」への問い──批判的社会言語学の試み』三元社（新装版 2009 年）
ハ・ジョンイル（河正一）2013『フェイス侵害行為としてのインポライトネスの考察』埼玉大学大学院文化科学研究科博士論文
ハ・ジョンイル（河正一）2014「インポライトネスにおけるフェイス侵害行為の考察」『地域政策研究』第 17 巻第 1 号, 高崎経済大学地域政策学会
はしもと・おさむ（橋本治）2005『ちゃんと話すための敬語の本』筑摩書房
はしもと・よしあき（橋元良明）2011『メディアと日本人──変わりゆく日常』岩波書店
はしもと・よしあき（橋元良明）／でんつー（電通）／でんつーそーけん（電通総研）ほか 2010『ネオ・デジタルネイティブの誕生──日本独自の進化を遂げるネット世代』ダイヤモンド社
バトラー、ジュディス＝竹村和子訳, 1999『ジェンダー・トラブル──フェミニズムとアイデンティティの攪乱』青土社
はやま・しんすけ（羽山慎亮）2014「点字新聞の語彙的特徴」『社会言語学』14 号
はら・きよし（原聖）1990「訳者あとがき」、シュリーベン＝ランゲ, B.＝原聖／糟谷啓介／李守訳『社会言語学の方法』三元社
はるやま・よーいち（晴山陽一）2006『敬語レッスンブック』洋泉社
ひが・しゅんちょー（比嘉春潮）1971『比嘉春潮全集第 3 巻　文化・民俗篇』沖縄タイムス社
ふくおか・やすのり（福岡安則）1993『在日韓国・朝鮮人──若い世代のアイデンティティ』中央公論社
ふくおか・やすのり（福岡安則）ほか 1991『「在日」若者世代の葛藤とアイデンティティの多様化（在日韓国・朝鮮人をめぐる社会学的研究）』（科学研究費補助金研究成果報告書）
ふくしま・なおやす（福島直恭）2013『幻想の敬語論──進歩史観的敬語史に関する批判的研究』笠間書院

ふくむら・しょうへい 2010「識字は個人の責任か？—識字運動でかたられてきたこと、かたられてこなかったこと—」，かどや・あべ［編著］『識字の社会言語学』
ふじい・まさき（藤井正希）2016「ヘイトスピーチの憲法的研究—ヘイトスピーチの規制可能性について—」『群馬大学社会情報学部研究論集』第 23 巻
ふるいち・のりとし（古市憲寿）2015『誰も戦争を教えられない』講談社
ふるかわ・ちかし（古川ちかし）／LIN CHU-SHEUE（林珠雪）／かわぐち・たかゆき（川口隆行）［編著］2007『台湾・韓国・沖縄で日本語は何をしたのか』三元社
ブルデュー，ピエール＝石井洋二郎訳，1990『ディスタンクシオン——社会的判断力批判（1・2）』藤原書店（Pierre Bourdieu, 1979, La Distinction; Critique sociale du jugement, Les Éditions de Minuit）
ブルデュー，P. ／パスロン，J.C. ＝宮島喬訳，1991『再生産論——教育・社会・文化』藤原書房
ボイド，ダナ＝野中モモ訳，2014『つながりっぱなしの日常を生きる——ソーシャルメディアが若者にもたらしたもの』草思社（danah boyd, 2014, It's Complicated: The Social Lives of Networked Teens, Yale University Press）
ほんかわ・ゆたか（本川裕）2013「図録女の子の名前ベスト 3 の推移（1912 年以降）」『社会実情データ図録』（http://www2.ttcn.ne.jp/honkawa/2405.html）
マートン，ロバート・K. ＝森 東吾ほか訳，1961『社会理論と社会構造』みすず書房
マイナビニュース 2013「日本が最下位、世界 24 カ国の SNS 平均利用時間－イプソス調べ」（http://news.mynavi.jp/news/2013/01/10/191/）
ましこ・ひでのり 1993「差別化装置としてのかきことば—漢字フェティシズム批判序説—」『解放社会学研究』7，日本解放社会学会
ましこ・ひでのり 1994「かきことば・おサベツ・のシュダン・にしないため・に」『解放社会学研究』8
ましこ・ひでのり 1997『イデオロギーとしての「日本」』三元社
ましこ・ひでのり 1999「「地名の政治言語学」のための文献案内」『ことばと社会』1 号
ましこ・ひでのり 2001「言語差別現象論「言語学の倫理と社会言語学の精神」の確立のために」『社会言語学』1 号（http://www.tsuyama-ct.ac.jp/kadoya/syakaigengogaku2001.pdf）
ましこ・ひでのり 2002a『日本人という自画像』三元社
ましこ・ひでのり 2002b『ことばの政治社会学』三元社（新装版 2014 年）
ましこ・ひでのり 2002c「現代日本語における差別化装置としてのかきことば」『社会言語学』2 号
ましこ・ひでのり 2003『増補新版 イデオロギーとしての「日本」』三元社（初版 1997 年）
ましこ・ひでのり 2004a「ことばの差別と漢字」，前田富祺／野村雅昭編『朝倉漢字講座 5 漢字の未来』岩波書店
ましこ・ひでのり 2004b「近年の俗流言語論点描（その 2）—最近の漢字表記論／英語教育論を軸に—」『社会言語学』4 号（ましこ 2010 所収）
ましこ・ひでのり 2005「日本語特殊論をつらぬく論理構造—近年の俗流言語論点描（その 3）—」，『社会言語学』5 号（ましこ 2010 所収）

ましこ・ひでのり 2007『増補新版 たたかいの社会学——悲喜劇としての競争社会』三元社
ましこ・ひでのり，2008a『幻想としての人種/民族/国民』三元社
ましこ・ひでのり 2008b「日本語ナショナリズムの典型としての漢字論—近年の俗流言語論点描（その5）—」『社会言語学』第8号（ましこ2010所収）
ましこ・ひでのり 2009「「漢字テスト」がうきぼりにするイデオロギー」『社会言語学』9号
ましこ・ひでのり 2010『知の政治経済学——あたらしい知識社会学のための序説』三元社
ましこ・ひでのり 2012a「だれのための識字/なんのための識字：識字の政治経済学「序章」（書評：かどやひでのり・あべやすし編『識字の社会言語学』）」『解放社会学研究』25
ましこ・ひでのり 2012b『社会学のまなざし』三元社
ましこ・ひでのり 2012c，「「日本語学という学知＝まなざし」へのまなざし」（安田敏朗著『日本語学のまなざし』三元社、2012年）『社会言語学』12号
ましこ・ひでのり 2013a『愛と執着の社会学——ペット・家畜・えづけ、そして生徒・愛人・夫婦』三元社
ましこ・ひでのり 2013b「進歩史観的敬語史批判の論理構造と射程：福島直恭著『幻想の敬語論——進歩史観的敬語史に関する批判的研究』（笠間書院、2013年）」『社会言語学』13号
ましこ・ひでのり 2014a『加速化依存症——疾走/焦燥/不安の社会学』三元社
ましこ・ひでのり 2014b「「言語」と「方言」—本質主義と調査倫理をめぐる方法論的整理—」、下地理則・パトリック ハインリッヒ［編］『琉球諸語の保持を目指して——消滅危機言語めぐる議論と取り組み』ココ出版
ましこ・ひでのり 2014c「「ニホンジンの、ニホンジンによる、ニホンジンのためのニホンゴ」という幻想」日本のローマ字社『ことばと文字』2号、くろしお出版
ましこ・ひでのり 2014d「性的少数派と言語現象をめぐって」『ことばと社会』16号
ましこ・ひでのり 2014e『ことばの政治社会学』（新装版）三元社
ましこ・ひでのり 2014f「日本の 社会言語学は なにを してきたのか。どこへ いこうと しているのか。—「戦後日本の社会言語学」小史—」『社会言語学』14号
ましこ・ひでのり 2015「ゴフマン論と社会言語学的含意 中河伸俊・渡辺克典編『触発するゴフマン やりとりの秩序の社会学』（新曜社、2015年）」『社会言語学』15号
ましこ・ひでのり 2016「不思議な社会言語学受容の伝統：「戦後日本の社会言語学」小史・補遺【書評：田中春美・田中幸子編著『よくわかる社会言語学』（ミネルヴァ書房、2015）】」『社会言語学』16号
ましこ・ひでのり編著 2006『ことば/権力/差別——言語権からみた情報弱者の解放』三元社
ましこ・ひでのり編著 2012『新装版 ことば/権力/差別——言語権からみた情報弱者の解放』三元社
まつした・けーた（松下慶太）2012『デジタル・ネイティブとソーシャルメディア——若者が生み出す新たなコミュニケーション』教育評論社
まつもと・ひとし（松本仁志）1997「いわゆる「正しい筆順」の幻想」『広大フォーラム』29期2号（http://home.hiroshima-u.ac.jp/forum/29-2/hitujyun.html）
マリィ，クレア（MAREE, Claire）2013『「おネエことば」論』青土社

マリィ，クレア（MAREE, Claire）2014「変身したいです―テロップを通して画面に書き込まれる欲望とアイデンティティ―」『ことばと社会』16号

まるやま・たかし（丸山隆司）2002『〈アイヌ〉学の誕生――金田一と知里と』彩流社

みずの・りょーこ（水野僚子）2011「美術教育とリテラシー」，助川幸逸郎／相沢毅彦［編］『可能性としてのリテラシー教育』ひつじ書房

みちむら・しずえ（道村静江）2010『口で言えれば漢字は書ける！――盲学校から発信した漢字学習法』小学館

みつはし・じゅんこ（三橋順子）2008『女装と日本人』講談社

みつはし・じゅんこ（三橋順子）2010「純綿・純女」，井上章一ほか［編］『性的なことば』講談社

みなみ・ふじお（南不二男）1987『敬語』岩波書店

みまき・よーこ（三牧陽子）2013『ポライトネスの談話分析――初対面コミュニケーションの姿としくみ』くろしお出版

みやぎ・こーきち（宮城幸吉），1991「地名あれこれ」、南島地名研究センター［編］『地名を歩く』ボーダーインク

みやけ・かずこ（三宅和子）2005「携帯電話と若者の対人関係」，橋元良明［編］『講座社会言語科学第二巻　メディア』ひつじ書房

みやざき・さちえ（宮崎幸江）2009「ポライトネス・ストラテジーとしての聞き手のうなずき」，上智大学短期大学部『Sophia Junior College Faculty Journal』Vol. 29

みやた・せつこ（宮田節子）／きむ・よんだる（金英達）／やん・てほ（梁泰昊）1992『創氏改名』明石書店

ミルズ，サラ＝熊谷滋子訳，2006『言語学とジェンダー論への問い――丁寧さとは何か』明石書店

ミルロイ，ジェームズ＆ミルロイ，レズリー＝青木克憲訳，1988『ことばの権力――規範主義と標準語についての研究』南雲堂

みわ・ただし（三輪正）2000『人称詞と敬語――言語倫理学的考察』人文書院

むた・かずえ（牟田和恵）2001『実践するフェミニズム』岩波書店

むらた・じー・やすみ（村田 Gee 泰美）1996「英語圏のインポライトネス」『JACET 全国大会要項』35

もちづき・としこ（望月登志子）／くろさわ・さとみ（黒澤さとみ）2006「顔の表情と声の抑揚による非言語・パラ言語情報の認知―会話の相手・感情・気分・態度―」『日本女子大学紀要　人間社会学部』第 17 号

ももせ・たかし（百瀬孝）1990『事典　昭和戦前期の日本制度と実態』（伊藤隆監修）吉川弘文館

もり・けん（森健）2005『インターネットは「僕ら」を幸せにしたか？――情報化がもたらした「リスクヘッジ社会」の行方』アスペクト

もり・けん（森健）2012『ビッグデータ社会の希望と憂鬱』河出書房新社

もりやま・のりたか（森山至貴）2012『「ゲイコミュニティ」の社会学』勁草書房

もりやま・のりたか（森山至貴）2014「言語実践に着目したセクシュアリティ研究へ向けて―ゲイ男性が用いるタチ／ネコ、タチ／ウケという用語系に着目して―」『ことばと社会』16号
やすおか・あきお（安岡昭男）1980『明治維新と領土問題』教育社
やすだ・としあき（安田敏朗）1999a『「言語」の構築――小倉新平と植民地朝鮮』三元社
やすだ・としあき（安田敏朗）1999b『〈国語〉と〈方言〉のあいだ――言語構築の政治学』人文書院
やすだ・としあき（安田敏朗）2006『辞書の政治学』平凡社
やすだ・としあき（安田敏朗）2011『かれらの日本語――台湾「残留」日本語論』人文書院
やすだ・としあき（安田敏朗）2012『日本語学というまなざし』三元社
やなぎだ・りょーご（柳田亮吾）2015「ポライトネスの政治、政治のポライトネス―談話的アプローチからみた利害／関心の批判的分析―」（大阪大学博士論文，言語文化学）
やまおか・まさき（山岡政紀）／まきはら・いさお（牧原功）／おの・まさき（小野正樹）2010『コミュニケーションと配慮表現』明治書院
やました・あけみ（山下暁美）2007『海外の日本語の新しい言語秩序』三元社
やました・ひとし（山下仁）2001=2009「敬語研究のイデオロギー批判」，野呂香代子／山下仁 [編著]『「正しさ」への問い――批判的社会言語学の試み』三元社
やました・ひとし（山下仁）2006「ポライトネス研究における自明性の破壊にむけて」，ましこ・ひでのり [編著]『ことば／権力／差別』三元社（新装版 2012 年）
やました・ひとし（山下仁）2007「グローバリゼーションと敬語研究」『ことばと社会』10号
やました・ひとし（山下仁）2009「日本の読み書き能力の神話」『社会言語学』9号
やました・ひとし（山下仁）2010「呼称表現の研究からポライトネスの対照社会言語学的研究へ」大阪大学大学院言語文化研究科『言語文化共同研究プロジェクト 2009』
やました・ひとし（山下仁）2012「呼称表現の研究からポライトネスの対照社会言語学的研究へ」（2012siryou2.pdf）大阪大学日独対照ポライトネス研究会
やました・ひとし（山下仁）2016「日本語圏のポライトネス研究の問題と課題」，三牧陽子ほか [編]『インターカルチュラル・コミュニケーションの理論と実践』くろしお出版
ヤマダ・カント 2001「大言語話者による小言語学習・教育・研究の陥穽―「ありがたがられ効果」という用語の提案―」『社会言語学』1号
（http://www.geocities.jp/syakaigengogaku/syakaigengogaku2001.html）
やまだ・ひさお（山田尚勇）2004「情報化社会と漢字」，前田富祺／野村雅昭 [編]『朝倉漢字講座 5 漢字の未来』岩波書店
よしおか・やすお（吉岡泰夫）2005「コミュニケーション意識と敬語行動にみるポライトネスの変化」，陣内正敬／友定賢治編『関西方言の広がりとコミュニケーションの行方』和泉書院
よしだ・さとび（吉田悟美一）2008『ケータイ小説がウケる理由』毎日コミュニケーションズ出版
YOMIURI PC 編集部 2008『パソコンは日本語をどう変えたか 日本語処理の技術史』講談社

ラミス，Ch. ダグラス＝加藤永都子ほか訳，1982『影の学問 窓の学問』晶文社
リンド，ロバート・S ＝小野修三訳，1979『何のための知識か：危機に立つ社会科学』三一書房
ルビンジャー，リチャード＝川村肇訳，2008『日本人のリテラシー 1600-1900 年』柏書房

Berger, Peter L., 1963, *Invitation to sociology*, Anchor（ピーター・L．バーガー＝水野節夫・村山研一訳，『社会学への招待』思索社，1979 年／新思索社，1995 年）
Butler, Judith P., 1990, *Gender Trouble: Feminism and the Subversion of Identity*, Routledge.（ジュディス・バトラー＝竹村和子訳，1999『ジェンダー・トラブル──フェミニズムとアイデンティティの攪乱』青土社）
Calvetti, Paolo, 2015, Keitai shōsetsu: Mobile Phone Novels. Is It True that New Technologies Are Changing the Japanese Language?, Paolo Calvetti, Marcella Mariotti(eds.) *"Contemporary Japan. Challenges for a World Economic Power in Transition"*, Università Ca' Foscari Venezia
EELEN, Gino., 2001, *A Critique of Politeness Theories*. Manchester: St. Jerome Publishing
Fukuda, Atsushi & Asato, Noriko, 2004, Universal Politeness theory: application to the use of Japanese, Matsumoto, Yoshiko, 1988, Reexamination of the universality of Face: Politeness phenomena in Japanese, *Journal of Pragmatics*12
Halberstam, Judith, 2005, *"Queer temporality and post modern geographies"*, In a Queer Time and Place: Transgender Bodies, Subcultural Lives, New York: New York University Press, pp.1-21
Ide, Sachiko, 1989, *Formal form sand discernment: two neglected aspects of universals of linguistic Politeness*, Multilingua8 （2/3）
LAKOFF, Robin, 1975, *Language and Woman s Place*, NewYork: Harper & Row ＝かつえ・あきば・れいのるず訳『言語と性：英語における女の地位［新訂版］』（東京：有信堂，1985）
Nielsen Company, 2014「ファミコン世代がスマートフォンゲームを長時間利用～ニールセン スマートフォンでのオンラインゲーム利用状況を発表～」（2014-01-29）（http://www.nielsen.com/jp/ja/insights/newswire-j/press-release-chart/nielsen-news-release-w-20140128.html）
RAWLINSON, Graham, 1976, "The Significance of Letter Position in Word Recognition",PhD Thesis （Nottingham Univ.） http://opentype.info/static/Letter-Positionin-Word-Recognition.html
Sedwick, Eve Kosofsky, 1985, *Between Men: Englisch Literature and Male Homosocial Desire*, Columbia University Press （イブ・K．セジウィック＝上原早苗ほか訳，2001『男同士の絆──イギリス文学とホモソーシャルな欲望』名古屋大学出版会）
The Nielsen Company「ファミコン世代がスマートフォンゲームを長時間利用～ニールセン スマートフォンでのオンラインゲーム利用状況を発表～」（2014-01-28, http://www.nielsen.com/jp/ja/insights/newswire-j/press-release-chart/nielsen-news-release-w-20140128.html）
XU WEIJIE（徐 微潔），2014「現代日本語におけるジェンダー表現研究：「女性標示語」を中心に」（筑波大学学位論文：http://hdl.handle.net/2241/00123216）

索引

1. 家族名中心の 50 音配列。
2. 表音主義かな表記による。
3. （ ）内は、別表記。

あ

あいぬ・ご（アイヌ語） 21-2, 35, 110, 190-1, 211

あいぬ・ご・きょーしつ（アイヌ語教室） 23

あいぬ・ご・ちめー（アイヌ語地名） 190-3

あいぬ・みんぞく（アイヌ民族） 28, 91

あいの・むち（愛のムチ） 52-3

あうぇいかんかく（アウェイ感覚） 83

アカデミズム 11, 35-6, 63, 74, 103, 114

あきはばら・とーりま・じけん（秋葉原通り魔事件，2008 年） 156

あくひつ・こんぷれっくす（悪筆コンプレックス） 128

アスキーアート 173

アナーキー（anarchy） 44, 56, 110, 112, 174, 188, 209, 212, 214

アナーキズム（Anarchism） 187, 195, 210

アナクロニズム（Anachronism） 77, 85

あなろぐ・せー（アナログ性） 56-8, 129

アナログメディア 152

あびる・るい（阿比留瑠比，1966-） 93-4

あべ・やすし 43, 53, 109-11, 115-7, 120-2, 124, 128, 130, 132-3, 173

あみの・よしひこ（網野善彦，1928-2004） 110

アモン、U.（Ulrich AMMON, 1943-） 68, 80

ありがたがれ・こーか（ヤマダ・カント「ありがたがられ効果」） 38-9

ありばいこーさく（アリバイ工作） 51

いしはら・しんたろー（石原慎太郎，1932-） 89, 96, 102-3

いせーあい（異性愛） 138-9, 144-7

イタリアン・ブーム（バブル期） 23

いちじてき・ちしき・せーさんしゃ（一次的知識生産者） 33

いっぱん・げんごがく・こーぎ（ソシュール『一般言語学講義』） 20, 44

イデオロギー（Ideologie） 9, 12, 18, 20-1, 32, 41, 58, 61, 63, 68-9, 71-2, 99, 104, 109, 111, 116, 124-5, 127, 129, 131, 146, 190, 219

いでおろぎー・そーち（イデオロギー装置; appareils idéologiques d'État, ルイ・アルチュセール「国家のイデオロギー装置」） 57, 113, 146, 218

いでおろぎーてき・せんのー（イデオロギー的洗脳） 33

いで・さちこ（井出祥子，1939-） 68

いりょー・しゃかいがく／いりょー・じんる

いがく（医療社会学／医療人類学）　217
いわなみ・ぶんこ（岩波文庫）　21
いんどしな・なんみん（インドシナ難民）　21
いんどしな・はんとー（インドシナ半島）　92
インポライトネス（impoliteness）　64-, 69-70, 87
ウィリアムズ，レイモンド（Raymond WILLIAMS, 1921-1988）　9
ヴェーバー，マックス（Max WEBER, 1864-1920）　9, 11, 33, 182
うえだ・かずとし（上田万年，1867-1937）　22, 28
うえの・ちずこ（上野千鶴子，1948-）　146
ヴェブレン，ソースタイン（Thorstein VEBLEN, 1857-1929）　9-10
うさみ・まゆみ（宇佐美まゆみ，1957-）　22, 72, 138
うしろぐらさ　96
うしろめたさ　96
ウチナーヤマトゥグチ（沖縄大和口）　197
うつくしー・にほんご（うつくしい日本語）　127
ウルトラ・ソシューリアン（Ultra Saussurean）　11
えーご・てーこく・しゅぎ（英語帝国主義）　23, 33, 60
エーレン，ジノ（Gino EELEN）　67-8, 73
エスノメソドロジー（ethnomethodology）　13, 72
えんきょく（婉曲）　101
えんどー・おりえ（遠藤織枝，1938-）　136-7
エントリーシート（和製英語"Entry Sheet"）　178, 180
おがさわら（小笠原）　187, 192, 198-9
おかま・さべつ（「おかま」差別）　138
おねー・ことば（おネエことば／おねぇ言葉）

135, 137-8, 140, 142-4
オリエンタリズム（Orientalism）　59, 182
オルテガ・イ・ガセット（José ORTEGA y GASSET, 1883-1955）　33
おわせ（尾鷲）　200-2
おんがえし（隠語「恩返し」＜大相撲界）　52-3

か

ガーフィンケル，ハロルド（Harold GARFINKEL, 1917-2011）　72
かいしょ／ぎょーしょ／そーしょ（楷書／行書／草書）　45
かいせー・こせきほー（改正戸籍法，1946）　208
かいほー・きょーいく（解放教育）　130-1
かお・もじ（顔文字）　160, 173-4, 176-7
かがく・しゃかいがく（科学社会学）　217-9
かがくちしきの・しゃかいがく（科学知識の社会学，SSK: Sociology of Scientific Knowledge）　217
かがくてき・きじゅつ（科学的記述）　31, 67, 75, 217
かきじゅんもんだい（「書き順」問題）　46
かくすー（画数）　46, 173, 212
かくれた・かりきゅらむ（かくれたカリキュラム，Hidden Curriculum）　53-4
かげの・がくもん（ラミス『影の学問、窓の学問』）　33, 211
かち・じゆー（マックス・ウェーバー「価値自由」）　33
かどや・ひでのり（角谷英則，1970-）　109, 111, 118, 124, 130-1
かめい・たかし（亀井孝，1912-1995）　20
がらぱごす・か（ガラパゴス化）　72, 109, 123, 125, 172, 187
がらぱごすてき・くーかん（ガラパゴス的空

間）85, 127
カルチュラルスタディーズ（Cultural studies）23, 113
かわいー・ぶんか（"Kawaii" 文化）177
かわいがる（隠語＜大相撲界）49, 52
かわもと・としろー（川本敏郎, 1948-2010）167-9
かんかくまひ（感覚マヒ）37, 162, 173, 213
かんきょー・しゃかいがく（環境社会学）217
かんこくご・ぶーむ（「韓国語」ブーム）23
かんじ・いぞんしょー（漢字依存症）85, 126
かんじ・いぞんしょーこーぐん（漢字依存症候群）126
かんじ・いでおろぎー（漢字イデオロギー）33
かんじ・じゃくしゃ（漢字弱者＜あべ・やすし）122, 133, 173
かんじ・じゅきょー・ぶんかけん（漢字－儒教文化圏）126, 206
かんじ・てすと（漢字テスト）41-2, 48-9, 54, 59, 219
かんじ・てすとの・ふしぎ（「漢字テストのふしぎ」）42-3, 59, 61, 128, 219, 221
かんじ・ふかけつ・ろん（漢字不可欠論）20
かんぜん・どーか・がた（完全同化型）204
かんりゅー／はんりゅー（韓流）23
かんわ・じてん（漢和辞典）46
きか（帰化）199
きか・じん（帰化人）199
ぎかん（技官）217
きき・げんご（危機言語）30, 35-6, 38, 77, 214, 216
きき・げんご・ちょーさ（「危機言語」調査）29
きくち・きゅーいち（菊池久一, 1958-）

113-4
きくち・やすと（菊地康人, 1954-）24, 26-7, 32, 74
きごーがく（記号学）42-3, 56-7
ぎじ・かがく（疑似科学）52, 54, 58, 61, 65, 217
きじゅつ・げんご（記述言語）19, 63
きじゅつ・げんごがく（記述言語学）17, 19-20, 26, 32
きそ・いがく（基礎医学）27, 74, 217
きどく・するー（既読スルー）171
きのーてき・しきじ（機能的識字）127
きのーてき・りてらしー（機能的リテラシー）116, 122, 127, 129
きはん・しゅぎ（規範主義）20, 23, 26-9, 33, 36, 41-4, 46-7, 52, 54, 56-9, 63, 65-6, 73-7, 83-5, 99-100, 126, 136, 138
きはんせー（規範性）32, 116
きみたちわ・どー・いきるか（吉野源三郎, 1937『君たちはどう生きるか』）216
ぎむ・きょーいく（義務教育）51, 60, 114, 131
きむら・ただまさ（木村忠正, 1964-）151-6, 163
きむら・はるみ（木村晴美, 1965-）30
ぎゃくたいの・れんさ（虐待の連鎖）49
キャメロン, デボラ（Deborah CAMERON, 1958-）146
きゃん・しんえー（喜屋武真栄／眞榮, 1912-1997）198
きょーいくてき・せーさい（教育的制裁）47, 52-3
きょーかしょたい（教科書体）41, 45-6, 109, 128-9, 132
きょーし・せーと かんけー（教師－生徒関係）41, 50, 52
きょーしんてき・しんねん（狂信的信念）20

きょー・のぶこ（姜信子，カン・シンジャ，1961-）203, 205
きょくう（極右）65, 90, 94
きょこー・さくひん（虚構作品）136, 141
きらきら・ねーむ（キラキラネーム）187, 211, 213-4
きんすい・さとし（金水敏，1956-）139-41
きんだいち・きょーすけ（金田一京助，1882-1971）22, 26, 69
クィア（queer）144-6
クーリック，ドン（Don KULICK, 1960-）146
グールドナー，A.W.（Alvin Ward GOULDNER, 1920-1980）9, 34-5
クーン，Th.（Thomas S, KUHN 1922-1996）9
ググる（gugu-ru）166
ぐぐれかす（ググレカス，ググレカス，ggrks）213
くどー・はるこ（工藤晴子）146
くれおーるか（クレオール化）192, 204
くれ・ともふさ（ご・ちえー，呉智英，1946-）93, 211
グロテスク 49, 145
ケアレスミス（careless mistake）57
ゲイ（gay）138-40, 142, 145
ゲイ・コミュニティ（gay community）140, 142-3
けーい（敬意）66, 68, 82, 89, 100
けーい・ひょーげん（敬意表現）64, 69-70, 72
けー・おん・ぎ（形・音・義）50, 184
けーご（敬語）24-8, 63-6, 69-72, 74-86, 98-9, 101, 138
けーご・いでおろぎー（敬語イデオロギー）33
ケータイ（<携帯電話→フィーチャーフォン）46, 149-68, 171-2, 174, 176, 179
けーたい・しょーせつ（ケータイ小説）161, 174-7, 184
けーひご（敬卑語）82
けんいしゅぎ（権威主義）31, 129, 176, 217-9
けんいせー（権威性）32
げんかい（『言海』1886 年完成，1891 年発刊）31
けんきょー／みっきょー（顕教／密教）33
げんご・いしき（言語意識）10-1, 20, 23-4, 202
げんご・いでおろぎー（言語イデオロギー）20
げんごがい・げんしょー（「言語外」現象）20
げんご・けーしょー・うんどー（言語継承運動）23, 30
げんご・けんきゅーしゃ（言語研究者）11-2, 19-21, 33, 37-8, 57-9, 63, 68-9, 75, 98-101, 103, 136, 138, 143, 191
げんご・げんしょー（言語現象）12-3, 17-22, 28-30, 32, 34, 36-7, 67-8, 73, 77, 135-7, 139, 215-6, 219-21
げんご・しゃかいがく（言語社会学）11-2, 221
げんご・しんわ（言語神話）20
げんご・せーかつの・にじゅーよじかん・ちょーさ（「言語生活の24時間調査」＜国立国語研究所，1951『言語生活の実態―白河市および附近の農村における―』）29-30
げんご・せーさく（言語政策）32
げんごと・しゃかいの・かがく（言語と社会の科学；Science of Lnaguage and Society）11, 35
げんごろん（言語論）13, 17-20, 23, 29, 31, 34, 38, 216, 219-21
けんじょーがく（健常学）100
げんしりょく・むら（原子力ムラ）217-8
げんだい・しそー（現代思想）23, 30

げんち・おん（現地音）194, 200-2
こーきょーいく（公教育）35, 42, 44-5, 50, 57-9, 61, 104, 114-5, 127, 129-30, 132, 150, 189, 194, 200
こーげき・せー（攻撃性）28, 69, 87, 92, 97
こーげん（抗原）103
こーじえん（『広辞苑』）31-2, 92
こーし・がくいん（孔子学院；Kǒngzǐ Xuéyuàn, 2004-）23
こーしょー・ぶんがく（口承文学）21
ごきしちどー（五畿七道）193
こくご・きょーいく（「国語」教育）28
こくりつ・こくご・けんきゅーじょ（国立国語研究所）30, 59, 66, 74
コセリウ, エウジェニオ（Eugenio COSERIU, 1921-2002）11
ごちっくたい（ゴチック体）46, 128, 132
こっか・しゅぎ（国家主義）20
ごとー・かずとも（後藤和智, 1984-）168
ことばのユニバーサルデザイン 214
こどもたちの・おーさま（陳凱歌, 1989『子供たちの王様（孩子王）』）31
こばやし・ひでお（小林英夫, 1903-78）44
ゴフマン, アーヴィング（Erving GOFFMAN, 1922-82）68-9
こゆー・めーし（固有名詞）46, 55, 57, 59, 114-5, 119-22, 127, 173, 184, 187-9, 191-2, 198, 200, 206, 209, 211, 213-4, 220-1
ごよー（誤用）24-5, 27-8, 31-2, 66, 73-4, 76-7, 85
ごよー・がくもん（御用学問）33
コリアン 85-7, 101
「これからの・けーご」（国語審議会建議, 1952「これからの敬語」）75
ごろあわせ（語呂あわせ）212-3

さ

サイエンスライター 29, 33, 215-6, 221
さいきてき（再帰的）19-20, 34-5, 38-9, 133
ざいせー・がく（財政学）217
さいせーさんてきちしきじん（シルズ「再生産的知識人」）33
さいとー・みなこ（斉藤美奈子, 1956-）26
ざいとくかい（在特会；在日特権を許さない市民の会, 2006-）87, 102, 221
ざいにち・いっせー（在日一世）203
ざいにち・かじん（在日華人）203
ざいにち・こりあん（在日コリアン）131-2, 187, 202-3
ざいにち・さんせー（在日三世）203-5
ざいにち・にせー（在日二世）203
さくしゅてきちょーさ（搾取的調査）22, 38-9, 75
さくら・ともみ（佐倉智美, 1964-）140
サディスティック（sadistic）49-50, 67, 122-3, 128
サディズム（Sadism）41, 43, 49-50, 59
さでぃずむ・まぞひずむ・かんけー（サディズム・マゾヒズム関係）41, 49, 52, 57, 123, 127
さとー・けんじ（佐藤健二, 1957-）165, 168, 170
さとー・みのる（佐藤稔, 1946-）207-9
さべつ・ご（差別語）64, 87, 91-3, 102, 104
しいく（飼育）53
しいせー（恣意性）29-30, 32, 34, 36, 38, 43, 48, 57, 110-1, 114-6, 137, 187-8, 210-1
しいてき（恣意的）36, 41, 44, 47-8, 50, 57, 75, 113-5, 117, 128, 187, 189, 194, 204, 206, 213-4
ジェンダー（gender）20, 32, 69, 100, 135-7, 139-45, 177, 218
ジェンダーバイアス（gender bias）168

しきじ・いでおろぎー（識字イデオロギー）
　33
しきじ・りつ（識字率）124-6, 133
しご・か（死語化）104
じこ・ぎまん（自己欺瞞）49, 51-2, 80-1, 93,
　139
じしょの・せーじがく（『辞書の政治学』→
　やすだ・としあき参照）31
してき・しゃかいがく（史的社会学）92,
　188-9, 206
じてん・へんさんしゃ（辞典編纂者）33
しな・じん（シナ人）65, 88-90, 92-3, 95, 104
しなん（指南）28, 65, 77, 81, 98-9, 209
しばた・たけし（柴田武，1918-2007）59,
　201
ジャーナリズム　94, 103
ジャイアン（マンガ／アニメ『ドラえもん』）
　102
しゃかい・かがく（社会科学）28, 34-5, 68-
　9, 74, 215, 217
しゃかいがくてき・みっしつ（社会学的密室
　＜ましこ『たたかいの社会学』）96
しゃかいがくの・しゃかいがく（グールドナー
　「社会学の社会学」）18, 34-5
しゃかい・げんごがく（社会言語学）11-3,
　17-22, 26, 30, 32, 34-5, 38-9, 42-3, 57, 59, 61,
　64-6, 68, 71, 77, 100, 110, 112, 130-1, 133,
　136, 143, 146, 189, 191, 204, 206, 211, 214-7,
　219, 221
『しゃかいげんごがく』（『社会言語学』，「社
　会言語学」刊行会，2001-）12, 18, 22,
　32, 34, 111, 219-20
しゃかい・げんごがくの・しゃかいげんごが
　く（「社会言語学の社会言語学」）35, 38
しゃかい・げんごがくの・ちしきしゃかいが
　く（「社会言語学の知識社会学」）35, 38
しゃかい・しんりがく（社会心理学）42,
　54, 69, 217

しゃかいてき・よーいん（社会的要因）21
しゃかい・みんしゅ・しゅぎ・しゃ（社会民
　主主義者）28
しゃかい・もでる（社会モデル＜障害学）
　117
じゃくねん・せだい・さべつ（若年世代差別）
　168
しゅーかつ（「就活」，学生語）177-8, 180-1,
　184
しゅーじ（習字）45, 54, 109, 128
しゅーしょく・さべつ（就職差別）28
しゅーち・しん（羞恥心）20, 96, 116
じゅがく・あきこ（寿岳章子，1924 - 2005）
　22
しゅわ・げんごがく（手話言語学）19
しゅわの・しゃかいがく（金澤貴之『手話の
　社会学』）30
しょーがい・がく（障害学）100, 109, 117-8,
　121, 128, 130, 132, 215
しょーぎょー・しゅぎ（商業主義）31, 86,
　104
しょーすー・げんご（少数言語）23, 30, 35,
　37-9, 75, 126
じょーほー・じゃくしゃ（情報弱者）117-9,
　121, 129-30, 132, 184
じょーほー・そーさ（情報操作）33
じょーほー・ほしょー（情報保障）130-2
じょーよー・かんじ・ひょー（常用漢字表）
　45, 210
じょじ・し（叙事詩）21-2
じょせー・がく（女性学）100, 137
じょせー・ご（女性語）22, 26, 69, 135-6,
　139-40
じょせー・せんよーご（女性専用語）69
じょせーてき・いんとねーしょん（女性的イ
　ントネーション）138
じょせー・ぶんまつし（女性文末詞）136-8
じょせー・めー（女性名）138-9

じょそー（女装） 135, 137-40, 142-4
じんかく・しゅぎ（人格主義） 26-7
じんかく・ひょーか（人格評価） 28
しんそ（親疎） 76, 98-101
しんたい・ろん（身体論） 48, 128, 137, 149
じんるいかん・じけん（人類館事件, 1903 年）91
すがい・かずみ（菅井三実, 1965-） 25
すぎむら・なおみ（杉村直美, 1965-） 119-21, 134
スクリーニング 180-1
すずき・たかお（鈴木孝夫, 1926-） 189-90, 199
すずき・むつみ（鈴木睦, 1954-） 22
ステレオタイプ（stereotype） 69, 136, 139-41, 155
すまいりー（smiley） 173
すまほ・ぶんがく（スマホ文学） 174-5
スマホロス 170-1
すみ・ともゆき（角知行, 1952-） 43, 109, 111, 116, 123, 125, 130-1
せーご・はんてー（正誤判定） 27-9, 41-2, 57, 66, 75, 85
せーじ／せーじせー（政治／政治性 ; politics, politique, politikeco） 17-8, 21-3, 26, 28-32, 34, 39, 44, 48, 58, 72-3, 100, 111, 113-4, 116, 135-7, 145-6, 184, 189, 211
せーしょほー・せーてー・もんだい（「正書法制定」問題） 21
せーしょほーの・ない・にほんご（正書法のない日本語） 212, 214
せーしんてき・ぼーりょく（精神的暴力） 49, 59
せーせー・ぶんぽー・がくは（生成文法学派） 11
せーてきしょーすーしゃ（性的少数者） 32, 82, 221
せーてきしょーすーは（性的少数派） 33, 135-7, 145-6, 220
せき・ひろの（関曠野, 1944-） 49-50
セクシスト（sexist） 138, 146
せくしすとてき・ひょーげん（セクシスト的表現） 33
セクシュアリティ（sexuality） 135-7, 139-40, 142, 144-6
セクハラ（sexual harassment） 67, 87-8, 96, 135
ぜんこく・ろーじお・もつ・おやの・かい（全国ろう児をもつ親の会）」 30
せんのー（洗脳） 28, 31, 33, 65, 75, 102-3, 218
そーしかいめー（創氏改名, 1939-1946） 191, 199, 203
そーたいてき・れつい（相対的劣位） 79, 83, 135
そーれん（総聯, 在日本朝鮮人総聯合会, 1955-） 203
ぞくりゅー・げんごろん・てんびょー（「俗流言語論点描」） 18-9
ぞくりゅー・わかものろん（俗流若者論） 168-9, 181-2
そこく・じゅんきょ・がた（祖国準拠型） 204
「そこにエベレスト（チョモランマ）があるから」（George Mallory"Because it's there."） 36-7
ソシュール（Ferdinand de SAUSSURE, 1857-1913） 11, 17, 20-1, 43-4, 55, 58, 73, 188
その・あやこ（曽野綾子, 1931-） 92
ソフトパワー（soft power） 23
そよー（素養） 39, 41, 50, 60, 77, 112-4, 124-6, 131, 215

た

たいぐー・ひょーげん（待遇表現） 64-5, 70, 72, 82, 84, 87
ダイグロッシア（diglossia） 200, 206

たいしゅー・いしき（大衆意識＜オルテガ・イガセット『大衆の反逆』） 33, 118, 125
たいしょー・げんご（対象言語） 19
だいにじてき・ちしきじん（アイゼンスタッド「第二次的知識人」） 33
たいめんてき・かんけー（対面的関係） 169
たかはし・あきこ（高橋曉子） 160, 164
たきうら・まさと（滝浦真人, 1962-） 69, 73, 98
たすーは・にほんじん（多数派日本人） 30, 42, 125-6, 205-6
タチ／ネコ（同性愛者間での性役割） 137-8, 145
たなか・かつひこ（田中克彦, 1934-） 19-21, 59, 191, 193, 202, 204
ダブルウィンドー 158-9
だんせーがく（男性学） 100, 215
だんせー・せんよーご（男性専用語） 69
チェジュド（済州島, 濟州島, 제주도） 202
チクセントミハイ，ミハイ（Csíkszentmihályi Mihály, 1934-） 163
ちしき・しゃかいがく（知識社会学） 9-10, 12-3, 17-8, 33-5, 38-9, 67, 110-1, 188-9, 217-20
ちせーがく（地政学 ; Geopolitics, Geopolitik, Géopolitique） 217
ちめー・ふぇてぃしずむ（地名フェティシズム） 191
ちょーきょー（調教 ; training） 53
チョムスキー，ノーム（Noam CHOMSKY, 1928-） 17, 20-1
ちり・ゆきえ（知里幸恵, 1903-1922） 21-2
ツイッター（twitter） 169-70, 178-80
つきさっぷ／つきさむ（ツキサップ／月寒） 190
つくられた・でんとー（『創られた伝統』; Eric Hobsbawm & Terence Ranger, eds. 1983 "The Invention of Tradition"） 45, 118

つづりじ・はつおん（綴字発音 ; spelling pronounciation） 188-90
てーこくしゅぎ（帝国主義） 58, 104, 127, 191
てがき（＝にくひつ／肉筆） 44, 50, 54, 57, 59, 61, 109, 115, 121, 127-30, 133, 149, 183-4
デジタル・いほーじん（デジタル異邦人） 156-7, 185
デジタル・イミグランツ（degital immigrants） 149-50, 152-3, 182-3, 185
デジタル・いみん（デジタル移民） 153, 157-8, 182-3
デジタル・てーじゅーしゃ（デジタル定住者） 157, 185
デファクトスタンダード（de facto standard） 61, 84, 159
デマゴーグ（Demagog） 102
デュルケーム，E.（Émile DURKHEIM, 1858-1917） 9, 69, 73
ドーキンス，R.（Richard DAWKINS, 1941-） 10, 93
どい・たかよし（土井隆義, 1960-） 155, 164
どーおん・いぎご（同音異義語） 54-5, 122
どーか・いみんがた（同化移民型） 204-5
どーか・さよー（同化作用） 28
どーか・しゅぎ（同化主義） 29, 83, 121, 126, 129-32, 147, 187, 211, 214
どーせーあい（同性愛） 138, 143-5
とーほく・しょほーげん（東北諸方言） 191
とーほく・ほーげん（東北方言） 190-1
とーよー・かんじひょー（当用漢字表, 1946） 209
ときえだ・もとき（時枝誠記, 1900-1967） 22
どきゅん・ねーむ（DQN ネーム） 211-3
どくぜんしゅぎ（独善主義） 102
どくりょく・いでおろぎー（独力イデオロ

索引 243

ギー) 127
どじん (土人) 65, 88-95, 102, 104
とみた・ひでのり (富田英典, 1954-) 171
トラウマ 10, 49, 52
ドラえもん 102
ドラキュラものがたり (ドラキュラ物語) 49-50
トランスジェンダー 138-42, 144
トランスセクシュアル 139
トランプ, ドナルド (Donald John TRUMP, 1946-) 87-8, 96, 102-4
トリアージ (triage) 36-7
とんでんへー (屯田兵) 193

な

ないむしょー (内務省) 28
なかの・まき (中野真樹, 1980-) 22, 29-30, 48-50, 52-4, 60, 115, 128-30, 146, 221
なかむら・ももこ (中村桃子, 1955-) 22, 136-7, 140, 144-5
ナショナリスティック (nationalistic) 117-8, 122, 125-7
ナショナリズム (nationalism) 20, 58, 118, 123-4, 126
なだいなだ (1929-2013) 9
ナヌイカシラ (名乗頭) 196
なんかいどー (南海道) 192-3
なんどく・ちめー (難読地名) 187, 210-1
なんの・ための・ちしきか (R.S.リンド『何のための知識か』) 34-5
なんよーどー (南洋道) 193
ニーチェ (Friedrich Wilhelm NIETZSCHE, 1844-1900) 9
にこにこ・どーが (ニコニコ動画) 154, 156, 169-70
にしてつ・ばすじゃっく・じけん (西鉄バスジャック事件, 2000年) 156

にちじょーの・どーきてき・きょーゆー (日常の同期的共有) 168, 170
にっぽじしょ (『日葡辞書』; Vocabulário da Língua do Japão, 1603-4) 136
にほんごがく (日本語学) 27, 47, 57, 78, 117
にほんごかんじ (日本語漢字) 43, 55, 83, 109-10, 117, 122-4, 127, 132-3, 173-4, 188-9, 205-6, 211, 213-4, 220-1
にほんご・かんじ・ふかけつろん (日本語漢字不可欠論) 20
にほん・こくせきしゃ (日本国籍者) 42
にほんご・けんきゅー (日本語研究) 19, 65, 85, 144
にほん・こせき (日本戸籍) 194
にほんご・じぇんだー・がっかい (日本語ジェンダー学会) 136
にほんご・じん (日本語人) 202-3, 205
にほんご・てんじ (日本語点字) 30
にほんご・ろん (日本語論) 19
にほん・しゅわ (日本手話) 30
ニューアカデミズム (1980年代) 23
にゅーしょくしゃ (入植者) 193
ねお・でじたる・ねいてぃぶ (ネオ・デジタルネイティブ) 151-3, 155, 159, 161-2, 168-9, 176
ネカマ・メール 144
ねっと・せだいろん (「ネット世代」論) 151
のーない・げんごがく／のーがい・げんごがく (脳内言語学／脳外言語学) 10-1, 219
のーりょく・しゅぎ (能力主義) 129-30
のもと・きくお (野元菊雄, 1922-2006) 66, 74
ノンケ (同性者からみた異性愛者) 142

は

バーガー, P.L.(Peter Ludwig BERGER, 1929-) 9, 42, 146
ハイコンテクスト（High context） 206, 213
バイセクシュアル（bisexual, bisexuality） 142
はいぱー・どくさい（田中宇「ハイパー独裁」；hyper dictatorship） 33
はいふん・しゃかいがく（ハイフン社会学） 9
はいりょの・びょーどー（配慮の平等） 84
はいりょ・ひょーげん（配慮表現） 63-9, 72-7, 79, 81-5, 87, 93, 95-101, 103-4, 135, 219
はいりょ・ひょーげん・いぞんしょー（配慮表現依存症） 85
はしもと・よしあき（橋元良明, 1955-） 150-2, 155-6, 158-9, 169
パターナリスティック（paternalistic） 29, 33, 126, 128
パターナリズム（paternalism） 26, 28, 33
バツ（×→ばってん） 26, 50-1, 60
ばってん（罰点） 51-3
ばとーご（罵倒語） 64
バトラー，ジュディス（Judith P. BUTLER 1956-） 139
はら・きよし（原聖, 1953-） 11, 35
ハラスメント（harassment） 83, 88, 126-7, 135
バリアフリー（Barrier free） 123, 184
はりうっど・えーが（ハリウッド映画） 23
パワーエリート（power elite） 33
パワハラ（power harassment） 27, 96
はんしょー・かのーせー（反証可能性＜カール・ポパー『科学的発見の論理』） 217
はんたい・は（反対派） 90, 93-4
はんどく（判読） 44, 129-30, 132
ひがししなかい（東シナ海） 92
ひさべつ（被差別） 30, 131-2, 138, 196
びじねす・えーかいわ（ビジネス英会話） 23
びじねず・にほんご（ビジネス日本語） 22-3, 29
びじねす・まなー（ビジネスマナー） 27
ひしゃかい・げんごがく（非社会・言語学） 21
ひしゃかいてき・げんご・げんしょー（「非社会的」言語現象） 21
ぴじんか（ピジン化） 192
ひたいめん・かんけー（非対面関係） 169
ひだりて・しょじ（左手書字） 115, 128
ひだり・よこがき（左横書き） 60, 184
ひどーきの・じゆー（非同期の自由） 168, 170
ひょーげんの・ばりあふりーか（表現のバリアフリー化） 84
ひょーじゅんご（標準語） 28, 71, 187-92, 196-8, 200-2, 206, 220
ひょーじゅんご・か（標準語化） 28, 192
ひょーじゅんご・きはん（標準語規範） 21, 211
ひょーじゅんご・ほーげん・いでおろぎー（標準語・方言イデオロギー） 33
ひよくあつ・たいけん（被抑圧体験） 49
フィーチャーフォン（feature phone） 172, 174-5
フィールドワーク（fieldwork） 42
フィクション（fiction） 136, 138-40, 142, 185
フィッシュマン，ジョシュア（Joshua FISHMANN, 1926-2015） 11
ふぇみ・こーど（斉藤美奈子「フェミコード」, FC） 26
ふくおか・やすのり（福岡安則, 1947-） 203
ふくごー・さべつ（上野千鶴子「複合差別」） 146
ふっき（「(沖縄の本土)復帰」） 28
ふつごーな・しんじつ（ふつごうな真実）

33
ふてきせつ・ひょーげん（不適切表現）104
ブラウン＆ギルマン（Roger BROWN and Albert GILMAN）68, 80
ブラウン＆レビンソン（Penelope BROWN and Stephen LEVINSON）68, 72-3
ぶらじる・じん（ブラジル人）119, 126
ブルームフィールド，レナード（Leonard BLOOMFIELD, 1887-1949）58
ぶるじょあてき・さべつ・いしき（ブルジョア的差別意識）20
ブルデュー，P.（Pierre BOURDIEU, 1930-2002）9, 33, 68, 71, 115, 128, 182
プレンスキー，マーク（Marc PRENSKY, 1946-）150
プロファイリング（profiling）180-1
ぶんか・ちゅーかいしゃ（ブルデュー「文化仲介者」）33
ぶんり・どくりつ（分離独立）198
ヘイトスピーチ（hatespeech）33, 63-5, 67, 87, 103-4, 221
へーたん（兵站；ロジスティクス）86, 219
ヘテロセクシュアル（heterosexual, heterosexuality→いせーあい）143-4
ボイド，ダナ（danah BOYD, 1977-）149, 163-4, 181-4
ぼーえーきせー（防衛機制）20, 49, 52, 59, 81, 103, 182
ほー・かいしゃくがく（法解釈学）27, 74, 217
ぼーげん（暴言）52, 89, 91, 96, 103
ほーげん・いしき（方言意識）21
ほー・しゃかいがく（法社会学）217
ぼーせー・し（法制史）217
ぼーそー・まんよーがな（暴走万葉仮名）211
ほー・てつがく（法哲学）217
ほーふくげき（報復劇）49
ほーむ・かんりょー／ざいむ・かんりょー（法務官僚・財政官僚）217
ぼーりょく・せー（暴力性）38, 44, 57, 59, 91, 97, 182, 190
ほくりくどー（北陸道）193
ほしゅ（保守）32, 38, 54, 76, 81, 88-9, 101, 146, 183, 197, 214
ほしゅてき・ちしきそー（保守的知識層）33
ぽすと・だんかい・じゅにあ（ポスト団塊ジュニア）150, 153
ほっかいどー・きゅーどじん・ほごほー（北海道旧土人保護法，1899-1997）193
ポピュリスト（populist）102
ホモソーシャル（homosocial）99, 139
ホモフォビア（Homophobia）33, 82, 139, 146
ポライトネス（politeness）33, 63-4, 67-9, 70-3, 80
ポリティクス（politics）12, 30, 36, 137, 146, 214
ポルノ（Pornographie, Pornography）144-6
ほんしつ・しゅぎ（本質主義, essentialism）26, 65, 109, 118, 140
ほんしつ・しゅぎ・てき（本質主義的, essentialistic）28, 82, 102, 135, 139, 141-2, 146, 149, 170, 181-3
ほんやく・てろっぷ（翻訳テロップ）139, 141

ま

マーケティング（marketing）23, 130, 149, 169, 175, 181-2, 211
マートン，R.K.（Robert King MERTON, 1910-2003）9, 97, 121
マイノリティ（minority）33, 200, 203, 205
まくどなるど・か（マクドナルド化, McDonaldization）127, 216

マクルーハン，H.M.（Marshall McLUHAN, 1911-1980） 9, 183
マゾヒスティック（Masochistic） 49, 56, 59, 122, 127
マゾヒズム（Masochism） 27, 41, 54
まつした・けーた（松下慶太, 1977-） 163-4, 178-81
マリィ，クレア（Claire MAREE, 1968-） 145
マルクス，K.（Karl MARX, 1818-1883） 9, 44
マンハイム，K.（Karl MANNHEIM, 1893-1947） 9
ミーム（"meme"＜リチャード・ドーキンス, 1976 "The Selfish Gene"） 10-1, 31, 50, 93
みぎきき・しゃかい（右利き社会） 128
みぎたてがき（右縦書き） 60
ミソジニー（misogyny） 33, 139
みっしつ（密室） 96
みつはし・じゅんこ（三橋順子, 1955-） 142-3
みなみしなかい（南シナ海） 92
みやけ・かずこ（三宅和子, 1951-） 168
ミルズ，サラ（Sara MILLS, 1954-） 69
ミルズ，C.W.（Charles Wright Mills, 1916-1962） 9
ミルロイ，L. & ミルロイ，J.（Ann Lesley Milroy; 1944-, James Milroy; ?-） 20
みんちょーたい（明朝体） 45-6, 128, 132
むじかくな・いでおろぎー（無自覚なイデオロギー） 20, 61, 68, 115-6, 133
むじかくな・こーせー（無自覚な校正） 54-5, 57
むじかくな・しょくみんち・しゅぎ（無自覚な植民地主義） 21
むじかくな・せーじせー（無自覚な政治性） 31-2
むた・かずえ（牟田和恵, 1956-） 100, 138
むらい・おさむ（村井紀, 1945-） 22
めーめー・らんきんぐ（命名ランキング） 206
めた・げんご（メタ言語） 12, 17-20, 22, 34, 38, 67, 220
めた・げんご・けんきゅー（メタ言語研究） 12
めた・めた・げんご（メタ・メタ言語） 12, 17, 19-20, 29, 67, 220
めんえきりょく（免疫力） 104
もーひつ（毛筆） 45-6, 109, 128, 149, 169, 184
もーひつ・しゅーじ（毛筆習字） 46, 54
もじか（文字化） 190-1
モバイル化 177, 180-1
モラルハラスメント（moral harassment） 96, 126
もりやま・のりたか（森山至貴, 1982-） 145
もんぶしょー（文部省，文部科学省の前身） 28, 125

や

やかん・ちゅーがく（夜間中学） 127, 131
やくわりご（役割語＜きんすい・さとし） 135, 139-41, 144
やすだ・としあき（安田敏朗, 1968-） 11, 19, 22, 31, 59, 110, 130
やなぎだ・りょーご（柳田亮吾） 73
やぶのなか（芥川龍之介, 1922「藪の中」） 48-9
やまぎし・としお（山岸俊男, 1948-） 69
やまぐち・せつお（山口節郎, 1940-2011） 69
やました・ひとし（山下仁, 1960-） 20, 26, 67-74, 110, 132
やまだ・ひさお（山田尚勇, 1930-2008） 122, 127
ゆーえつかん（優越感） 20
ゆーちょー（有徴） 137

ゆにばーさるでざいんか（ユニバーサルデザイン化＜ Universal Design） 84, 109, 133, 184

ら

ラミス，ダグラス（C. Douglas LUMMIS, 1936-） 9, 33, 211, 221
りあるたいむ・か（リアルタイム化） 180
りあるたいむ・たいわ（リアルタイム対話） 159
リースマン，デイヴィッド（David RIESMAN, 1909 - 2002） 69
リーチ，ジェフリー（Geoffrey LEECH, 1936-2014） 68
りくるーと・ぎょーむ（リクルート業務） 179
りっぱな・にほんじん（「立派な日本人」） 28
りゅーきゅー・おーこく（琉球王国） 198, 211
りゅーきゅー・れっとー（琉球列島） 28, 91, 109-10, 187, 199
りゆーなき・はんざい・せだい（理由なき犯罪世代） 156
リンド，R.S.（Robert Staughton LYND, 1892-1970） 34
ルーマン，ニクラス（Niklas LUHMANN, 1927-1998） 69
ルビ（ruby; ふりがな等） 123, 134, 211
レイコフ，ロビン（Robin LAKOFF, 1942-） 22, 67
れきし・しゃかいがく（歴史社会学） 92
れきし・しゅーせーしゅぎ（歴史修正主義） 92
レズビアン（lesbian） 139
れんじふ・しゃかいがく（連字符社会学） 9
れんぞくたい（連続体） 44-5, 52, 57, 122, 204

ろーしゃ（ろう者／聾者） 30
ろーじんご（老人語） 139

わ

わーるど・かっぷ・さっかー・にっかん・きょーさい（ワールドカップサッカー日韓共催） 23
わかちがき 84, 110, 173
ワクチン 103
わじん（和人） 193-4
ワッツ（Richard. J. WATTS） 68, 73

ICT（IT）（Information and Communication Technology） 44, 59, 109, 117, 149-50, 152, 169, 172, 176
DAISY（Digital Accessible Information System, アクセシブルな情報システム） 119, 133
FtM（Female to Male）／ MtF（Male to Female） 139-40, 142
LGBT（Lesbian ／ Gay ／ Bisexual ／ Transgender, おもな性的少数者） 139
OECD（Organisation for Economic Co-operation and Development, 経済協力開発機構） 127
PISA（Programme for International Student Assessment, OECD 生徒の学習到達度調査） 127
SSK（Sociology of Scientific Knowledge, 科学知識の社会学） 217
STS（Science,Technology and Society, 科学技術社会論） 217-8

著者紹介

ましこ・ひでのり（msk@myad.jp）

1960年茨城県うまれ。東京大学大学院教育学研究科博士課程修了。博士（教育学）。日本学術振興会特別研究員などをへて、現在、中京大学国際教養学部教授（社会学）。

主要著作：『日本人という自画像』、『ことばの政治社会学』、『増補新版 イデオロギーとしての「日本」』、『あたらしい自画像』、『増補新版 たたかいの社会学』、『幻想としての人種／民族／国民』、『知の政治経済学』、『社会学のまなざし』、『愛と執着の社会学』、『加速化依存症』、『ゴジラ論ノート』、『コロニアルな列島ニッポン』（以上、三元社）。

共著に「社会言語学」刊行会編『社会言語学』（1-16号＋別冊2）、真田信治・庄司博史編『事典 日本の多言語社会』（岩波書店）、前田富祺・野村雅昭編『朝倉漢字講座5 漢字の未来』（朝倉書店）、『ことば／権力／差別』（三元社, 編著）、大橋・赤坂・ましこ『地域をつくる─東海の歴史的社会的点描』（勁草書房）、田尻英三・大津由紀雄 編『言語政策を問う！』（ひつじ書房）、米勢・ハヤシザキ・松岡編『公開講座 多文化共生論』（ひつじ書房）、Mark ANDERSON, Patrick HEINRICH ed. "Language Crisis in the Ryukyus" Cambridge Scholars Publishing ほか。

言語現象の知識社会学
──社会現象としての言語研究のために

発行日	2017年9月15日　初版第1刷発行
著　者	ましこ・ひでのり ©2017
発行所	株式会社三元社
	〒113-0033 東京都文京区本郷1-28-36 鳳明ビル1F
	電話／03-5803-4155　FAX／03-5803-4156
	郵便振替／00180-2-119840
印刷	モリモト印刷株式会社
製本	鶴亀製本株式会社
コード	978-4-88303-444-4

ことばの政治社会学
ましこ・ひでのり／著　●2800円

ことばの政治・権力・差別性を暴きだし、「透明で平等な媒体」をめざす実践的理論的運動を提起する。

加速化依存症　疾走／焦燥／不安の社会学
ましこ・ひでのり／著　●1700円

せわしなくヒトを追い立てる現代社会の切迫感はどこからくるのか。「時間泥棒」の正体に肉迫する。

愛と執着の社会学　ペット・家畜・えづけ、そして生徒・愛人・夫婦
ましこ・ひでのり／著　●1700円

ヒトはなぜ愛したがるのか。愛着と執着をキーワードに動物としてのヒトの根源的本質を解剖する。

知の政治経済学　あたらしい知識社会学のための序説
ましこ・ひでのり／著　●3600円

疑似科学を動員した知的支配の政治経済学的構造を、社会言語学・障害学・沖縄学をもとに論じる。

幻想としての人種／民族／国民　「日本人という自画像」の知的水脈
ましこ・ひでのり／著　●1600円

ヒトは血統・文化・国籍等で区分可能であるという虚構・幻想から解放されるための民族学入門。

あたらしい自画像　「知の護身術」としての社会学
ましこ・ひでのり／著　●1800円

現代という時空とはなにか？　自己とはなにか？　社会学という鏡をのぞきながら、自己像を描き直す。

日本人という自画像　イデオロギーとしての「日本」再考
ましこ・ひでのり／著　●2300円

アジア・国内少数派という鏡がうつしだす「日本」および多数派知識人の「整形された自画像」を活写する。

イデオロギーとしての日本　「国語」「日本史」の知識社会学
ましこ・ひでのり／著　●3400円

有史以来の連続性が自明視される「日本」という枠組みを、「いま／ここ」という視点から解体する。

たたかいの社会学　悲喜劇としての競争社会
ましこ・ひでのり／著　●2500円

傷ついた自分をみつめなおすために！「競争」のもつ悲喜劇にたえるための、心の予防ワクチン。

表示は本体価格

言語帝国主義　英語支配と英語教育
R・フィリプソン/著　平田雅博ほか/訳
●3800円

英語はいかにして世界を支配したのか。英語教育が果たしてきた役割とは？　論争の書、待望の邦訳。

ことばとセクシュアリティ
D・カメロン＋D・クーリック/著　中村桃子ほか/訳
●2600円

「欲望の社会記号論」により権力構造下での抑圧、矛盾、沈黙をも取り入れ、セクシュアリティと言語に迫る。

社会言語学のまなざし
佐野直子/著
●1600円

様々な「話すという事実」において、何がおきているのかを記述し、「ことば」の多様な姿を明らかにする。

日本語学のまなざし　シリーズ「知のまなざし」
安田敏朗/著
●1600円

日本語への問い。なぜ、「ことば」への過度の期待が持ちこまれるのか。「日本言語学」のための一冊。

コミュニケーション論のまなざし　シリーズ「知のまなざし」
小山亘/著
●1700円

コミュニケーションは単なる情報伝達ではなく、歴史・文化・社会の中で起こる出来事であることを示す。

社会学のまなざし　シリーズ「知のまなざし」
ましこ・ひでのり/著
●1700円

「社会学のまなざし」の基本構造を紹介し、それがつむしだすあらたな社会像を具体的に示していく。

ことば／権力／差別　言語権からみた情報弱者の解放
ましこ・ひでのり/編著
●2600円

現代標準日本語の支配的状況に疑問をもたない多数派日本人とその社会的基盤に知識社会学的検討を。

コロニアルな列島ニッポン　オキナワ／オホーツク／オガサワラがてらしだす植民地主義
ましこ・ひでのり/著
●1700円

日米安保下、戦後日本は準植民地であり、沖縄などを植民地とする歴史的現実を社会学的視点から照射。

ゴジラ論ノート　怪獣論の知識社会学
ましこ・ひでのり/著
●1700円

映画ゴジラシリーズをめぐる言説から無自覚なナショナリズムや、ゆがんだ歴史意識を明らかにする。

表示は本体価格

戦時下のピジン 「協和語」「兵隊支那語」など
桜井隆／著

従軍記、回顧録、部隊史等も資料に取り入れ、言語接触のありさまや日中語ピジンの再構築を試みる。
●7500円

帝国・国民・言語
平田雅博＋原聖／編

帝国・国民国家の辺境における言語状況はどのように対応され、人々にいかなる影響をもたらしたのか。
●2300円

多言語社会日本　その現状と課題
多言語化現象研究会／編

「多言語化」をキーワードに、日本語・国語教育、母語教育、言語福祉、言語差別などをわかりやすく解説。
●2500円

共生の内実　批判的社会言語学からの問いかけ
植田晃次＋山下仁／編著

多文化「共生」の名のもとに何がおこなわれているのか。図式化され、消費される「共生」を救いだす試み。
●2500円

「正しさ」への問い　批判的社会言語学の試み
野呂香代子＋山下仁／編著

言語を取り巻く無批判に受容されている価値観、権威に保証された基準・規範を疑うことでみえるもの。
●2800円

言語権の理論と実践
渋谷謙次郎＋小嶋勇／編著

従来の言語権論の精緻な分析を通し、研究者と法曹実務家があらたな言語権論を展開する。
●2600円

言語復興の未来と価値　理論的考察と事例研究
桂木隆夫＋ジョン・C・マーハ／編

言語の多様性が平和をもたらす。マイノリティ言語復興ネットワークの可能性を理論的・実践的に展望。
●4000円

危機言語へのまなざし　中国における言語多様性と言語政策
石剛／編

多民族・多言語多文字社会である中国における「調和的言語生活の構築」とは、何を意味しているのか。
●2500円

ことばの「やさしさ」とは何か　批判的社会言語学からのアプローチ
義永美央子＋山下仁／編

言語研究において「やさしさ」とは如何に表れるかを批判的に捉え直し、新たな「やさしさ」を模索する。
●2800円

表示は本体価格

ポストコロニアル国家と言語 フランス公用語国セネガルの言語と社会
砂野幸稔／著 ●4800円

旧宗主国言語を公用語とするなかで、言語的多様性と社会的共同性はいかにして可能かをさぐる。

アフリカのことばと社会 多言語状況を生きるということ
梶茂樹＋砂野幸稔／編著 ●6300円

サハラ以南14カ国の、ことばと社会をめぐる諸問題を論じ、アフリカ地域研究のあらたな視点を提示。

欧州諸国の言語法 欧州統合と多言語主義
渋谷謙次郎／編 ●7000円

多言語多文化社会である欧州各国の言語関連立法を法文と解説で俯瞰し、その展望をさぐる。

言語戦争と言語政策
L=J・カルヴェ／著 砂野幸稔ほか／訳 ●3500円

言語を語ることの政治性と世界の多言語性がはらむ緊張をするどく描きだす社会言語学の「古典」。

言語学と植民地主義 ことば喰い小論
L=J・カルヴェ／著 砂野幸稔／訳 ●3200円

没政治的多言語主義者や危機言語擁護派の対極に立ち、言語問題への徹底して政治的な視点を提示する。

ことばへの権利 言語権とはなにか
言語権研究会／編 ●2200円

マイノリティ言語の地位は？ 消えてゆくのは「自然」なのか。あたらしい権利への視点を語る。

言語学の戦後 田中克彦が語る①
田中克彦／著 ●1800円

異端の言語学者が縦横に自己形成の軌跡を語り、現代の言語学をめぐる知的状況を照射する。

漢字の未来【新版】
野村雅昭／著 ●2900円

漢字にたよらない日本語によって、よりひらかれたことばをめざすにはどうすればよいのか。

「多言語社会」という幻想 近代日本語史再考Ⅳ
安田敏朗／著 ●2400円

突然湧いてきたかのような「多言語社会」言説の問題を析出し、多言語性認識のあらたな方向を提起する。

表示は本体価格

同化の同床異夢 日本統治下台湾の国語教育史再考
陳培豊／著
●5000円

「同化」政策の柱とされた国語教育と台湾近代化の諸問題を問い直す、台湾現代史構築の新たな試み。

言語相互行為の理論のために 「当たり前」の分析
丸井一郎／著
●3000円

「異なる」と「同じ」を作り出すものとは？ 私であることの自明性を言語相互行為から解明（解体）する。

言語意識と社会 ドイツの視点・日本の視点
山下仁＋渡辺学＋高田博行／編著
●3700円

言語を意識するとは？ 意識はどのように言語化されるのか？ 言語と意識と社会の関係性を問い直す。

近代言語イデオロギー論 記号の地政とメタ・コミュニケーションの社会史
小山亘／著
●5700円

「敬語」はなぜいかにして「国語学」の言説において社会文化的象徴としてイデオロギッシュに機能するか。

批判的談話分析入門 クリティカル・ディスコース・アナリシスの方法
R・ヴォダック＋M・マイヤー／編著　野呂香代子／監訳
●3000円

メディア等の談話の権力・イデオロギー性を析出し、差別や抑圧、不平等と実践的に闘うための入門書。

記号の思想 現代言語人類学の一軌跡
マイケル・シルヴァスティン／著　小山亘／編／ほか訳
●5500円

社会文化コミュニケーション論による「言語学」の超克、「認知科学」「人類学」の再構築、待望の論集。

記号の系譜 社会記号論系言語人類学の射程
小山亘／著
●4600円

ボアス以来の人類学、パースからヤコブソンへと展開してきた記号論を融合した言語人類学の入門の書。

批判的社会語用論入門 社会と文化の言語
ヤコブ・L・メイ／著　小山亘／訳
●5500円

現実社会から遊離した「言語」研究の軛から語用論とことばを解き放つ批判的社会語用論の全体像を示す。

多言語主義再考 多言語状況の比較研究
砂野幸稔／編
●8500円

「多言語主義」は、本当に普遍的な価値たりうるのか。世界各地域の多言語状況から問いかえす。

表示は本体価格

ことばと社会 18
『ことばと社会』編集委員会／編　アイデンティティ研究の新展開
●2300円

従来の研究ではとらえきれない現代社会のことばとアイデンティティとの関係を社会言語学で開示する。

ことばと社会 17
『ことばと社会』編集委員会／編　アジアのリンガフランカ
●2300円

中国語、インドネシア語、「国際語」＝帝国主義言語＝英語を題材に、アジアの言語使用の重層性を論じる。

ことばと社会 16
『ことばと社会』編集委員会／編　セクシュアリティ、権力、攪乱
●2300円

セクハラが氾濫する権力の磁場をセクシュアリティの視点で考え自明視される規範に亀裂を入れる試み。

日本語点字のかなづかいの歴史的研究　日本語文とは漢字かなまじり文のことなのか
なかの・まき／著
●3800円

日本語点字資料を日本語文字・表記論の観点から精査し、その歴史と日本語点字表記の位置づけを論ずる。

「英語教育神話」の解体　今なぜこの教科書か
中村敬＋峰村勝＋高柴浩／著
●3700円

近現代史を題材の中心にすえた初級英語教科書の実作をとおして、学校教育の根本的な改革を提起する。

うちなあぐち賛歌
比嘉清／著
●2200円

書き言葉としての「うちなあぐち（沖縄語）」への思いを、うちなあぐちで綴る。日本語とのバイリンガル。

移動する人びとの教育と言語　中国朝鮮族に関するエスノグラフィー
趙貴花／著
●3500円

中国朝鮮族の移動先での社会的立場や言語教育戦略の多様性そしてハイブリッド化していく様相を論ずる。

中国の少数民族教育政策とその実態　新疆ウイグル自治区における双語教育
アナトラ・グリジャナティ／著
●3000円

改革開放後、双語（二言語）教育は漢語教育から教授言語の漢語化へと進む。その問題点を明らかにする。

日本統治と植民地漢文　台湾における漢文の境界と想像
陳培豊／著
●3400円

「同化」政策の柱とされた国語教育と台湾近代化の諸問題を問い直す。台湾現代史構築のあらたな試み。

表示は本体価格